W0049056

Kurt Allgeier

Niemand stirbt
für ewig

Tod, Reinkarnation und Wiedergeburt

WILHELM HEYNE VERLAG
MÜNCHEN

HEYNE SACHBUCH
Nr. 19/284

Ungekürzte Taschenbuchausgabe
im Wilhelm Heyne Verlag GmbH & Co. KG, München
Copyright © 1988 by Diana Verlag AG, Zürich
Printed in Germany 1994
Umschlaggestaltung: Atelier Adolf Bachmann, Reischach
Satz: Compusatz GmbH, München
Druck und Verarbeitung: Presse-Druck Augsburg

ISBN 3-453-07045-3

INHALT

V. KAPITEL:
Ich habe schon einmal gelebt
Zeugnisse der Wiedergeburt aus unserer Heimat

ANHANG

EINLEITUNG

Der kleine Gregor

Zweifellos ergeht es uns allen so: Die Vorstellung einer Wiedergeburt übt eine starke Faszination auf uns aus. Doch gleichzeitig erschreckt sie uns auch.

Doch mit dem Gedanken, schon einmal oder mehrmals gelebt zu haben, können sich immer mehr Menschen auch in unserer Heimat anfreunden. Wenn der Hypnosearzt oder der Psychotherapeut uns in ein früheres Leben zurückführt und wenn wir erfahren, daß wir damals als angesehene Kurtisane am französischen Hof, als Priesterin im alten Rom oder als Minister im Ägypten der Pharaonen gelebt haben, dann mag das einen gewissen Glanz in den grauen Alltag des jetzigen Daseins bringen, eine nicht eben geringfügige Wertsteigerung: »Das war ich! Also bin ich doch jemand!« Wenn es sich herausstellen sollte, daß wir in einer früheren Inkarnation schwere Schuld auf uns geladen haben oder auch schmählich versagten, dann kann ein gegenwärtig schweres Schicksal plötzlich einsichtig werden – und wird vielleicht von da an sogar leichter zu tragen.

Die Zahl der Menschen, die etwas über eine mögliche frühere Existenz erfahren möchten, wächst heute, kurz vor der Wende zum dritten Jahrtausend, sprunghaft an – nicht zuletzt deswegen, weil sich viele davon ein wichtiges Stück Selbsterkenntnis erhoffen: »Ich möchte mich selbst besser kennenlernen.« So begründen sie ihren Wunsch, frühere Leben ins Gedächtnis zu rufen. Und dieses Vorgehen ist nicht völlig abwegig. Sigmund Freud hat uns gelehrt, daß viele unserer Lebenskonflikte in frühkindlichen Erlebnissen begründet liegen. Und er hat auch behauptet, daß mit der Rückerinnerung an solche Erlebnisse die Lösung der Konflikte möglich ist.

War es da nicht logisch, daß moderne Wissenschaftler den Versuch wagten, über das frühkindliche Stadium hinauszugehen, immer noch weiter zurück; bis zum Leben im Mutterleib vor der Geburt, und noch weiter, bis in ein früheres Leben?

Außerdem: Wird mit dem Glauben an die Wiedergeburt nicht die Ungerechtigkeit des Lebens aufgehoben, die Frage beantwortet, die so viele Menschen quält: »Warum hat der eine immer nur Glück und Segen, darf in Saus und Braus leben, während andere ihr Leben lang von einem Schicksalsschlag nach dem anderen heimgesucht werden?«

Das eine und einzige irdische Leben ohne Davor und Danach kann auf diese drängende Frage keine Antwort geben. Und da es heute immer schwerer wird, an eine ewige Hölle zu glauben, in der die Frevler nach dem Tod büßen müssen, an ein zeitlich begrenztes Fegefeuer, das die Gerechtigkeit wiederherstellen könnte, stellt der Glaube an die Wiedergeburt den wohl einzig denkbaren Ausweg dar: Du hast dir dein Schicksal in deinen früheren Inkarnationen selbst eingebrockt! Und: Beneide den Reichen, den Satten, den Mächtigen nicht. Entweder hat er sich sein Glück redlich verdient – oder, falls er auf Kosten anderer glücklich ist, wird er in seinem nächsten Leben dafür büßen müssen! Diese mögliche nächste Wiedergeburt flößt uns jedoch großes Mißbehagen ein. So schön ein Rückblick sein mag: Was wird mir das nächste Mal blühen? Wer möchte tatsächlich noch einmal von vorne anfangen müssen, seiner Fehler wegen möglicherweise unter schwierigeren Voraussetzungen? Ist diese Wiedergeburt tatsächlich eine Chance – oder muß ich nicht viel mehr in der Wiederholung eine erbarmungslose Strafe sehen? Soll ich mich freuen auf ein neues Leben in einer Welt, die möglicherweise von Atombomben zerstört wurde, die radioaktiv verstrahlt ist, in ihrer Entwicklung um Jahrhunderte zurückgeworfen? Soll das eine Vorstellung sein, die mich befreit und beglückt?

Faszination im Blick zurück – Schrecken vor dem, was vor uns liegen könnte. Dies empfinden wir, wenn wir uns ernsthaft mit der Idee der Reinkarnation befassen.

Denn schließlich handelt es sich dabei nicht um eine mehr oder weniger nebensächliche Gedankenspielerei, nicht um eines unter vielen Alltagsproblemen – sondern tatsächlich um die Existenzfrage schlechthin: Wer bin ich? Welchen Sinn und welches Ziel hat mein Leben? Gibt es nur dieses eine gegenwärtige irdische Leben, oder stellt mein diesmaliger »Auftritt« nur eine flüchtige Episode meiner wirklichen Existenz dar?

Solche Fragen stellen sich heute aus drei Gründen immer dringlicher:

Zum einen ist der Glaube von Millionen Christen an das, was ihnen einst im Religionsunterricht beigebracht wurde, stark ins Wanken geraten. In einer Zeit, in der selbst Theologen an der Unsterblichkeit zweifeln und die Unvergänglichkeit der Seele leugnen, in der so viele Moralbegriffe, Dogmen, Traditionen in Frage gestellt werden, ist es tatsächlich schwer zu erkennen, was man noch glauben kann und was nicht. Verständlich, daß vor allem junge Menschen ihren Blick über den eigenen Kirchturm hinaus richteten, um zu erfahren, ob andere Kulturen, andere Religionen einsichtigere Lösungen anzubieten und mehr Sicherheit zu spenden vermögen.

Zweitens kam hinzu, daß die angebliche Erinnerung an ein früheres Leben nicht mehr dem Zufall und vereinzelten Sonderfällen vorbehalten blieb. Hypnose und andere Techniken der »Rückführung« machten es möglich, die Erinnerung beliebig oft und bei immer mehr Menschen zu wecken. Die spektakulärsten Erfolge wurden weltweit veröffentlicht und weckten das Interesse von Millionen an diesem Thema. Wissenschaftler von Rang befaßten sich mit der Wiedergeburt, untersuchten die interessantesten Fälle anhand strengster, nachprüfbarer Methoden und kamen dabei zu Ergebnissen, die man beinahe schon als Beweise für die Reinkarnation bezeichnen könnte. Eigentlich fehlt nur noch das allerletzte Glied in der Kette.

Drittens erweckte die Beschäftigung mit dem Glauben an die Reinkarnation in fernöstlichen Ländern, im Vorderen Orient und bei den Indianern, mit Berichten von Kindern, die von sich behaupteten, erst kürzlich schon einmal gelebt zu haben, das Gespür dafür, daß ähnliche Erfahrungen mitten unter uns gemacht werden. Und vor allem diese Berichte von Kindern machten für viele überraschend deutlich, daß das Thema Wiedergeburt keineswegs auf ferne Länder beschränkt ist, wo Menschen anders denken und anders glauben, sondern ganz offensichtlich auch bei uns Aktualität besitzt. Bisher wurde dieses Thema aber wahrscheinlich durch die voreingenommene Haltung, die der christliche Glaube uns vorschreibt, unterdrückt. Plötzlich bekennen sich Leute zur Wiedergeburt und erzählen die erstaunlichsten Fakten aus der eigenen Familie.

Damit aber ist die Reinkarnation, die Wiedergeburt, die Seelenwanderung, wie man früher auch sagte, nichts Exotisches mehr, das angenehm prickelndes Gruseln hervorruft, interessant allenfalls für Völkerkundler und Religionsforscher – sondern ein Thema, das uns ganz unmittelbar anspricht, bewegt und im Innersten beunruhigt. Wir alle kommen nicht mehr umhin, sondern werden zu einer Stellungnahme gezwungen, weil wir ständig mit den Ereignissen, die für eine Wiedergeburt sprechen, direkt konfrontiert werden. Eine solche Konfrontation war etwa folgendes Erlebnis: Im Jahre 1980 schrieb ich eine große Illustrierten-Serie über ärztliche Kunstfehler. Bei meinen Recherchen stieß ich in Merklingen bei Stuttgart auf die Familie Klaus-Jürgen und Barbara Lang. Er ist Abteilungsleiter in einem großen Elektronikwerk, ein sehr realistisch eingestellter, moderner Mann, alles andere als ein Träumer oder Spinner. Früher hatte er sich nie für Themen wie Wiedergeburt, Weiterleben nach dem Tod und dergleichen mehr interessiert. Ja, er hätte es entschieden abgelehnt, überhaupt darüber zu diskutieren. Frau Barbara ist Lehrerin, ebenfalls eine sehr vernünftige, kluge Frau. Aber der Glaube an eine Wiedergeburt war für sie ein »Altweiberzeitvertreib«, und sie wäre niemals auf die Idee gekommen, dieses Thema ernsthaft in Erwägung zu ziehen.

Dann wurde die Familie von einem schlimmen Schicksalsschlag heimgesucht, der alles schlagartig veränderte. Der kleine Gregor, am 18. Juni 1975 geboren, ein ungewöhnlich gesundes, kräftiges Kind – der Hausarzt nannte den Jungen nur »meinen Prachtkerl« –, mußte völlig sinnlos sterben. Eine Ärztin im Heimatort der Mutter unterschätzte einen vermeintlich harmlosen Durchfall, gab falsche Medikamente und reagierte nicht auf den wiederholten Alarmanruf der besorgten Mutter – bis es zu spät war. Obwohl man Gregor noch mit dem Hubschrauber in die Kinderklinik nach Stuttgart flog, war er nicht mehr zu retten. Der kleine Junge war buchstäblich vertrocknet. Er durfte nur genau 18 Monate, 18 Tage und 18 Stunden alt werden. Leicht vorzustellen, wie erschüttert seine Eltern waren. Zumal sich beim Sterben des Kindes seltsame Dinge ereigneten.

Im letzten Moment, bevor Gregor ohnmächtig wurde, blickte er seine Mutter an und sagte klar und deutlich und in der Art, als wäre er ein erwachsener, verständiger Mensch: »Danke, Mama.« Dann schloß er die Augen und verlor für immer das Bewußtsein. Von den dramatischen Rettungsversuchen bekam er nichts mehr mit. Er starb schließlich nach einem entsetzlichen Todeskampf.

Frau Lang war in unsagbarem Schmerz bewußtlos zusammengebrochen. Als sie nach drei Stunden wieder zu sich kam und danach verlangte, Gregor noch einmal sehen zu dürfen, sagte die Ärztin: »Tun Sie das nicht. Ihr Kind hat zuletzt viel durchmachen müssen. Es sieht schrecklich aus. Behalten Sie es doch so im Gedächtnis, wie Sie es gekannt haben: Froh und glücklich. Sie müssen jetzt an ihr zweites Kind denken, das bald zur Welt kommen wird.« Frau Barbara Lang war im neunten Monat schwanger und nach dem Schock, den sie soeben durch den Tod des kleinen Gregor erlitten hatte, unfähig, der Ärztin zu widersprechen.

»Dann holen Sie mir wenigstens eine Locke meines Kindes, damit ich etwas von ihm zurückbehalte«, bat sie mit leiser, müder Stimme. Die Ärztin nickte und ging, dem gestorbenen Kind eine Haarsträhne abzuschneiden. Doch kaum hatte sich die Tür hinter ihr geschlossen, rannte sie auch schon völlig atemlos und mit fliegenden Mantelschößen zurück. »Kommen Sie. Das müssen Sie sehen. Ihr Kind sieht aus, als ob es Sie erwarten würde. Keine Spur mehr von seinem Todeskampf. Es ist wie ein Wunder.« Frau Lang ging zu ihrem Kind. Und da lag es tatsächlich, rosig, ein nie gesehenes glückliches Lächeln auf seinem Gesicht. Die Mutter legte ihre Hand auf sein Köpfchen und sagte: »Gregor, wenn du willst, dann kehre zu uns zurück. Aber du mußt nicht unseretwegen kommen, nur wenn auch du es wirklich willst. Wir würden uns ganz schrecklich freuen, wenn wir dich wieder bei uns haben dürften. Doch wichtig ist nur, daß du es willst. Wenn du wieder bei uns bist, dann laß es mich wissen, damit ich ganz sicher sein kann. Zeige mir, daß du es bist. Du darfst dann auch wieder deinen Namen haben und Gregor heißen.«

Das war nicht viel mehr als ein plötzlicher Einfall, eingegeben vom unerträglichen Abschiedsschmerz. Ein verzweifelter Versuch, den Tod rückgängig zu machen.

Allerdings hatte Frau Lang von diesem Augenblick an den Eindruck, Gregor wäre unsichtbar, aber deutlich spürbar bei ihr. Sie konnte sich mit ihm unterhalten und bekam von ihm, ohne daß sie ihn gehört hätte, deutliche Antworten.

Dieser lebhafte Kontakt dauerte vier Wochen lang und war für Barbara Lang der eigentliche Halt, ohne den sie diese bittere Zeit wohl nicht durchgestanden hätte. Am 6. Februar waren die unsichtbaren Bande plötzlich gerissen. Frau Lang spürte: Gregor ist nicht mehr neben mir.

Drei Tage später, am 9. Februar, 9 Tage zu früh, wurde sie von ihrem zweiten Kind entbunden. Es war wiederum ein Sohn. Mit dem verstorbenen Gregor hatte er nicht die geringste Ähnlichkeit. Statt blauer Augen hatte er dunkelbraune. Im Gegensatz zu Gregor hatte er kein sehr ausgeprägtes, vorspringendes Kinn. Nein, das konnte unmöglich der wiedergeborene Gregor sein. Klaus-Jürgen Lang und seine Frau waren auch keineswegs darüber verwundert. Denn, so sagten sie sich, dieses eben geborene Kind war ja schon unterwegs gewesen, als Gregor starb. Also konnte nicht einmal einer, der von der Wiedergeburt felsenfest überzeugt ist, davon ausgehen, dies könnte Gregor sein.

In den ersten Wochen seines Lebens allerdings ist nicht nur den Eltern aufgefallen, daß sich das Kind sehr rasch und sehr deutlich veränderte und Gregor immer ähnlicher wurde. Diese Veränderung war so erstaunlich, daß beim Standesbeamten vorsichtshalber drei Vornamen angegeben wurden: Markus, Gregor, Stefan. Und Frau Lang erinnerte sich an ihr Versprechen, das sie dem eben verstorbenen Gregor gegeben hatte: »Du darfst auch wieder Gregor heißen.« Deshalb bat sie den Standesbeamten: »Unterstreichen Sie noch keinen Rufnamen. Wir möchten das später nachholen.« Zu Hause nannten sie den zweiten Sohn Markus. Bis zu jenem Tag, an dem Markus sich dann als Gregor zu erkennen gab: Er war erst drei dreiviertel Monate alt, eigentlich also viel zu klein, sich bereits kontrolliert zu äußern. Und doch tat er es. Und zwar unmißverständlich. Er benützte sein »Codewort«, um seiner Mutter zu verstehen zu geben: »Begreife doch, ich bin es!«

Dieses Codewort stammte aus Gregors Lieblingsspiel: »Ich-erschrecke-dich!« Seitdem er von einem Hund erschreckt worden war, der plötzlich und völlig unerwartet laut kläffend hinter einer Ecke hervorgeschossen kam, spielte er das mit seiner Mutter – und das nicht nur mit ihr: »Er lauerte mit geballten Fäustchen hinter einer Türe, und wenn sie dann das Zimmer betrat, stürzte er hervor und rief: »Ha-W.« Unnachahmlich, unverwechselbar, ein langgezogenes Haaa – das ganz plötzlich mit einem stark betonten »W« ausklang.

»Ha-W«! Wenn die Mutter darauf erschreckt reagierte, jauchzte Gregor.

Und genau dieses Spiel wiederholte nun der kleine, erst 15 Wochen alte Markus. Seine Großmutter hatte ihn gerade im Arm, um ihm das Fläschchen zu geben. Da kam die Mutter durch die Tür. In diesem Augenblick kauerte Markus sich zusammen, ballte die Fäustchen – Fertigkeiten, die er sonst längst noch nicht beherrschte. Dann schnellte er wie eine Feder auseinander, streckte sich, warf die Händchen in die Höhe und rief laut und deutlich: »Ha-W!« Frau Barbara Lang ließ die Tasse fallen, die sie in den Händen gehalten hatte, und fragte vollkommen verblüfft: »Gregor? Willst du mir sagen, daß du Gregor bist?« Und das Kind wiederholte noch einmal, diesmal eher vorwurfsvoll, so als wollte es tadelnd mahnen: Hast du es immer noch nicht kapiert: »Ha-W!« Dann, so schilderte Frau Lang, überzog sein Gesichtchen ein fast spitzbübisches, heiteres Lachen. Frau Lang ging zum Standesbeamten und gab die Anweisung: »Jetzt können Sie den Rufnamen unterstreichen. Unser Kind heißt wieder Gregor!«

Frau Barbara war nun fest davon überzeugt: Unser Gregor ist zurückgekehrt. Und von dieser Stunde an bekam sie dafür einen »Beweis« nach dem anderen. Man kann sie alle demnächst in einem Buch nachlesen, das Frau Lang schreibt und in dem sie ihre Erfahrungen und Erlebnisse darlegt. Hier nur noch ein besonders verblüffendes Beispiel: Gregor hatte eine Lieblingspuppe besessen, ein beinahe unansehnliches Stoffding, gefüllt mit Styropor, rothaarig, mit einem Jeansanzug ausstaffiert. Diese Puppe mit Namen Hansi nannte er, weil er das »S« nicht aussprechen konnte, »Handi«.

In der Stunde seines Todes sind die Großeltern in die Wohnung geeilt, um ganz rasch alles wegzuräumen, was an das verstorbene Kind erinnern konnte. Sie nahmen die Bilder von der Wand und stopften die Spielsachen kreuz und quer in den Bettkasten im Gästezimmer. Den heimkehrenden Eltern sollte der schmerzliche Anblick erspart bleiben.

Als der zweite Gregor gerade ein Jahr alt geworden war, kam die Großmutter zu Besuch. Und im Gespräch sagte sie so ganz nebenbei zu ihrer Tochter: »Ich glaube, es wäre an der Zeit, dem Kind zu den Bausteinen und Tieren endlich eine Puppe zu geben. Willst du ihm nicht Hansi holen?«

Im selben Augenblick spitzte Gregor die Ohren, blickte auf und sagte verzückt: »Handi? Wo Handi?« Und, als müßte er überlegen, wo die Puppe sein könnte, blickte er sich um, schüttelte den Kopf, wiederholte noch einmal: »Handi? Wo Handi?« Das Kind war völlig aufgeregt. Genau wie der verstorbene Gregor sagte es Handi statt Hansi.

Dann krabbelte es, als wäre es ihm eingefallen, zur Treppe und die Treppe hinauf. Vorbei am Kinderzimmer, am Elternschlafzimmer, weiter in das zweite Stockwerk – hin zum Gästezimmer. Als man ihm dort, neugierig geworden, die Türe öffnete, um zu erfahren, was das Kind hier wollte, ging es schnurstracks auf den Bettkasten zu. »Da Handi! Da Handi!« Gregors Mutter wußte nicht, wo Hansi abgeblieben war und ob die Puppe überhaupt noch existierte. Die Großmutter konnte sich auch nicht mehr erinnern, wo sie versteckt worden war. Doch als man den Bettkasten hervorzog, stürzte sich Gregor auf die rotschopfige Puppe, die er mit einem Blick erkannt hatte, obwohl sie auf dem Gesicht lag. Er schloß sie in die Arme und stammelte gerührt nur immer wieder: »Handi, mein Handi.« Weder die Affen noch die Teddys noch sonst ein Spielzeug interessierten ihn. Er hatte nur Augen und Ohren für seinen »Handi«.

Es ist ganz bestimmt nicht einfach, für solche »Zufälle« eine plausible Erklärung zu finden, schließt man die Möglichkeit der Wiedergeburt von vornherein aus.

Es muß noch erwähnt werden, daß Gregor, als er mit zwei Jahren ein kleines Schwesterchen bekam, es mit der trockenen Bemerkung begrüßte: »Na, da ist sie ja!« Die Mutter fragte verwundert: »Was soll das denn heißen, da ist sie ja? Freust du dich denn gar nicht?« Gregor gab zur Antwort: »Die hab ich mir schon beim lieben Gott ausgesucht!« Und lachend setzte das Kind hinzu: »Komisch, da war sie noch eine große Tante!«

Mit vier Jahren geriet Gregor in eine ganz schlimme Krise. Er versuchte mehrfach, sich die Treppe hinunterzustürzen. Er wollte sich umbringen. Und wenn ihn die bestürzte Mutter fragte: »Was ist denn mit dir los? Warum tust du das?« dann gab er, sichtlich von einem gewissen Heimweh geplagt, zur Antwort: »Ich will wieder zum lieben Gott. Dort ist es viel schöner als bei euch…!«

Diese Geschichte, davon konnte ich mich persönlich mehrfach überzeugen, ist wahr. Und zwar in allen Details. Ich habe lediglich die Namen der betroffenen Familie und den Ortsnamen verändert, weil ich verhindern möchte, daß der kleine Gregor seiner »Wiedergeburt« wegen Nachteile oder Verletzendes hinnehmen muß; auch weil sein Vater aufgrund seiner beruflichen Position gewisse Rücksicht zu nehmen hat. Noch sind wir leider nicht soweit, daß man persönliche Erfahrun-

gen, die für eine Wiedergeburt sprechen, unvoreingenommen und ohne Emotionen diskutieren könnte.

Gregor ist im Augenblick, da dieses Buch geschrieben wird, gerade zehn Jahre alt, ein sehr heiterer, unbe-
kümmerter Junge. Fragt man ihn, ob er der wiedergeborene Gregor ist, ob er sich noch an den Himmel
erinnern kann, dann antwortet er, als wäre es die über-
flüssigste Frage der Welt, mit großem Gleichmut: »Von
solchen Sachen weiß ich nichts mehr.« Und er wendet
sich seiner kleinen Schwester zu, die sich an kein vorhe-
riges Leben erinnern kann, um mit ihr zu spielen. Ein
ganz normales, völlig unauffälliges, gesundes Kind.
Glücklicherweise, möchte man hinzufügen.

Aber dürfen auch wir so leicht und selbstverständlich über die Ereignisse hinweggehen? Oder ergeben
sich für uns aus dem Erfahrenen nicht ganz ernste
Fragen, ja eventuell Konsequenzen? Um nur zwei
Punkte vorwegzunehmen:

Wenn alles das stimmt, was hier über das Schicksal
des kleinen Gregor erzählt wurde, dann stellt sich unbedingt die Frage: Wer oder was lebte unter dem Herzen von Frau Barbara, bevor Gregor darin wiedergeboren wurde? Etwa ein seelenloses Geschöpf?

Und dann – und das verlangt noch drängender nach
einer Antwort: Wenn es die Wiedergeburt gibt, muß
dann nicht von Anfang an, vielleicht schon vom Augenblick der Zeugung an, die Seele des Wiedergeborenen
zugegen sein – möglicherweise fähig, alles, was um sie
herum geschieht, wahrzunehmen? Fähig auch, zu erkennen, ob sie geliebt wird – oder ob sie das neue Leben
nur einem »Unfall« zu verdanken hat? Fähig vielleicht,
selbst Gedanken zu erraten? Oder hat der Wiedergeborene seine Eltern sogar schon vor der Zeugung gekannt,
sie sich »ausgesucht«?

Ist es möglich – wir werden uns eingehend mit solchen Fragen zu befassen haben –, daß ein Kind im Mutterleib mithört und in der ganzen Tragweite erfassen kann, wenn seine Eltern sich darüber unterhalten, ob sie es annehmen oder abtreiben wollen? Wie viele seelische Leiden könnten damit erklärt werden!

Denn, daran gibt es keinen Zweifel und es gehört zu den eigentlichen Überraschungen für jeden, der sich mit der Wiedergeburt befaßt und der sich daranmacht, in seiner Umgebung überzeugende »Fälle« zu finden: Die Geschichte des kleinen Gregor ist kein Einzelfall. Hat man erst einmal einen solchen Fall ausgegraben – und das ist nicht ganz einfach, weil sich viele Leute noch scheuen, etwas über ihre Erfahrungen verlauten zu lassen –, dann löst man eine Lawine von Fällen aus. Denn jeder, mit dem man spricht, erinnert sich dann meistens noch an einen anderen Fall.

Es ist an der Zeit, das Thema aufzugreifen und so sachlich wie nur möglich darzulegen, alle Für und Wider frei von weltanschaulichen, religiösen Einschränkungen und Voreingenommenheiten zu diskutieren; um damit möglicherweise ein bißchen mehr über den Sinn unseres Lebens zu erfahren; um unnötige Ängste und Befürchtungen loszuwerden – auch wenn es letztlich nicht möglich ist (noch nicht?), den endgültigen Beweis für oder gegen die Idee der Wiedergeburt vorzulegen.

Wer wissen will, wozu er lebt, der kommt an der Frage der Wiedergeburt nicht vorbei, gleichgültig, auf welcher geistigen, spirituellen Ebene er auch stehen mag. Wenn es stimmen sollte, daß unser gegenwärtiges Leben das Ergebnis früherer Verdienste und früherer Fehler sein sollte, dann könnten wir die Welt verändern, indem wir uns selbst verändern – um in der nächsten Inkarnation selbst glücklicher zu werden und mehr Glück schenken zu können. Wenn es richtig ist, daß Menschen geheilt werden können, sobald sie Einsicht in frühere Leben erlangen, dann ist das Thema Wiedergeburt eines der aufregendsten und interessantesten überhaupt. Ein Thema, das unser Leben schlagartig verändern könnte.

»Wer kann wissen, in welchem Schneider jetzt die Seele eines Cäsar wohnt?... Die Seele Dschingis-Khans wohnt jetzt vielleicht in einem Rezensenten, der täglich, ohne es zu wissen, die Seelen seiner treuesten Baschkiren und Kalmücken in einem kritischen Journal niedermäht?« Hinter den humorvollen Fragen Heinrich Heines steckt tiefer Ernst.

Immer mehr Menschen glauben in unseren Tagen, die Antwort auf die Frage nach der Wiedergeburt zu kennen. Haben sie recht – oder haben sie irgendeinen ganz wichtigen Punkt übersehen?

Und fast noch wichtiger: Hilft es überhaupt etwas bei der Lebensgestaltung, die Antwort zu kennen?

Versuchen wir gemeinsam, einen Schritt zur weiteren Klärung beizutragen: Was kommt nach dem Tod?

Oder besser gefragt: Gibt es den Tod überhaupt – oder ist er tatsächlich, wie die berühmte Sterbensforscherin Frau Professor Elisabeth Kübler-Ross behauptet, »nur ein Heraustreten aus dem physischen Körper, und zwar in gleicher Weise, wie ein Schmetterling aus seinem Kokon heraustritt«?

Weil ich dieses Thema für ungeheuer brisant halte, wage ich es, neun Jahre nach meinem ersten Versuch (*Du hast schon einmal gelebt*, München 1979) ein neues Buch vorzulegen, das der rasanten Entwicklung, den neuesten Einsichten auf diesem Gebiet Rechnung tragen soll. Ein Buch, in dem Sie alles finden, was bei der Frage nach der Wiedergeburt von Bedeutung ist.

I. KAPITEL

Am Anfang
die Katastrophe –
am Ende
die ewige Seligkeit

Das Abendland zwischen
Schuld und Erlösung

ERSTICKT UNTER DER ASCHE VON POMPEJI

»Was ist mit unserer kleinen Vera nicht in Ordnung?« rätselten ihre Eltern. Immer, wenn sie von Italien erzählten, geriet das Mädchen in eine merkwürdige, heftige Erregung. Es begann zu zittern, vergaß seine Spielsachen und lauschte mit großen, erschreckten Augen.

Veras Eltern, wohlhabende Bürger in Prag, reisten viel – und besonders gerne nach Italien. Eines Tages sprachen sie über frühere Urlaubstage in Neapel, da passierte es. Vera, gerade sieben Jahre alt geworden, bekam plötzlich schwere Erstickungsanfälle. Das Kind wurde von Krämpfen geschüttelt. Seine Augen glühten vor Fieber. Die erschrockenen Eltern riefen den Hausarzt. Er kam noch mitten in der Nacht und stand gleich vor zwei Rätseln: Was Vera fehlte, konnte er nicht erkennen, doch zu seiner Verblüffung hörte er das Kind im Fieber lateinisch reden. Und er notierte in aller Eile ein paar Brocken, die er aufschnappte: »pedes, detergeat... undos... lintea... cave...«

Am nächsten Morgen war Vera wieder völlig gesund. Sie konnte sich an die Vorfälle der vergangenen Nacht nicht erinnern, aber das Wort Vesuv brachte sie erneut aus der Fassung. Und als man ihr ein Bild vom Golf von Neapel zeigte, geriet Vera beinahe wieder in Panik.

Für die Eltern war das alles geradezu unheimlich. Denn solche Zwischenfälle wiederholten sich regelmäßig – aber immer nur dann, wenn vom Vesuv, dem unruhigen italienischen Vulkan, und seiner Gegend die Rede war.

Als Vera 15 Jahre alt war, nahm ihre Mutter sie mit zu einer berühmten Wahrsagerin. Vera hatte sich zu einem sehr schönen Mädchen entwickelt, und die Eltern hätten zu gerne gewußt, welche glänzende Zukunft ihrem Kind bevorstand. Die Wahrsagerin sagte voraus, was sich genauso erfüllen sollte: »Du wirst Schauspielerin. Ich sehe zwei Männer, viele Reisen. Aber auch sehr viel Leid.« Doch dann erzählte die Wahrsagerin plötzlich etwas aus längst vergangenen Zeiten. Und das war für Vera und ihre Mutter mehr als verwirrend: »Du mußt in diesem Leben viel büßen für das, was du in früheren Leben Böses und Schlechtes getan hast. Du warst einmal eine Prinzessin in Ägypten, launisch, unvorstellbar herrschsüchtig und grausam. Und du bist auch dabeigewesen, als Pompeji unter der Lava begraben wurde.«

Da war es wieder, das mysteriöse Pompeji und der feuerspeiende Vulkan! Sollten die unerklärlichen Aufregungen etwas mit einer echten Erinnerung zu tun haben?

Vera M'Pessa erzählt die Geschichte selbst weiter: »Ich habe das alles damals nicht so ganz ernst genommen. Die Zwischenfälle aus meiner Kindheit waren beinahe vergessen, als ich 1957 auf dem Flug nach Griechenland plötzlich den Vesuv unter mir liegen sah. In diesem Augenblick packte mich ein fürchterlicher Schüttelfrost. Ich bäumte mich in meinem Sitz auf und murmelte wie geistesabwesend die Sätze: ›Der Diener soll die Füße des Gastes waschen und trocknen. Ein Tuch soll die Kissen schützen. Man nehme Rücksicht auf unsere Wäsche…‹

In diesem Augenblick sah ich es vor mir, als säße ich in einem Film über mein früheres Leben: Ich lebte da unten in Pompeji als junges Mädchen. Einer unserer Nachbarn hieß Epidius Immeneus. Er wohnte in der Via dell'Abbondanza. Ein seltsamer Mann. Seine Hausordnung hatte er fein säuberlich so an die Hauswand geschrieben, daß sie keiner übersehen konnte. Es waren jene Sätze, die ich als Kind schon im Fiebertraum lateinisch zitiert hatte und die mir beim Überfliegen von Pompeji spontan eingefallen waren.«

Dieses Erlebnis ließ der Schauspielerin keine Ruhe mehr. Jetzt wollte, ja mußte sie Gewißheit finden: »Ein paar Monate nach dem Flug über den Vesuv, im Jahre 1958, reiste ich mit meinem Mann nach Pompeji. Als wir durch die Ruinenstadt geführt wurden, die im Jahre 79 nach Christi Geburt durch einen Ausbruch des Vesuvs zerstört wurde, hatte ich mit einemmal das Gefühl: Hier bist du zu Hause. Und tatsächlich: Ich kannte jeden Winkel, konnte genau angeben, was wir hinter der nächsten Ecke antreffen würden. Es war mir alles vertraut. In der Via dell'Abbondanza sagte ich zu meinem Mann: ›Siehst du, hier haben wir unser Obst gekauft. Und dort drüben wohnte ein Weber. Da suchten wir uns die Stoffe aus.‹ Der Fremdenführer tadelte mich verärgert: ›Warum lassen Sie sich überhaupt von mir herumführen, wenn Sie alles schon kennen?‹ Ich sagte nur: ›Ich habe hier gelebt. Vor der Katastrophe.‹ Für mich gab es jetzt keinen Zweifel mehr. Ohne die geringste Unsicherheit führte ich meinen Mann zum Haus des früheren Nachbarn Epidius Immeneus – und da stand die Inschrift groß auf der Mauer: ›Abluat unda pedes...‹ Der Diener soll die Füße des Gastes waschen...

Für mich war das ein Schock. In diesem Augenblick fand ich auch die Erklärung für mein furchtbares Erschrecken, sobald der Name Pompeji erwähnt wurde: Ich erlebte, als geschähe es gerade jetzt, mein qualvolles Sterben im Aschenregen noch einmal. Ich sah und fühlte mich als kleines Mädchen. Plötzlich, am hellichten Tag, wurde es über Pompeji Nacht. Dichter als Schneeflocken fiel Asche vom Himmel. Meine Eltern versuchten, mit mir an die Küste zu fliehen. Ich saß auf einem Holzkarren zwischen den überstürzt geretteten Habseligkeiten, preßte ein Tuch vor Mund und Nase und erstickte fast. Die Asche klebte in den Haaren, auf der Haut, brannte schrecklich in den Augen. Da stürzte der Karren um. Ich fiel auf die Straße, versuchte aufzustehen und den Eltern nachzueilen. Ich hörte sie noch rufen. Ich schrie nach der Mutter, aber dann bekam ich keine Luft mehr. Die giftige Luft schnürte mir den Hals zu. Ich erstickte...«

Vera M'Pessa bekannte später: »Die Einsicht in frühere Schicksale hat mir geholfen, mein jetziges Leben einigermaßen zu begreifen. Ohne dieses Wissen müßte mir alles, was ich erlebe und durchmache, sinnlos vorkommen.«

Die Schauspielerin hat in vier europäischen Ländern in mehreren hundert Filmen mitgespielt – aber immer nur neben den großen Stars. Sie durfte niemals die Prinzessin selbst spielen, obwohl es ihr an Schönheit und Talent nicht gefehlt hat. »Es war wie ein Fluch«, sagt sie, »ich wurde immer wieder, oftmals in letzter Sekunde, zurückgesetzt.« So war sie unter anderem Double von Martine Carroll. Und sie durfte viele »Große« synchronisieren. Mehr nicht. Vera M'Pessa spricht perfekt sechs Sprachen, darunter Russisch und Französisch.

Zuletzt lebte die Schauspielerin fast vergessen, arbeitslos, ohne eigene Wohnung in München von 330 Mark Sozialhilfe. »Wenn ich es nicht besser wüßte, hätte ich wahrscheinlich schon längst aufgegeben. Aber so stehe ich es durch. Das alles hat seinen Sinn – aus den früheren Leben.« Das war ihre Überzeugung, obwohl ihr Leben eine einzige Misere gewesen war:

Zwei zerbrochene Ehen; ein einziges vergebliches, verzweifeltes Streben nach Ruhm und Karriere; zuletzt nicht einmal mehr ein eigenes Zuhause. Alle Habseligkeiten lagerten in Kisten verpackt in einer Lagerhalle, die Bücher, die Wäsche, die Kostüme, Kleider, Bilder und Andenken aus Zeiten, die noch von Hoffnung geprägt waren...

Soll ein solches Leben einen Sinn ergeben?

Deutlicher gefragt: Läßt sich eher ein Sinn erkennen, wenn man an die Wiedergeburt glaubt?

Solche Fragen aber lösen gleich eine ganze Fragenlawine aus: Wie ließe sich denn das »Erinnern« des kleinen Mädchens, sein so heftiges Reagieren beim Hören der Namen Pompeji und Vesuv anders, plausibler erklären als mit einer Wiedergeburt? Woher konnte später die junge Frau wissen, an welchem Haus die merkwürdigen »Hausregeln« des »Nachbarn« standen – Sätze, die das Kind im Fiebertraum gesprochen hatte. Sollte es wirklich solche Zusammenhänge über Jahrtausende hinweg geben, wie sie hier dargestellt wurden: einstmals hochmütig, herrschsüchtig – heute deswegen dazu verdammt, immer hintanzustehen?

Oder läßt sich vieles nicht ganz einfach damit erklären: Das Leben der unglücklichen Schauspielerin mußte so verlaufen, weil die Wahrsagerin es so vorhergesagt hatte – und weil daraufhin alles in nahezu mechanischem Erfüllungszwang abrollen mußte: Das ständig gegenwärtige Wissen, hätte die Frau auch noch so energisch versucht, es zu verdrängen: »Du wirst es nie schaffen, weil du abbüßen mußt!« – dieses Wissen blokkierte jeden Erfolg schon im Ansatz. Sie hatte keine Chance.

Noch drängender aber schließlich die Frage: Und wozu sollte nun dieses schwere Schicksal gut gewesen sein? Was konnte die Schauspielerin für sich selbst »abtragen«? Hat sie trotz aller Ergebenheit in das schwere Geschick – oder nicht gerade damit – nicht neue Schuld auf sich geladen, so daß, gibt es dann eine Wiedergeburt, die nächste Inkarnation möglicherweise noch düsterer ausfallen müßte?

JEDER DRITTE MENSCH GLAUBT AN DIE WIEDERGEBURT

Tatsache ist: Wer an die Wiedergeburt glaubt, ist kurz vor der Wende zum dritten Jahrtausend auch im Abendland längst kein Einzelgänger mehr. Professor Jan Stevenson, Psychiater und Direktor der parapsychologischen Abteilung an der Universität von Virginia, der namhafteste Wissenschaftler, der sich bislang der Erforschung der Wiedergeburt widmete, stellte bereits 1976 fest: »Jeder fünfte Westeuropäer glaubt an eine Seelenwanderung!« Inzwischen sind die Zahlen sprunghaft angestiegen, so daß man etwa von folgenden Verhältnissen ausgehen darf: Nimmt man die Menschen aller Religionen und aller Ideologien zusammen, ergibt sich eine ziemlich gleichmäßige Dreiteilung: Ein Drittel aller Menschen glaubt nicht an ein Weiterleben nach dem Tod, sondern geht davon aus, daß mit dem Tod, ebenso wie beim Tier, das ganze Leben zu Ende ist.

Ein Drittel erwartet nach dem Tod die Aufnahme in den Himmel oder in das Paradies. Nicht alle von ihnen sind aber bereit, zugleich auch an eine ewige Verdammnis, an die Hölle, zu glauben. Doch für fast alle ist es selbstverständlich, daß das irdische Leben ein einmaliges, unwiederholbares Ereignis darstellt.

Das letzte Drittel glaubt an die Wiedergeburt, wobei

dieser Begriff eine Fülle sehr unterschiedlicher Vorstellungen umfaßt. Wiedergeburt, das kann ebenso eine ganz persönliche Wiederkehr bedeuten, wie auch das erneute Leben-Müssen in einem Tier oder in einer Pflanze. Die Unterschiede zwischen der Auffassung in westlichen Kulturkreisen und fernöstlichen Religionen und Philosophien sind so groß, daß man eigentlich schon nicht mehr von ein- und derselben Sache sprechen kann.

War noch bis vor kurzem in christlichen und islamischen Glaubensgemeinschaften die Diskussion über eine mögliche Wiedergeburt tabu, so versuchen heute immer mehr Christen und Mohammedaner, die Wiedergeburt mit ihrem Glauben in Einklang zu bringen. Viele Zeitgenossen glauben nicht unbedingt an die Wiedergeburt, halten sie aber immerhin für möglich. Um an die Wiedergeburt zu glauben, muß man kein Buddhist, kein Hindu sein. Man kann an einen Gott glauben – oder auch ihn leugnen. Die Wiedergeburt ist gewissermaßen der Glaube an eine natürliche, rein diesseitige Ewigkeit, die zunächst keinen Schöpfergott und auch keinen Erlösergott braucht. Im Glauben an die Wiedergeburt können sich deshalb selbst Christen und Materialisten treffen, ohne daß sich beide allzu weit aus ihrer Glaubensheimat entfernen müßten. Die Vorstellung der Wiedergeburt scheint sich tatsächlich auch weit besser als alle anderen religiösen Glaubenswahrheiten mit modernster Wissenschaft in Einklang bringen zu lassen: Wiedergeburt ist nicht nur das irdische Lebensprinzip: Alles, was existiert und lebt, hat sich entfaltet, wird heranreifen, verwelken und neu erstehen. Alles, was ist, war schon einmal. Dieses Gesetz gilt auch für das große kosmische Geschehen: Jede Welt wurde aus dem Tod einer alten Welt »geboren«. Nichts geht auf ewig verloren, nichts ist letztlich zerstörbar. Geboren werden, sterben, wiedererstehen – so dreht sich unentwegt das Rad des Universums. Der Glaube an die Unzerstörbarkeit ist tatsächlich einleuchtender als der an das Verlöschen für immer.

Die Frage ist nur – und hier scheiden sich die Geister: Was bleibt unzerstörbar – und in welcher Form?

Ohne Zweifel überdauern die Atome und selbst manche Moleküle meiner Körpersubstanzen meinen Tod. Wenn sich der Körper auflöst, bilden sich chemisch neue Substanzen. Und irgendwann werden diese »Teile« von mir auch wieder neuem Leben angehören. Der biologische Kreislauf setzt sich fort.

Doch das ist nicht die Wiedergeburt, von der wir sprechen. Die Wiedergeburt setzt voraus, daß dann, wenn der Körper stirbt, das, was ihn bis dahin am Leben hielt, wie immer man dieses Lebensprinzip bezeichnen mag, ob »Energiebündel«, ob Seele, ob Geist, mit Bewußtsein weiterlebt. Das, was nach dem Tod noch existiert, muß also von sich sagen können: »Ich bin noch da.« Und: »Ich werde zurückkehren und erneut einen Körper beseelen.« Ob dieser unsterbliche Teil von mir nur ein Lebensfunke ist, der beliebige persönliche Färbungen annehmen kann – oder ob es sich um meine ganze Persönlichkeit handelt, die nur das sterbliche »Kleid«, den Körper, ausgezogen hat, nach wie vor aber einen andersartigen, identischen Körper besitzt, das ist eine zweitrangige, im Moment unwichtige Frage.

In diesem Sinn sprach man früher von der Seelenwanderung: Das, was von mir bleibt, das sich als »Ich« begreift, wandert von einem Dasein in einem Körper aus Fleisch und Blut zum nächsten. Diese Wanderung führt möglicherweise einem Ziel, der Vollendung im Nirwana, entgegen. Oder sie ist die ewig gleichbleibende Wiederholung, das Spiel von Werden und Vergehen, dem nichts in der Natur entfliehen kann.

Reinkarnation – Rückkehr in ein körperhaftes Leben, setzt ein anderes Leben, ein rein geistiges Leben, voraus, das unsterblich und unzerstörbar ist. Das, was von sich »Ich« sagen kann, wäre also zeitweise lebendig im »Fleisch« und zeitweise frei existierend außerhalb eines biologischen Organismus, wahrscheinlich auch außerhalb unserer dreidimensionalen, von Raum und Zeit begrenzten Welt. Statt von der geistigen »Seele« könnte man heute auch von einem »energetischen Prinzip« sprechen. Da Energie unzerstörbar ist, da so hoch entwickelte Energien wie das Denken sicher auch nicht leicht wandelbar sind, könnte tatsächlich auch der reine Materialist unter diesen Voraussetzungen an eine Unsterblichkeit glauben. Er dürfte sich nur nicht länger durch das Wort »Seele« und den Begriff »Geist« als Gegenpol des Körpers irritieren lassen.

Das ist ein wesentlicher Teil der Faszination, die von der Idee der Wiedergeburt ausgeht: Sie macht so vieles einsichtig, plausibel, verstehbar. Sie vermag selbst tiefste Glaubensgräben scheinbar mühelos zu überbrücken, so als gäbe es plötzlich zwischen den einzelnen Glaubensvorstellungen überhaupt keine gravierenden Unterschiede mehr. Es sieht so aus, als müßte man sich nur mit der Tatsache der Wiedergeburt vertraut machen, und schon wären alle Welträtsel einigermaßen zufriedenstellend gelöst. Ganz so einfach ist es selbstverständlich nicht. Und es stimmt auch nicht, was immer wieder als Tatsache hingestellt wird, daß das Wissen um die Wiedergeburt die ursprüngliche, natürliche Urreligion gewesen sei, die im Abendland nur unter dem Druck der Kirchen verlorenging.

IM HADES GAB ES KEINE GEISTSEELEN

Richtig ist wohl, daß es in vielen alten Religionen die Vorstellung eines Weiterexistierens nach dem Tod gegeben hat. Doch dieses Dahinvegetieren im Hades der alten Griechen oder im Scheol der Juden war eben kein Weiterleben. Genau das, was auf Erden das Leben ausgemacht hatte, fehlte: Die Seele, das »energetische Prinzip«. Die leblosen, blutleeren Gestalten, die den Tod überdauert hatten, waren bewußtlos. Sie konnten sich nicht mehr äußern. Man könnte also sagen: Ähnlich wie in modernen Intensivstationen war bei Menschen, die nur noch durch Maschinen am Leben erhalten werden, in der vorchristlichen Unterwelt die Seele des Verstorbenen nicht mehr vorhanden.

Unklar ist, ob die Verstorbenen darauf warteten, zu neuem Leben erweckt zu werden. Wenn, dann wäre das eine ganz andere Wiedergeburt, nämlich die Rückkehr des schon einmal verstorbenen Körpers ins Leben, nicht die Rückkehr der Seele in einen neuen Mutterschoß, um in einem neuen »Gewand« zu leben. Homer hat diese Vorstellung in Verse gefaßt: Als Odysseus auf seiner Irrfahrt in den Hades gelangt, begegnet er dort seiner verstorbenen Mutter. Um sich mit ihr, der Leblosen, unterhalten zu können, muß er erst ein Schaf schlachten und ihr dessen Blut zu trinken geben. Nach Genuß des Blutes beginnt sie zu leben, wird sie fähig, zu sprechen, ihre Gefühle zu äußern, zu denken, sich mit ihrem Sohn über Künftiges und Vergangenes zu unterhalten.

Anders gesagt: Da es keine intakten überlebenden Seelen dieser Verstorbenen gab, konnte es auch keine Wiedergeburt geben – bestenfalls eine Wiederbelebung.

Ein Beispiel, das deutlich macht, wie unerläßlich der

Rückblick in die Geschichte ist. Einmal gilt es Mißverständnisse auszuräumen, die immer weitergegeben werden. Zum anderen können wir unsere heutige Situation nur dann verstehen, wenn wir die Tradition kennen, die uns prägt.

WIEDERGEBURT JA –
ABER KEINE REINKARNATION

Eine der wichtigsten Quellen, der unser christlicher Glaube entstammt, ist die ägyptische Religion.

Weil ein griechischer Schriftsteller fälschlicherweise behauptete, die Ägypter hätten an eine Reinkarnation geglaubt, liest man immer wieder davon. Diese Annahme ist aber unsinnig. Wozu hätten die Ägypter dann ihre leblosen Körper einbalsamieren, über ihnen gigantische Grabmäler errichten sollen – über leeren Hüllen, die nicht mehr bedeuten als ein altes, untauglich gewordenes Kleid, das man wegwirft?

Nein. Für die Ägypter vor 4000, 5000 Jahren war das irdische Leben eine einzige Vorbereitung auf den Augenblick des Todes, dem Anfang des eigentlichen Lebens. Sterben war gleichbedeutend mit dem Hinaustreten in das »volle Licht des Tages«, ein Bild, das an das Leben vor und nach der Geburt erinnert: Mit der Geburt wird der Mensch frei, das Licht zu sehen, sich in Raum und Zeit zu bewegen. Mit dem Tod tritt er aus jeder zeitlichen und räumlichen Begrenzung hinaus in das wahre Licht, das keine Sonne und keine Sterne mehr braucht, keine Zeit und keinen Raum mehr kennt. Doch dieses neue, unbegrenzte, lichterfüllte Leben ist noch nicht der Himmel, nicht die Befreiung von Kampf und Bewährung. Die Bewährungsprobe beginnt nun erst.

Der Gestorbene kommt zunächst vor ein Gericht, dem 42 Richter vorsitzen. Über dem Gericht thront Maat, die Göttin der Wahrheit und Gerechtigkeit. Das Herz des Verstorbenen wird gewogen. Kann der Verstorbene vor dem strengen Gericht nicht bestehen, wird er in die Duat, die Unterwelt, verbannt, wo er bis in alle Ewigkeit in der Finsternis verbleiben muß.

Wird er dagegen vom göttlichen Gericht akzeptiert, dann mischt sich die irdische Natur mit göttlicher Natur. Noch ist er kein unsterblicher Gott, aber doch von göttlichem Wesen. Er besitzt wieder einen Körper, der dem Aussehen nach seinem irdischen Körper völlig identisch ist, ein exaktes Abbild. Dieser Körper ist, wie sein irdischer, sterblich und behaftet mit den einstigen »Schatten«, nämlich mit den speziellen Leidenschaften, Lastern, Schwächen – und mit ganz natürlichen Bedürfnissen. Deshalb braucht der Verstorbene die Opfer der Hinterbliebenen als Nahrung. Bleibt sie aus, muß er sterben – diesmal endgültig, ohne Hoffnung auf Auferstehung oder Wiedergeburt.

Der immaterielle, aber doch aus irgendeiner Substanz bestehende Körper im Jenseits ist nicht die Seele, sondern wiederum nur eine Hülle, in der gleich mehrere Seelen wohnen. Nur die drei höchsten von ihnen sind unsterblich.

Doch auch der Körper kennt keine räumlichen und zeitlichen Grenzen mehr, ist keinen physikalischen Gesetzen mehr unterworfen. Er kann sich frei zwischen Himmel und Erde bewegen, gedankenschnell an jedem gewünschten Ort auftauchen und wieder verschwinden, jede gewünschte Gestalt annehmen und augenblicklich gegen eine andere eintauschen.

Gerade die neu gewonnene Freiheit und Wandelbarkeit aber bilden für den Verstorbenen hüben wie drüben das eigentliche Risiko: Er muß höllisch aufpassen, daß er niemals vergißt, wer er wirklich ist. Sobald er nämlich seinen Namen vergißt, nicht mehr weiß, wie er in seiner ursprünglichen Gestalt aussieht, löscht er sich selbst aus. Deshalb – und nicht etwa aus dem Glauben an die Auferstehung des Fleisches heraus – wird der tote Körper einbalsamiert, stattet man die Grabkammer mit persönlichen Gegenständen, mit Bildern und Inschriften aus, errichtet man über dem Grab ein mächtiges Bauwerk: Der Verstorbene braucht einen Fixpunkt auf der Erde, zu dem er zurückkehren, an dem er sich orientieren, sein Gedächtnis jederzeit auffrischen kann: Das bin ich! Und wozu lebt der Mensch überhaupt? Der Sinn des Lebens und die Aufgabe des Verstorbenen ist es, den toten Göttern das Leben und die kosmische Ordnung wiederzubringen. Am Anfang der Zeiten gab es nach altägyptischer Vorstellung nämlich eine unvorstellbare kosmische Katastrophe, vergleichbar dem Sturz des Engelfürsten Luzifer im Christentum. Damit ist die Harmonie verlorengegangen, das Böse ist in der Welt. Die Götter, allen voran Osiris, Gott und Urvater der Menschen in einem, dämmern als Mumien dahin und warten darauf, daß die Menschen kommen, die Sterne wieder in die rechten Bahnen lenken und die Ordnung im Kosmos wiederherstellen.

Das ist aber nicht ganz so einfach. Denn das Jenseits ist voller Dämonen, gegen die der Verstorbene kämpfen muß – nicht mit Schwert und Speer, sondern mit magischen Kräften.

Das irdische Leben besteht deshalb darin, sich auf diesen Kampf vorzubereiten. Es genügt nicht, anständig, ehrlich, fromm zu leben. Man muß sich darüber hinaus mit Sprüchen und mit einer Festigung des Willens und des Selbstbewußtseins gegen die bösen Mächte wappnen. Die Totenbücher enthalten entsprechend magische Formeln, die man zeitlebens auswendig lernt, um sie nach dem Tod aufsagen zu können. Man bittet beispielsweise darum, nach dem Verlassen des irdischen Körpers, wieder sprechen und sich an alles Wichtige erinnern zu können. Und man macht sich Mut mit markigen Sprüchen: »Heil dir, meine Seele! Siehe, ich setze mein irdisches Dasein fort. Ich lebe. Ich bin magisch gerüstet, voller Kraft... Ich bin im Besitz einer unsterblichen Seele und eines unbesiegbaren Willens...«

Das ist eine ganz andere »Seelenwanderung« als die fernöstlicher Religionen. Der Verstorbene kann zwar in einer Art Ätherleib zur Erde zurückkehren, sich auch ständig hier aufhalten, wenn er das wünscht, doch er kehrt offensichtlich nicht zu einem Leben in Fleisch und Blut zurück.

WIEDERGEBURT –
WENN DER VERSTORBENE VERSAGT

In der altägyptischen Heilsvorstellung gibt es dennoch keine leibliche, sondern eine rein geistige Wiedergeburt – und doch findet sich eine ganze Fülle interessanter Parallelen zu fernöstlichen Lehren, wie sie beispielsweise im »Tibetanischen Totenbuch« dargelegt sind.

Das Alter dieser Schrift ist nicht mehr festzustellen. Wir besitzen heute die Fassung des buddhistischen Lehrers, Klostergründers und Wundertäters Padmasambhawa. Er kam im Jahre 747 n. Chr. von Indien nach Tibet, um dort seine Heilslehre zu verkünden. Sein »Bardo Thödol«, sein Totenbuch, vergrub er kurz vor seinem Tod bei den Gampa-Hügeln in Zentraltibet.

Einer seiner Schüler, Karma-Lingpa, der »wiedergeboren« war, hat sich angeblich an das Versteck erinnert und das Buch wieder ausgegraben.

Es richtet sich an Hinterbliebene, an Menschen, die mit dem Tod konfrontiert sind. Als wäre er »drüben« gewesen und hätte selbst alles miterlebt, schildert der Autor, was den Menschen nach dem Sterben erwartet, was er empfindet, welche Ängste, Verwirrungen, Anfechtungen ihn plagen und welchen Risiken er ausgesetzt ist. Den Hinterbliebenen wird gesagt, wie sie dem Verstorbenen helfen können, damit er »drüben« seinen Weg findet: »Zunächst«, so erklärt es der Autor dem, der an der Bahre eines Toten steht, »mußt du wissen, daß der Verstorbene nach dem ›Ausschleudern des Bewußtseins‹ aus seinem Körper sein volles Bewußtsein wiedererlangt hat. Er ist also da, kann dich sehen, hören, deinen Schmerz erfassen. Aber: Obwohl sein Verstand neunmal klarer ist als zu Lebzeiten, hat er noch nicht begriffen, daß er tot ist. Um ihn herum ist alles so hell, so klar, so lebendig, daß er nicht verstehen kann, warum ihn keiner mehr wahrnimmt, ihm keiner mehr Antwort gibt. Denn: selbst wenn er blind und taub und stumm gewesen wäre: Jetzt kann er sehen, sprechen, hören.

Du mußt ihm also klar und deutlich wiederholt sagen: ›Du bist gestorben. Du lebst nicht mehr. Doch fürchte dich nicht, es kann dir nichts mehr zustoßen. Das einzige, wovor du dich hüten mußt, ist die Angst, die deinem eigenen Herzen entspringt. Nur sie kann für dich noch zur Gefahr werden. Bleib also ganz ruhig und geh deinen Weg mit Fassung!‹«

Sobald der Verstorbene begriffen hat, was mit ihm geschehen ist, was angeblich eine gewisse Zeit dauert, geht er voller Verzweiflung von dannen.

Du darfst ihn aber auch jetzt nicht allein lassen. Denn nacheinander treten ihm erst freundliche, dann immer bösartigere Gestalten gegenüber. Sie existieren nicht wirklich, sondern nur in der Einbildung des Verstorbenen. Das mußt du ihm zurufen. Sage ihm also: ›Das alles ist nur ein Spuk! Fürchte dich nicht. Alles, was du siehst und was du erlebst, existiert nicht von sich aus, sondern kommt aus deinem Herzen. Es sind ›Gedankengestalten‹, geschaffen von deinen Vorstellungen, Wünschen, Befürchtungen, Begierden und Ängsten. Was immer dir in den Sinn kommt, nimmt augenblicklich Gestalt an. Denke deshalb nicht an Übles, hab keine Angst, sondern erinnere dich an die Wahrheiten, die dir auf Erden beigebracht worden sind!‹«

Und weiter: »›Du darfst dich jetzt von Bösem nicht abschrecken und von Verlockendem nicht anziehen lassen, sonst verfehlst du deinen Weg und mußt abstürzen in Niederungen und Unvollkommenheiten. Mit dem Erkennen geht die Befreiung einher. Begreife es, Sohn aus edler Familie: Diese Gestalten und Bereiche existieren nirgendwo als in den vier Richtungen deines Herzens. Nun treten sie aus dem Innern deines Herzens hervor und erscheinen vor dir. Jene Bilder kommen von nirgendwo anders her. Sie sind das ursprüngliche, unbeeinflußte Spiel deines Geistes. Erkenne sie als solches!‹«

Auch das muß der Hinterbliebene dem Verstorbenen immer wieder beschwörend mitteilen. Denn in der Auseinandersetzung mit den »Gedankengestalten« entscheidet sich dessen Zukunft: Erliegt er einer Gefahr, verfällt er einer Verlockung, dann stürzt er augenblicklich auf eine tiefere Seinsebene. Und dann werden die Probleme immer größer und bedrängender. Je tiefer er sinkt, desto stärker wird schließlich der Wunsch, wiedergeboren zu werden, wieder einen Körper aus Fleisch und Blut zu besitzen. Und weil auch dieser Wunsch sogleich nach Verwirklichung schreit, heißt die letzte Hilfe, die Hinterbliebene einem Verstorbenen geben können, Gebet und Beschwörung, er möge wenigstens in der richtigen, wohlhabenden, glücklichen Familie wiedergeboren werden: »Bemühe dich, das Wirken des guten Karma zu verlängern. Das ist besonders wichtig. Vergiß es nicht! Sei nicht abgelenkt! Diese Zeit ist die Trennlinie zwischen dem Aufsteigen und dem Absteigen. Das ist der Augenblick, in dem du durch das Abgleiten – eines Moments der Achtlosigkeit wegen – endlos leiden wirst. Das ist die Zeit, in der du durch vollkommene Sammlung für immer glücklich werden kannst. Bringe deinen Geist zur völligen Sammlung! Nun ist der Augenblick zum Schließen des Schoßeingangs gekommen. Schließe den Schoßeingang! Leiste Widerstand...! O Sohn edler Familie, zu dieser Zeit werden Vorstellungen von Männern und Frauen in der Liebesvereinigung vor dir erscheinen. Siehst du sie, dann trete nicht dazwischen, sondern erinnere dich und meditiere über den Mann und die Frau als der Guru und seine Gefährtin. Sammle deine Gedanken, dann wird der Schoßeingang sicherlich für dich verschlossen...«

Am Ende also – die Wiedergeburt, aber sie ist nicht unumgänglich, nicht unvermeidbar. Nicht jeder muß wiedergeboren werden, sondern nur der, der zeitlebens sein Wünschen, Sehnen, seine Vorstellungen nicht unter Kontrolle brachte, so daß sie nach seinem Tod als »Gedankengestalten« lebendig werden und ihn zurückziehen. Wenn er dagegen die Angst bezwingt, den Wunschbildern und Verlockungen widerstehen kann,

dann darf er »drüben« bleiben und in höhere Seins-
ebenen aufsteigen.

Die Parallelen zu den Vorstellungen der Ägypter in
der Pharaonenzeit sind offensichtlich: Hier wie dort
beginnt ein besseres, vollkommeneres Leben erst nach
dem Tod; dieses Leben ist aber nicht einfach die Glück-
seligkeit oder Verdammnis, sondern jetzt muß sich erst
zeigen, ob die seelische Verfassung, die man aus dem
irdischen Leben mitbringt, ausreicht, oder ob man zurück muß. Zurück heißt in diesem Fall: Rückkehr in ein
Leben mit einem Körper aus Fleisch und Blut, dort:
Verbannung in die Unterwelt.

DIE ALTE BIBEL:
KEIN JENSEITS, KEINE WIEDERGEBURT

Moses, der große Gesetzgeber und Führer des jüdischen
Volkes, der überragende Prophet, der sein geknechtetes
Volk um 1250 v. Chr. befreite und durch die Wüste in die
neue Heimat führte, war am ägyptischen Königshof
und ganz sicher auch in der Religion der Pharaonen
erzogen worden. Vieles hat er übernommen, als er seinem Volk, das bis dahin nur vage religiöse Vorstellungen besaß, seinen Glauben mitteilte. Doch in zwei
Punkten unterscheidet er sich grundlegend von den
Ägyptern: Für ihn gibt es nur den einen Gott Jahwe.
Und: Er verliert nicht ein einziges Wort über das, was
nach dem Tod kommen könnte.

Der alte jüdische Glaube ist die einzige Religion der
Welt, die mit Gott einen Bund, einen Vertrag schließt –
und trotzdem von ihm nicht einmal andeutungsweise
ein Versprechen auf ein ewiges Leben bekommt. Der
»Vertrag« beschränkt sich einzig und allein auf das

irdische Leben. Jahwe verspricht seinem Volk wiederholt: Wenn ihr euch an meine Gebote haltet, wenn ihr
mir treu seid, keinen anderen Göttern dient, dann wird
es euch hier auf Erden gutgehen. Dann dürft ihr im
Wohlstand leben, dann werdet ihr viele Kinder haben
und braucht euch nicht vor Feinden, vor Unglück,
Krankheit oder sonst einem Übel zu fürchten. Darüber
hinaus wird den Juden nichts weiter versprochen.

Man könnte ergänzen: Die jüdische Religion ist die
einzige der Welt, die nicht über den Tod hinausgeht.

Das wäre selbstverständlich ein Widerspruch in sich.
Denn es gehört zu jeder Religion, ja, es macht geradezu
ihr Wesen aus, daß sie über den Tod hinausweist. Dort,
wo das Leben mit dem Tod endet, wird jede Religion
überflüssig.

Dennoch glaubten und glauben auch die Juden an ein
Weiterleben nach dem Tod. Sie kennen beispielsweise
zwei »Höllen«: den Scheol, als Unterwelt mit dem Hades vergleichbar, ein Schattenreich, in dem die Verstorbenen mehr oder weniger leblos dahindämmern. Und
die Gehenna, den Ort der endgültig und ewig Verdammten.

Doch durch viele Jahrhunderte war das Leben nach
dem Tod für sie einfach kein Thema. Man glaubte an
Gott Jahwe und hatte grenzenloses Vertrauen zu ihm,
ohne weitere Fragen zu stellen. So gesehen war ihr
Glauben wohl größer als der aller anderen Völker.

Erst sehr viel später, vielleicht hundert, zweihundert
Jahre vor Christus, begannen die Schriftgelehrten und
die Priesterschaft über den »Himmel« nachzudenken
und heftig zu streiten, ob es ein Weiterleben nach dem
Tod gibt und wie es aussehen könnte. Es ist deshalb
müßig, darüber zu spekulieren, ob es bei den Juden die
Vorstellung einer Wiedergeburt gab oder nicht. Der

eine mag daran geglaubt haben, der andere nicht. So oder so hätte das den eigentlichen Glauben nicht im geringsten berührt. Einen direkten Hinweis jedenfalls auf einen Glauben an die Wiedergeburt gibt es im Alten Testament nicht.

JOHANNES – DER WIEDERGEBORENE ELIAS?

Ähnliches galt ursprünglich wohl auch für den christlichen Glauben. In den Schriften des Neuen Testamentes, in Aussagen Jesu finden sich dennoch Passagen, die man sehr wohl als Zeugnis des Glaubens an die Wiedergeburt deuten könnte.

So hatte beispielsweise in den letzten Sätzen des Alten Testaments der Prophet Malachias angekündigt, bevor der Messias komme, werde der Prophet Elias zurückkehren: »Bevor aber der Tag des Herrn kommt, der große und furchtbare Tag, seht, da sende ich zu euch den Propheten Elias. Er wird das Herz der Väter wieder den Söhnen zuwenden und das Herz der Söhne ihren Vätern, damit ich nicht kommen und das Land dem Untergang weihen muß.« (Malachias 3, 23–24)

Es darf deshalb nicht verwundern, daß sich Jesus' Apostel und Jünger fragten: Wenn Jesus tatsächlich der Messias ist, dann muß Elias auch zurückgekommen sein.

Die Evangelisten erzählen freimütig über diesen Zweifel.

Zuerst hatten die geistlichen Behörden zu Johannes dem Täufer geschickt, der in der Wüste Alarm schlug: »Kehrt um, tut Buße. Das Himmelreich ist nahe!« Sie ließen anfragen: »Wer bist du?« Johannes bekannte: »Ich bin nicht der Messias« (Johannes 1, 20) – »und auch nicht Elias.«

Nun fragte Jesus seine Jünger: »Für wen halten die Leute mich?« Er bekam zur Antwort: »Die einen für Johannes den Täufer, andere für Elias, wieder andere für Jeremias oder sonst einen Propheten.« Er forschte weiter: »Und ihr, was meint denn ihr?« Da faßte sich Petrus ein Herz und sagte: »Du bist der Messias, der Sohn des lebendigen Gottes!« (Matthäus 16, 15) Dieser Antwort wegen wird er selig gepriesen: »Selig bist du, Simon, Sohn des Barjona. Denn nicht Fleisch und Blut haben dir das geoffenbart, sondern mein Vater im Himmel.« (Matthäus 16, 17) Aber wo blieb dann der angekündigte Elias?

Jesus behauptete, Johannes der Täufer ist es: »Wenn ihr es gelten lassen wollt«, sagt er zu den Jüngern des Johannes, »ja, er ist Elias, der wiederkommen soll. Wer Ohren hat, der höre.« (Matthäus 11, 14–15)

Das hört sich schon nach Wiedergeburt an. Der Prophet Elias hatte in der ersten Hälfte des 9. Jahrhunderts vor Christus gelebt. Allerdings, den Berichten der Bibel zufolge ist er nicht gestorben, sondern im feurigen Wagen in den Himmel abgeholt worden, ohne zuvor den Tod gekostet zu haben.

Womit sich die Frage stellt, ob man auch wiedergeboren werden kann, ohne zuvor gestorben zu sein?

GLEICHES SCHICKSAL – ALS ZEICHEN DER WIEDERGEBURT?

Auffallend ist, daß Johannes der Täufer und der Prophet Elias – abgesehen von der »Himmelfahrt« des einen und der Enthauptung des andern – ein nahezu identisches Schicksal hatten, und sich offensichtlich auch ihrem Charakter nach mehr als nur ähnlich waren.

Elias mußte sich pausenlos mit König Ahab von Israel (873–853 v. Chr.) anlegen – seiner Frau Isebel wegen.

Die Königin verführte das jüdische Volk zu den Götzen Baal und Aschera. Sie ließ 450 Baals-Propheten ins Land kommen und den Götzen heilige Stätten auf den Bergen errichten. Elias verkündete als Strafe eine verheerende Dürrekatastrophe und wurde als Terrorist und Volksschädling verfolgt. Schließlich ließ er sich mit den Baals-Propheten auf einen Wettkampf ein: Einer gegen 450, wer hat den stärkeren Gott? Die Schlachtopfer der Götzendiener blieben unbeachtet, während sein Opfer in Flammen aufging, obwohl er kübelweise Wasser darübergießen ließ.

Elias tötete die falschen Propheten und zog sich damit den gesteigerten Haß der Königin zu. Wieder mußte er sich in der Wüste vor ihr und ihren Häschern verstecken.

Johannes der Täufer lebte ebenfalls nur in der Wüste, ernährte sich von wildem Honig und Heuschrecken und rief zur Buße auf. Seine Auseinandersetzung hatte er mit dem Landesfürsten Herodes Antipas, der seit 4 v. Chr. als Vasall der Römer über Galiläa und Peräa herrschte. Und wieder ging es um eine Frau, diesmal um Herodias. Herodes hatte die Tochter seines Halbbruders Aristobulos seinem Halbbruder Philippus weggenommen. Das war nach dem mosaischen Recht eines der scheußlichsten Verbrechen. Deshalb tadelte ihn Johannes öffentlich als Ehebrecher, der sein Amt und seine Macht schändlich mißbraucht habe.

Auf Betreiben von Herodias ließ der Fürst ihn in den Kerker werfen. Doch das genügte Herodias nicht. Selbst vom Kerker aus hatte Johannes noch zuviel Einfluß auf Herodes. Dieser besuchte ihn nämlich im Kerker und diskutierte mit ihm. Herodias überlistete ihren Mann. Als ihre Tochter Salome vor ihm und seinen Gästen tanzte und er, trunken von ihrer Schönheit, versprach, sie dürfe sich wünschen, was immer sie wolle und wäre es das halbe Königreich, überredete Herodias ihre Tochter: Verlange das Haupt des Täufers!

Legt die Ähnlichkeit der Schicksale vielleicht doch die Wiedergeburt nahe?

WIEDERGEBURT AUS »WASSER UND GEIST«

Jesus sprach wiederholt und sehr direkt von der Wiedergeburt und machte sogar die ewige Seligkeit davon abhängig. Allerdings sprach er nicht von der Wiedergeburt im »Fleisch«, sondern von der Wiedergeburt »aus Wasser und Geist«. So sagte er zum Pharisäer, der ihn heimlich nachts besuchte, um mit ihm zu diskutieren: »Amen, amen ich sage dir: Wenn jemand nicht von neuem geboren wird, kann er das Reich Gottes nicht sehen.« Nikodemus entgegnete ihm: »Wie kann ein Mensch, der schon alt geworden ist, geboren werden? Er kann doch nicht in den Schoß seiner Mutter zurückkehren und ein zweites Mal geboren werden?« Jesus antwortete: »Amen, amen ich sage dir: Wenn jemand nicht aus Wasser und Geist geboren wird, kann er nicht in das Reich Gottes kommen. Was aus dem Fleisch geboren ist, das ist Fleisch. Was aber aus dem Geist geboren ist, das ist Geist.« (Johannes 3, 1–13)

Entsprechend formuliert der Evangelist Johannes im Prolog zu seinem Evangelium: »Allen, die ihn aufnahmen, gab er die Macht, Kinder Gottes zu werden, allen, die an seinen Namen glauben, die nicht aus dem Blut, nicht aus dem Willen des Fleisches, nicht aus dem

Willen des Mannes, sondern aus Gott geboren sind.«
(Johannes 1, 12—13)

Gewiß, hier ist die Rede von einer Wiedergeburt –
aber nicht von der Reinkarnation. Hier geht es nicht um
die Frage, ob ein Mensch nur ein einziges Mal oder
mehrere Male als Kind zur Welt kommt.

Viele andere Aussagen der Bibel, und zwar des Alten
wie des Neuen Testamentes, widersprechen ganz eindeutig dem Glauben an die Wiedergeburt. Wer in der
Bibel Zeugnisse für die Wiedergeburt finden will, der
muß Aussagen aus dem Zusammenhang reißen, um sie
entsprechend zu interpretieren. Die Lehre der Bibel
insgesamt spricht unmißverständlich von der Einmaligkeit des Lebens, von der Erlösung, von der Heimkehr
der Verstorbenen in den Himmel. Daran läßt sich nicht
herumdeuten. Das Alte Testament kannte keine Zweiteilung des Menschen in einen sterblichen Leib und in
eine unsterbliche Seele. Deshalb konnte es auch keine
realistische Vorstellung einer Wiedergeburt geben.

Das Neue Testament, die Lehre von Jesus Christus,
verspricht die Auferstehung des Körpers, also die Wie-
derherstellung des ganzen ursprünglichen Menschen.
Allein dieses Versprechen schließt die Reinkarnation
aus. Denn schließlich: In welchem der vielen verschiedenen wiedergeborenen Körper sollte am Ende die Seele leben? Nur ein einziger Körper kann auferstehen. Der
Körper nämlich, der zusammen mit der Seele den ein-
maligen, unwiederholbaren Menschen ausmachte. Das
ist christliche Lehre.

VON DEN GRIECHEN KAM DIE VORSTELLUNG VON DER SEELE IM »LEIBLICHEN KERKER«

Probleme mit der Frage der Wiedergeburt sind im christlichen Glauben erst aufgetaucht, als das Gedankengut der großen griechischen Philosophen in die Theologie einsickerte.

Die erste Vorarbeit dazu haben bereits die griechisch gebildeten Apostel Johannes und Paulus geleistet. Denn sie brachten in den Glauben die Vorstellung des gespaltenen Menschen ein, der zusammengesetzt ist aus der reinen, »heiligen« und unsterblichen Seele – und dem verderblichen, »sündigen«, niedrigen Trieben ausgelieferten Leib – ein Bild, das den alten Juden völlig fremd war.

Vor allem Paulus, der die Urformen christlicher Theologie geprägt hat, machte den menschlichen Zwiespalt deutlich: »Wir wissen, daß das Gesetz vom Geist bestimmt ist. Ich aber bin Fleisch, das heißt, verkauft an die Sünde... Ich weiß, daß in mir, das heißt in meinem Fleisch, nichts Gutes wohnt; das Wollen ist bei mir vorhanden, aber ich vermag das Gute nicht zu verwirklichen... Ich sehe ein anderes Gesetz in meinen Gliedern, das mit dem Gesetz meiner Vernunft im Streit liegt und mich gefangenhält im Gesetz der Sünde, von dem meine Glieder beherrscht werden. Ich unglücklicher Mensch! Wer wird mich aus diesem dem Tod verfallenen Leib erretten?« (Römer 7, 14–25)

Das ist die Weltanschauung Platos (427–347 v. Chr.). Der Schüler des Sokrates und Lehrer des Aristoteles hat mit großer Leidenschaft sein ganzes Leben lang versucht, die unsterbliche Seele mit logischen Schlußfolgerungen zu beweisen und das Leben im sterblichen Leib nur als »Schatten«, als Abbild des eigentlichen

Lebens darzulegen. Seiner Meinung nach – und das ist bestimmend geworden für die Denkweise des Abendlandes – kann der Mensch überhaupt nur deshalb über Gott, die unsterbliche Seele und die Ewigkeit nachdenken, weil er von Gott und vom Erleben der Unsterblichkeit eine – wenn auch unvollständige – Erinnerung besitzt. Er hat Gott erlebt, die eigene Unsterblichkeit erfahren – vor diesem Leben in der Sterblichkeit, das nur ein unvollständiges Abbild der eigentlichen Wirklichkeit ist. Die unsterbliche, von Natur aus reine Seele ist gegenwärtig im Kerker des vergänglichen, unreinen, sündhaften Leibes »eingesperrt« und sehnt sich nach der Erlösung von diesem Gefängnis.

So erklärt Plato im »Phaidon«: Die Verunreinigungen der Seele sind eine so schwere Last, daß sich die Seele immer wieder zur Erde zurückgezwungen fühlt.«

Das klingt fast genauso wie die Erklärung über die Wiedergeburt im Tibetanischen Totenbuch: Die Übermacht des sündigen Fleisches zwingt zur Rückkehr in eine neue Inkarnation. Wiedergeburt ist das Ergebnis des Versagens.

Plato lehrt, der Wiedergeborene bekäme sein künftiges Schicksal nicht von irgendeiner Macht zudiktiert, sondern er wähle es sich selbst aus, entsprechend seinen Neigungen, seinen Idealen und Vorstellungen. Doch diese Wiedergeburt ist keine natürliche Notwendigkeit. Im Idealfall wird sie überflüssig. Und am Ende einer ganzen Reihe von Inkarnationen steht auf alle Fälle das körperlose, rein geistige Leben am himmlischen Wohnort des Friedens. Eine imponierende Vorstellung. Nicht übersehen darf man dabei, daß diese Annahme die Menschen letztlich dazu führte, sich fortan als gespalten zu empfinden und sich eine Leibfeindlichkeit entwickelte, die einer Geringschätzung des irdischen Lebens und einer Verleugnung körperlicher, sinnlicher Bedürfnisse und Wünsche gleichkam. Das Resultat waren notgedrungen unendlich bedrückende Beklemmungen und zahllose psychische Erkrankungen.

Um es noch einmal zu betonen: Ursprünglich christlich ist diese Vorstellung nicht, auch wenn sie fortan das Abendland beherrschen sollte.

Daß Jesus Christus etwas ganz Einmaliges, zuvor Unvorstellbares versprochen hat, nämlich eben nicht ein rein geistiges Leben im Himmel, sondern die Auferstehung des Fleisches, ein ewiges Leben des ganzen, ungeteilten Menschen, das ist im christlichen Glauben völlig in den Hintergrund gedrängt worden.

Paulus versuchte, den Widerspruch zu lösen. Auf der einen Seite sagte er: »Das Trachten des Fleisches führt zum Tod, das Trachten des Geistes aber zu Leben und Frieden. Denn das Trachten des Fleisches ist Feindschaft gegen Gott... Wenn ihr nach dem Fleisch lebt, müßt ihr sterben; wenn ihr aber durch den Geist die sündigen Taten des Leibes tötet, werdet ihr leben.« (Römer 8, 7–13)

Dann aber erklärt er andererseits die Auferstehung des Körpers: »Fleisch und Blut können das Reich Gottes nicht erben. Das Vergängliche erbt nicht das Unvergängliche. Seht, ich enthülle euch ein Geheimnis: Wir werden nicht alle entschlafen, aber wir werden alle verwandelt werden – plötzlich, in einem Augenblick, beim letzten Posaunenschall. Die Posaune wird erschallen, die Toten werden zur Unvergänglichkeit auferweckt, wir aber werden verwandelt werden. Denn dieses Vergängliche muß sich mit der Unvergänglichkeit bekleiden und dieses Sterbliche mit der Unsterblichkeit.« (1. Korinther 15, 50–53)

Das heißt aber doch: Der Körper wird zwar auferstehen – aber nicht mehr in Fleisch und Blut, sondern in einer neuen, unsterblichen, ewigen Form.

VON DER »MASKE« ZUR »LEBENSROLLE«

Noch ein zweites philosophisches Gedankenbild hat das Christentum von den großen griechischen Denkern übernommen. Es ist der Begriff der Person. Das ist ein ganz wichtiger Punkt, an dem sich alle Reinkarnationsvorstellungen kreuzen, weshalb hier ausführlicher darauf eingegangen werden muß.

Persona, das war ursprünglich im Sprachgebrauch der Griechen und Römer die Maske, die der Schauspieler vor sein Gesicht hielt, um damit in seine »Rolle« zu schlüpfen. Hinter der Maske blieb er unverändert der, der er immer gewesen war. Doch in all seinen Äußerungen, mit seinem Schicksal, seiner Freude, seinem Leid, war er nun nach außen hin ein ganz anderer geworden. Anders das Aussehen, anders das Gebaren, anders die Sprache und die Gestik, nicht wiederzuerkennen.

Man konnte mit anderen Worten dank der »persona« sein eigentliches Wesen vorübergehend, aber eben nur vorübergehend, verändern, konnte gewissermaßen eine Spielart dessen liefern, was man eigentlich war und konnte.

Durch den Philosophen Cicero (106–43 v. Chr.), vielleicht auch schon früher, hat der Begriff »persona« eine deutliche Sinnerweiterung erfahren. Der römische Philosoph verstand darunter nicht mehr nur die Maske des Schauspielers, sondern die Lebensrolle, die jeder Mensch nach seiner Geburt zu spielen hat. Als Person wäre demnach jede Inkarnation wiederum etwas Vergängliches, etwas Äußerliches, das mit seinem eigentlichen, unveränderlichen Wesen nichts zu tun haben muß und auch nicht mit ihm verwechselt werden darf. Anders gesagt: Jede neue Inkarnation verkörpert auch eine neue Person, so daß man den Wiedergeborenen nicht an seiner typischen Art, seinem unverwechselbaren Charakter wiedererkennen kann. Er tritt nicht als dieselbe Figur im zweiten und dann im dritten Akt eines Stückes auf, sondern er kommt wieder als ein ganz anderer. In neuer Verkleidung, nach außen hin eine bisher unbekannte »Maske«.

Wir werden später sehen, daß die »Person« im fernöstlichen Denken ähnlich vorgestellt wird. Mit der vordergründig neuen Person, die nicht mit dem wahren Wesen identisch ist, wird dort auch erklärt, warum man sich im Regelfall nicht an frühere Inkarnationen erinnern kann. Mein jetziges Leben ist eine andere Rolle als jene, die ich in früheren Leben spielte. In dieser Inkarnation soll ich nicht meine »Person« verändern, sondern ich muß das, was sich hinter der Maske verbirgt, weiterentfalten, um dereinst geläutert und frei von »Personen« in das Nirwana einkehren zu können.

Ausgehend von der griechischen Philosophie hat das früheste Christentum bereits den Begriff der Person genau in ihr Gegenteil gekehrt. Person war fortan – und ist auch heute in unserem Verständnis nicht mehr eine »Rolle«, sondern die höchste individuelle Form des Lebens. Ein Tier beispielsweise kann einen bestimmten Charakter, ein typisches Wesen mit wunderbaren Eigenschaften besitzen – aber es kann keine Persönlichkeit sein. Voraussetzungen für die Person ist nämlich Bewußtsein, also die Fähigkeit, sich als »Ich« zu begreifen, freie Willensentscheidungen zu treffen, ein Gewissen zu besitzen und damit zwischen Gut und Böse unterscheiden zu können. Der Begriff Person ist demnach den Menschen vorbehalten – und in überhöhter Weise Gott, der in einer Wesenheit drei in sich völlig selbständige Personen vereinigt: Vater, Sohn und Heiliger Geist. Gerade deshalb kann nach christlichem Verständnis Gott eben nicht eine Urenergie sein, ein zerfließender, alles umfassender Urgeist, der zugleich alles Leben beseelt, so daß jeder von uns den göttlichen Funken in sich trägt. Damit würde ihm ja die höchste Form der Existenz abgesprochen: die Person. Gott muß deshalb seiner Schöpfung und seinen Geschöpfen gegenüberstehen und darf nicht mit ihr verschmelzen. Und auch der Mensch, sein Geschöpf, kann nach seinem Tod nicht einfach in Gott einfließen, in ihn zurückkehren, sondern er bleibt sein Gegenüber, sein Partner, der von ihm Geliebte.

Das ist tatsächlich der wichtigste und entscheidendste Unterschied zwischen abendländischem und fernöstlichem Denken: Hier steht am Anfang der Schöpfergott, der seine Welt geschaffen und die Menschen als seine Partner erwählt hat. Dort gibt es keinen Anfang und kein Ende, keinen Schöpfer und kein Geschöpf – sondern nur das ständige Werden und Verwandeln. Gott und das Universum sind letztlich untrennbar eins.

ORIGENES UND DIE KAISERIN THEODORA

Es versteht sich von selbst: Sobald die Zerlegung des Menschen in unsterbliche Seele und sterblichen Leib, in einen guten und einen schlechten Teil begonnen hatte, setzten auch im Christentum Überlegungen über die Möglichkeit der Wiedergeburt ein, die zuvor ja unmöglich, widersinnig sein mußten. In den ersten fünf nachchristlichen Jahrhunderten ist die Wiedergeburt sehr lebhaft diskutiert worden. Manche der sogenannten Kirchenväter haben sich für sie stark gemacht.

Der bedeutendste, jedenfalls der mit dem größten Einfluß auf die christliche Theologie, war der Kirchenvater Origenes (etwa 185–254). Er besaß eine hervorragende griechische Bildung und baute die griechische Philosophie systematisch in die Theologie ein. So kam er zu der Annahme, die auch schon bei Plato angeklungen war, die menschliche Seele müsse schon von Ewigkeit her existieren und könne nicht, wie das auch heute noch in der christlichen Kirche gelehrt wird, bei jeder Zeugung von Gott neu geschaffen werden. Deshalb lehrte er: »Gott hat alle Seelen im Augenblick der Schöpfung geschaffen, als reine Geister. Durch einen Sündenfall sind manche dieser Seelen gestürzt und als Menschen in das Fleisch verbannt worden. Das menschliche Schicksal wird entsprechend bestimmt von der Größe der Verfehlung im vormenschlichen Leben. Nach dem Tod kommt die Seele, die ihre Schuld nicht ganz abtragen konnte oder die neue Schuld auf sich geladen hat, in das Läuterungsfeuer. Sobald sie ganz rein geworden ist, darf sie nach und nach die Stufen immer höherer Geistigkeit wieder emporsteigen, bis sie zuletzt zu Gott zurückkehren kann.

Eine nicht uninteressante Mischung aus christlicher, fernöstlicher und griechischer Glaubensvorstellung – aber keine Wiedergeburtslehre. Denn den Thesen des Origenes fehlt der wichtigste Bestandteil: die Reinkarnation, das wiederholte Lebendigwerden im Fleisch. Origenes hielt an der Einmaligkeit des menschlich-irdischen Lebens fest. Er forderte lediglich eine Vorexistenz der Seele, entsprechend ihrem Weiterleben nach dem Tod.

Damit hat er allerdings das eigentliche Hindernis,

das dem Glauben an die Wiedergeburt im Wege stand, die Erschaffung der Geistseele bei jeder Zeugung, beseitigt und dem Glauben an die Wiedergeburt neue Nahrung gegeben. Von Alexandrien, der Hochburg der Bildung, aus entfaltete sich der Origenismus, der unter anderem auch die Wiedergeburt lehrte.

Um dieser Lehre Einhalt zu gebieten, verurteilte die christliche Kirche unter Papst Vigilius und auf Betreiben des Kaisers Justinian im Jahre 543 einige Lehrsätze des Origenes, speziell seine These von der Präexistenz der Seele: »Wenn jemand behauptet oder glaubt, menschliche Seelen würden schon vor der Menschwerdung existieren... sei er verdammt...« So heißt es unmißverständlich im Edikt des Kaisers »gegen Origenes«. Das heißt aber: Wer daran glaubt, seine Seele hätte schon vor der Zeugung existiert, der schließt sich selbst aus der Glaubensgemeinschaft der Kirche aus. Damit ist indirekt auch die Wiedergeburt verurteilt worden. Denn wenn die Seele vor der Menschwerdung nicht existiert haben kann, dann kann sie auch nach dem Tod nicht auf eine neue Inkarnation warten.

Es stimmt: Bei jener Verurteilung im Jahre 543 und bei der Übernahme des Dekrets durch das 5. allgemeine Konzil in Konstantinopel im Jahre 553 ist manches nicht mit rechten Dingen zugegangen. Papst Vigilius (537–555) wurde beispielsweise gewaltsam von Rom nach Konstantinopel gebracht. Doch sein Sträuben richtete sich nicht gegen die Verurteilung der Wiedergeburt, sondern gegen die Herabsetzung des verehrten Kirchenvaters Origenes. Und er hatte etwas dagegen, daß sich Kaiser Justinian und seine sehr energische und einflußreiche Frau Theodora als die eigentlichen Häupter der Kirche und als Hüter des rechtmäßigen Glaubens aufspielten. Vigilius hat die Verurteilung der Vorexistenz der Seele unterschrieben – und er befand sich dabei in vollem Einklang mit den meisten Konzilsvätern, die sich in Konstantinopel versammelt hatten.

Die wiederholt geäußerte Behauptung ist also falsch, die christliche Kirche habe bis ins 6. Jahrhundert an die Wiedergeburt geglaubt, bis eine übereifrige Kaiserin den Papst einem Günstling zuliebe zwang, sie zu verurteilen.

Indem die christliche Kirche die Thesen des Origenes verurteilte, unternahm sie absolut nichts Neues, dies war kein Kurswechsel. Ganz im Gegenteil: Das Konzil von Konstantinopel hat, wie immer es dort zugegangen sein mag, die traditionelle Glaubenslehre der Kirche bestätigt und nunmehr verbindlich für alle Gläubigen festgehalten: Christentum und Wiedergeburt sind zumindest über weite Strecken hinweg unvereinbar.

Auch wenn das viele Befürworter der Wiedergeburt, die sich zugleich zum Christentum bekennen und die immer wieder versuchen, beide Heilsvorstellungen miteinander in Einklang zu bringen, nicht wahrhaben wollen: Letztlich bleibt ein unüberbrückbarer Widerspruch: Hier der persönliche Gott, der sich jedem einzelnen seiner Geschöpfe zuwendet, der es kennt, beim Namen nennt, der es in seiner Einzigartigkeit liebt – und der sogar seinen eigenen Sohn auf die Erde hinunterschickt, um jeden einzelnen zu erlösen – dort der namenlose, unfaßbare, gesichtslose Urgeist, der sich im Universum verströmt und wieder sammelt, der den ausgeschickten Tropfen seines Wesens erst wieder aufnehmen kann, wenn er sich in unendlich mühseligem, unendlich oft wiederholtem Bemühen absolut gereinigt hat.

Hier Gnade und Barmherzigkeit – dort unbestechliche, vielleicht sogar grausame Gerechtigkeit.

Hier Erlösung durch Gott – dort Selbsterlösung.

Es kann keinen Zweifel geben: Abraham, Moses und Christus haben niemals und nirgendwo von Wiedergeburt gesprochen. Es ist deshalb abwegig, wenn in neueren Büchern über die Wiedergeburt wiederholt behauptet wird, die christliche Kirche habe ab dem 3. Jahrhundert systematisch alle Bibelstellen, die die Wiedergeburt behandelten, ausgemerzt oder bewußt falsch übersetzt. Solche Behauptungen sind angesichts moderner Bibelforschung, der ältere Quellen zur Verfügung stehen, völlig unhaltbar.

WIEDERGEBURT – DURCH JAHRHUNDERTE KEIN THEMA

Nach dem Konzil von Konstantinopel blieb das Thema Wiedergeburt für Christen tabu – gleichermaßen übrigens wie für die Mohammedaner. Die Kirchen hatten es in diesem Punkt nicht einmal besonders schwer, die Einheit im Glauben zu bewahren. Fast könnte man sagen: Für die Vorstellung der Wiedergeburt konnten sich die Menschen in unserer Heimat nicht erwärmen. Es war kein Druck von oben nötig, um Wiedergeburtsideen auszulöschen.

Auch die Reformatoren befaßten sich eigentlich nicht mit der Wiedergeburt – so als müßten sie unterdrücktes, seit Jahrhunderten verschüttetes Glaubensgut freilegen. Es stimmt nicht, wie begeisterte Verfechter der Wiedergeburt glauben machen wollen, daß der Glaube an die Wiedergeburt die ursprüngliche, die natürliche, jedem Menschen unbewußt einverleibte Religion ist, die im Abendland nur gewaltsam von anderen Theorien verdrängt wurde. Für die Wiedergeburt haben sich in der westlichen Welt bis in das 18./19. Jahrhundert hinein immer nur Randgruppen, einzelne interessiert. Dabei fungierte die christliche Glaubenslehre gewiß als fester Riegel, der die Menschen davon abhielt, über die Fragen der Wiedergeburt überhaupt nachzudenken oder gar »Erinnerungen« von Kindern an frühere Leben die geringste Bedeutung zuzumessen. Die heutige Stellung der christlichen Kirchen zur Wiedergeburt ist nicht mehr so einheitlich und so klar ablehnend wie früher, zumal die Unsterblichkeit der Seele weithin ins Zwielicht geraten ist. Viele Theologen, vor allem in den evangelischen Kirchen, aber auch manche in der katholischen, sind zurückgekehrt zum alttestamentarischen Menschenbegriff vom unteilbaren Menschen. In Anlehnung an moderne psychosomatische Erkenntnisse lehnen sie eine unsterbliche Seele ab. Ihrer Meinung nach ist der Tod vollständig für den ganzen Menschen. Das ewige Leben wird also nicht automatisch durch die unsterbliche Seele garantiert, sondern nur, weil Gott es uns Menschen versprochen hat, weil er uns, vorausgesetzt wir haben entsprechend seinen Geboten gelebt, zu einem neuen, diesmal ewigen Leben »auferweckt«, also praktisch neu schafft.

Wenn es aber keine unsterbliche Seele gibt, dann kann es auch keine Wiedergeburt geben. Dann gibt es ja nichts, überhaupt nichts, das wiedergeboren werden könnte.

Demgegenüber hält die katholische Kirche in ihrer offiziellen Lehrmeinung auch nach dem Zweiten Vatikanischen Konzil daran fest, daß der Mensch aus zwei Substanzen besteht, aus Leib und Seele: »In Leib und Seele eins [unteilbares Wesen] vereint der Mensch durch seine Leiblichkeit die Elemente der stofflichen Welt in sich: Durch ihn erreichen sie die Höhe ihrer

Bestimmung und erheben sie ihre Stimme zu freiem Lob des Schöpfers... Der Mensch irrt aber nicht, wenn er seinen Vorrang vor den körperlichen Dingen bejaht und sich selbst nicht nur als Teil der Natur oder als anonymes Element in der menschlichen Gesellschaft betrachtet; denn in seiner Innerlichkeit übersteigt er die Gesamtheit der Dinge. In diese Tiefe geht er zurück, wenn er in sein Herz einkehrt, selbst unter den Augen Gottes über sein eigenes Geschick entscheidet. Wenn er daher die Geistigkeit und Unsterblichkeit seiner Seele bejaht, wird er nicht zum Opfer einer trügerischen Einbildung, die sich von bloß physischen und gesellschaftlichen Voraussetzungen herleitet, sondern erreicht er im Gegenteil die tiefe Wahrheit der Wirklichkeit.« So formuliert es der offizielle Konzilstext.

In einer Erklärung der päpstlichen Kongregation für die Glaubenslehre, das ist die kirchliche Behörde des Vatikans, die über die Reinheit des Glaubens wacht, heißt es noch deutlicher: »Die Kirche hält an der Fortdauer und Subsistenz eines geistigen Elements nach dem Tod fest, das mit Bewußtsein und Willen ausgestattet ist, so daß das ›Ich des Menschen‹ weiterbesteht, wobei es freilich in der Zwischenzeit seiner vollen Körperlichkeit entbehrt.«

Und die katholische Kirche hält ebenfalls am Dogma aus dem Jahre 553 fest, das die Existenz der Seele vor der Zeugung als Irrglaube verdammte. Damit ist es auch heute unmöglich, die katholische Glaubenslehre mit dem Glauben an die Wiedergeburt in Einklang zu bringen.

Zwar hat sich die Vorstellung der Christen von Himmel und Hölle gegenüber früher ganz deutlich geändert. Niemand glaubt heute mehr an den Himmel, der sich als ein bestimmter Ort darstellt, an dem man sich wohl fühlen kann, oder an die Hölle als ein riesiges Feuer, in dem man auf ewige Zeiten schreckliche Verbrennungsqualen erleiden müßte. Man sagt heute etwa: Der Himmel ist das Leben mit Gott, die Hölle das Leben ohne Gott. Der Mensch, der sich ein Leben ohne Gott gewählt hat, wird dies im ewigen Scheitern erreichen. Er wird in Ewigkeit nichts anderes wollen. Würde er sich zu Gott bekehren wollen, könnte er dies gewiß auch tun. Doch das ist gerade das Wesen der Hölle: Er ist in seiner Lebensrichtung versteinert. Die Uhr ist stehengeblieben. Doch ganz gewiß schlittert keiner fahrlässig in diese Hölle hinein. Dem steht die Liebe Gottes entgegen.

Diese Vorstellung ist nicht mehr sehr weit vom Glauben an die Wiedergeburt entfernt. In beiden Fällen ist der Zugang zu Gott abhängig vom Erreichen der Vollkommenheit. Nach der christlichen Lehre muß dazu ein einziges Leben ausreichen, doch gibt es »drüben« noch eine Möglichkeit, am Ort der Reinigung die letzten Unvollkommenheiten abzulegen. Nach der Vorstellung der Wiedergeburt werden in immer neuen Inkarnationen neue Chancen geboten.

So gibt es heute auch Stimmen wie etwa die des evangelischen Theologen Adolf Köberle, die eine Wiedergeburt unter bestimmten Voraussetzungen nicht für unmöglich halten, sie als »Regelfall« aber ablehnen: »Wenn Gott der Herr ist über alle Elemente im Himmel und auf Erden, wenn er in seiner Freiheit Verstorbene beauftragen kann, Lebenden in Stunden der Gefahr Wink, Weisung und Warnung zu geben, Vorgänge, die aus der Zeit der beiden großen Kriege glaubwürdig bezeugt sind, dann wollen wir es nicht von vornherein ausschließen, daß der Herr des Alls auch ein verstorbenes Leben zu neuem Auftrag auf die Erde senden kann.

Solche Möglichkeiten aber bleiben im Bereich seiner Freiheit. Daraus die Allgemeingültigkeit der Reinkarnation abzuleiten und darüber das Mysterium der erbarmenden göttlichen Liebe abzubauen oder auch nur zu schmälern, dazu kann sich christliche Verkündigung und Seelsorge nicht bereit finden.«

Um noch einmal ganz deutlich herauszustellen, was der Idee der Wiedergeburt vom christlichen Glauben her entgegensteht:

1. Der christliche Gott ist dreifaltig, d.h., er umfaßt drei Personen. Er steht hinter der Schöpfung, die nicht ein Teil von ihm ist, sondern sein Werk.

2. Als Geschöpf Gottes – nicht als sein Teil – ist jeder Mensch einmalig und besitzt nur ein irdisches Leben. Erst mit diesem Leben beginnt seine Ewigkeit. Sie kann zu Gott führen, doch das muß nicht so sein. Dank seines freien Willens kann er sich gegen dieses Lebensziel entscheiden und damit seinen Weg verfehlen.

3. Jeder Mensch braucht die Erlösung, doch er kann sich nicht selbst erlösen, indem er kleinlich jede Schuld abträgt, er ist bereits erlöst. Christus ist Mensch geworden, um allen Menschen die Erlösung anzubieten. Denn Gott ist gnädig und barmherzig.

4. Hat der Mensch sein Ziel erreicht, kehrt er nicht in Gott zurück, von dem er ausgegangen ist, sondern er wird als sein geliebter Partner zu ihm zurückkehren. Er ist nicht der Tropfen, der in das Meer eintaucht, sondern er ist das Kind, das vom Vater – oder auch von der Mutter, denn Gott ist beides – in die Arme geschlossen wird.

5. Das ewige Leben ist nicht nur geistig. Nach der Vollendung wird der Mensch wieder zum ganzen Menschen, mit Leib und Seele. Auch der Körper, der einzige, einmalige Leib, wird auferstehen.

Das heißt aber auch, daß wir dieses irdische Leben nicht als etwas Minderwertiges mißachten dürfen. Der Körper ist kein »Kerker«, dem man möglichst bald entfliehen müßte, kein lästiges Kleid, das keiner Pflege und Sorgfalt bedürfte, sondern möglichst bald wieder abgelegt werden sollte. Der Mensch besteht nicht nur aus Geist, sondern auch aus Fleisch und Blut.

Und zwar für immer.

UNSERE VORFAHREN DACHTEN UND GLAUBTEN GANZ ANDERS

Die christlichen Missionare, die hauptsächlich von Irland her in unsere Heimat kamen, um diesen Glauben zu verkünden, hatten es überaus schwer, die Germanen und Kelten von der neuen Heilslehre zu überzeugen. Denn diese Menschen hatten vom Leben und von dem, was danach kommen könnte, völlig andere Vorstellungen. Schon der römische Feldherr Julius Cäsar (100 bis 44 v. Chr.) berichtete seinen verblüfften Landsleuten nach Hause – und das war sicherlich nicht nur ein Versuch, die bitteren Verluste und die endlose Dauer seines Kriegs in Germanien zu entschuldigen –, diese Menschen seien besonders tugendhaft und im Kampf unvergleichlich todesmutig, weil sie das Sterben nicht fürchteten, sondern an die Wiedergeburt glaubten.

Fast zweihundert Jahre später bestätigte der Geschichtsschreiber Appian diese Feststellung: »Die Hoffnung, wiedergeboren zu werden, ist in den Herzen der Germanen fest verwurzelt.«

Beide, Cäsar und Appian, hatten, soweit wir das heute überhaupt noch wissen und begreifen können, recht und zugleich unrecht. Für Germanen wie für

Kelten war der Glaube an ein Weiterleben eine unbezweifelbare Selbstverständlichkeit – und zwar an ein Weiterleben als Mensch auf dieser Erde, nicht als Geist irgendwo in den Sphären. Doch ihre Wiedergeburtsvorstellung unterscheidet sich grundlegend von all unseren geläufigen Vorstellungen, von der fernöstlichen Reinkarnationsidee ebenso wie von den modernen Vorstellungen in westlichen Kulturkreisen. Wenn wir versuchen wollen, uns hineinzudenken, dann müssen wir uns zuerst von dem Begriff »Person« frei machen. Denn diesen Begriff kannten unsere Vorfahren nicht. Für sie dürfte er geradezu unvorstellbar gewesen sein. Entsprechend konnte es für sie auch nicht die Frage geben, ob ein Verstorbener als die Person, die er einst gewesen war, zurückkehren würde. Wenn es bei ihnen einen mit der Person vergleichbaren Begriff gegeben hat, dann war es jener der Sippe, man könnte auch sagen der Familienart. Sie blieb für immer erhalten durch alle Generationen. Jeder, der starb, wurde zum Samen für ein neues Familienmitglied und begann in ihm wieder zu leben.

Entsprechend blickten die Germanen nicht zum Himmel. Denn die Eltern, Großeltern waren nicht zu den Göttern emporgestiegen. Sie waren zur Erde zurückgekehrt, in den Schoß der Natur, um aus ihr neu geboren zu werden. Was hätten sie bei ihren düsteren Göttern suchen sollen? Sie waren Wesen einer anderen Welt, furchteinflößende Gestalten, die man zumindest zeitweise haßte, die man gnädig stimmen mußte, um ihren Bosheiten zu entgehen. Man konnte sie nicht lieben. Es gab nicht die geringste Sehnsucht, mit Wotan, Thor, Freya oder anderen Asen, Wanen, allesamt unberechenbar düstere Gestalten, einstmals am selben Tisch zu sitzen.

Nein. Der »Himmel« der Germanen und Kelten war weder die Asenburg noch die Walhalla, in der die Helden in alle Ewigkeit weiterkämpften – ein sehr zweifelhaftes Vergnügen, denn sie waren ihrer Tüchtigkeit wegen von den Göttern in Dienst genommen. Statt dessen erwartete man am Ende der Zeiten das »Goldene Zeitalter im schönsten Hain unter Göttern und Menschen«, ein Naturparadies, in dem es stets Frühling und Herbst zugleich sein würde, in dem man sicher wäre vor den Übergriffen der Götter und in ewigem Frieden und ewiger Freude leben dürfte.

Nichts von Befreiung der Seele vom Körper – sondern pralles Leben auf einer besonders gesegneten Erde!

In dieses »Land der Jugend und der Lebenden« werden alle nach dem letzten schweren Winter gelangen, nachdem die Sterne auf die Erde stürzen, die Welt zuerst im Feuer verglüht, danach in eisiger Kälte erstarrt. Yama, der erste Mensch, der Urvater der Menschheit und König der Unterwelt, wird rechtzeitig heraufsteigen, um die Überlebenden in seiner Feste, die er gegen Kälte und Unwetter errichtet hat, durch die Katastrophen zu retten – eine geradezu modern anmutende Vorstellung: Zerstörung des irdischen Lebensraumes durch Nuklearsprengkraft, mit nachfolgender eisiger Nacht...

IHR HERZ WAR BEI DEN AHNEN

Die Verstorbenen weilen bei Yama – oder auch Yima –, dem Adam der nordischen Völker, in der Unterwelt, im Schoß der Erde. Sie sind nicht gestorben. Oder besser gesagt: Der Tod ist kein Verlöschen, sondern nur eine andere Form des Schlafs und der Bewußtlosigkeit. Irgendwann werden sie aufwachen. Und dann kehren sie zurück ins Leben. Für jeden, der stirbt und nach dem Leben zur Erde zurückkehrt, um sich dort auszuruhen, wird ein Verstorbener lebendig und wiedergeboren. Er steigt hinauf auf die Erde, kehrt zurück in seine Familie, in der er einstmals lebte.

Ein Teil der Familie ist also gerade lebendig auf der Erde, ein anderer Teil ruht unter der Erde, um neue Kraft zu sammeln. Doch beide sind auf ihre Art am Leben.

Strenggenommen – und auch in diesem Punkt waren speziell die Germanen sehr modern – gab es für sie nichts Sterbliches, sondern nur verschiedene Formen und Äußerungen des Lebens. Sie wußten, daß Fische im Wintereis erstarren und wie tot aussehen, mit der Schneeschmelze aber wieder quicklebendig werden. Sie hatten immer wieder beobachten können, daß man einen Baum eigentlich nicht umbringen kann. Wenn man ihn fällt, dann wächst alsbald aus seiner Wurzel ein neuer Trieb: Der alte Baum lebte weiter – und doch wurde daraus ein ganz neuer Baum. Vielleicht wurde er größer als der ursprüngliche, vielleicht blieb er kleiner. Doch er trug dieselben Blüten, Blätter und Früchte. Und in ihm pulsierte das ursprüngliche Leben.

Vielleicht kann man mit diesem Bild die altgermanische Wiedergeburtsvorstellung am besten erklären. Eigentlich war es gar keine Wiedergeburt, denn zuvor hatte es auch den Tod im eigentlichen Sinn nicht gegeben, selbst dann nicht, wenn der alte Baum verbrannt, wenn aus ihm Bauholz oder Waffen gemacht worden waren. Zweige und Stamm konnte man vernichten – aber nicht das eigentliche Leben. Es sproß aus der Erde zu einem neuen, wenn auch nicht unbedingt identischen Leben hervor. Ja, es war sogar möglich, daß aus dem Baumstumpf zwei, drei Sprößlinge wachsen konnten, dann lebte der alte Baum in zwei oder drei neuen Bäumen weiter. Es war jedesmal das alte Leben, das sich erneut entfaltete – und doch waren es neue Bäume, die sich vom ursprünglichen unterschieden. So darf es uns keineswegs verwundern, daß die »Wiedergeburt« bei den Germanen, die immer nur in derselben Familie stattfinden konnte, keineswegs auf eine Person beschränkt blieb. Der verstorbene Großvater konnte nicht nur in einem, sondern zugleich in mehreren Enkeln »wiedergeboren« werden. Alten Mythen zufolge scheint es für die Germanen auch selbstverständlich gewesen zu sein, daß ein Mensch gleichzeitig an zwei verschiedenen Orten weilen oder seine Gestalt wie Odin wechseln konnte. Dahinter steckte nicht die Vorstellung einer Zweiteilung des Menschen in unsterblichen Geist und sterblichen Körper, sondern ein Wissen um die Ur-Lebenskraft Natur, die ihre unsterblichen Wurzeln in der Erde hat.

Schon vor 50 000, vielleicht sogar vor 70 000 Jahren haben unsere Vorfahren ihre Verstorbenen pietätvoll in schmucken Gräbern beigesetzt – nicht selten in der Haltung des Embryos: mit angezogenen Beinen, gewölbtem Rücken, die Hände über der Brust gekreuzt. Man legte sie in die Erde wie ein Samenkorn, wie ein Kind im Mutterleib, damit sie zu neuem Leben heranwachsen konnten. Der Tote war nicht fortgegangen, nicht »dahingeschieden«, sondern zurückgekehrt in den Schoß der Mutter Erde. Ihr Herz stand nur vorübergehend still, nicht für immer. Das Leben war nach wie vor zugegen, nur konnte man es nicht mehr wahrnehmen. Man gab den Verstorbenen gutes Schuhwerk, Kleidung, Waffen und Nahrungsmittel mit ins Grab –

eben weil man an ein Erwachen glaubte. Wie es nach dem Schlaf, nach der Bewußtlosigkeit ein Erwachen gibt, so glaubten die Germanen an das Erwachen nach dem Tod. In späteren Jahrhunderten setzte man die Verstorbenen sogar in riesigen Gemeinschaftsgräbern bei – bis zu hundert Tote in einem Grab. Sie sollten da unten nicht allein sein, nicht auf die Gemeinschaft, die Familie verzichten müssen. Und wenn sich die Lebenden an bestimmten Festtagen sinnlos betranken, dann war auch das nur ein Versuch, in der eigenen Bewußtlosigkeit mit den Ahnen in Verbindung zu treten. Von einem Schlafenden, Bewußtlosen, Toten sagten unsere Vorfahren: »Er ist nicht ganz und gar dort, wo er gesehen wird.« Womit sie andeuten wollten: Das Leben weilt vorübergehend nicht in seinem Körper.

Eine alte nordische Erzählung, um 1150 von dem Dänen Saxo Grammaticus aufgezeichnet, gibt einen Einblick in die Jenseitsvorstellungen der Germanen – oder müßte man aufgrund moderner Einsichten sagen: Jenseitserfahrungen?

Hadings wandert mit einer Begleiterin aus einer anderen Welt durch die dunkle Unterwelt. Plötzlich gelangen die beiden an einen sonnenüberfluteten, hell erstrahlenden Ort, an dem geheimisvolle Kräuter wachsen. Als die beiden weiterwandern, kommen sie zu einer Mauer, über die sie trotz großer Anstrengungen nicht klettern können. Zufällig hat die Begleiterin einen lebendigen Hahn bei sich. Sie schneidet ihm den Kopf ab und wirft das Tier über die Mauer. »Und sogleich zeigt der wiederbelebte Vogel durch klares Krähen, daß er wieder atmet.«

Bei den »Jenseitserfahrungen« vorübergehend klinisch toter Menschen werden wir demselben Bild erneut begegnen: Dunkler Gang oder Tunnel, Hinaustreten in die Lichtfülle, die Mauer, die nur der endgültig Tote überwinden kann, das eigentliche in Licht getauchte Leben hinter der Mauer.

Aber eines war bei den Germanen völlig einmalig: Die Unterwelt und damit auch das Sterben besaß für sie keinen Schrecken. In der Erde »lebten« die Ahnen, mit denen sie in ständiger Verbindung standen. Ihr Herz war bei ihnen, nicht bei den Göttern im Himmel. Sie blickten nach unten, nicht nach oben.

Es ist richtig: Die Welt der Germanen war erfüllt von Geistwesen, von Asen, Wanen, Zwergen, Alfen, Dämonen. Jedem Menschen war auch ein eigener Schutzgeist, eine Art »Schutzengel«, beigegeben. Fylgie, so hieß dieser persönliche Begleiter, konnte gelegentlich im Traum wahrgenommen werden. Manche besonders begabte Menschen sahen ihren Schutzgeist auch direkt als Schatten. Er konnte in die Zukunft blicken und vor Unglück warnen. Manchmal verließ Fylgie seinen Schützling und wandte sich einem anderen Menschen zu. In der Regel wechselte er vom Vater auf den Sohn über. Von diesem Augenblick an war der Verlassene vom Pech verfolgt und bösen Dämonen schutzlos ausgeliefert.

Es gab sie also, die Geister, doch die Germanen empfanden weder eine Sehnsucht, selbst zum Geist zu werden, noch hatten sie die Vorstellung eines vorübergehend rein geistigen Lebens zwischen zwei Inkarnationen. Solche Denkweise befremdete und verwirrte vor 2000 Jahren die Römer ebenso wie später die christlichen Missionare. »Diese Menschen rechnen ihre Zeit in Nächten, nicht in Tagen«, schrieb Cäsar nach Rom. Er begriff die heute kaum mehr vorstellbare – und doch absolut moderne Verbundenheit der Germanen mit ihren Ahnen und mit der Natur nicht. Die Missionare, die sich erst rund 600 Jahre nach Christus in unsere Heimat wagten, mußten förmlich die Natur erschlagen, um die Menschen zum neuen Glauben zu bekehren, und so ihren Blick von der Erde weg zum Himmel zu zwingen. Diese Bekehrung forderte viel Blut und Zwang. Wer sich endlich taufen ließ, mußte den alten Göttern abschwören: »Ich schwöre ab Donar, Wotan und Sachsnot und allen Unholden, die ihre Genossen sind«, lautete die Formel. Doch damit war es nicht getan. Viel schwieriger war es für die Missionare, die Menschen von den alten heiligen Hainen, Eichen, Quellen, Felsen wegzubringen. Sie mußten die Bäume fällen, die Quellen zuschütten, die Haine verwüsten. Und sie taten das mit enormem Aufwand – ohne zu ahnen, daß sie damit den Menschen ihre Wurzeln abschnitten, sie heimatlos machten im wahrsten Sinne des Wortes.

Schon Tacitus hatte zu erklären versucht, warum Kelten und Germanen im Gegensatz zu allen anderen ihm bekannten Völkern keine Tempel besaßen, sondern ihre Gottesdienste im Freien, in geheiligten Waldlichtungen und auf Berghöhen, feierten: »Sie erachten es nicht für angemessen, die Götter in Wände einzusperren und sie nach menschlichem Aussehen zu gestalten – wegen der Größe der Himmlischen.«

Doch den nordischen Völkern ging es nicht ums »Einsperren«. Sie wußten um das Leben in der Natur, dort, wo es pulsierte, wuchs, blühte, Früchte brachte und verwelkte. Dort, wo der Blitz einschlug.

Wie armselig mußte ihnen, gemessen an der lebendigen Gemeinschaft mit den Ahnen, der neue Glaube an einen Mann vorkommen, der irgendwo in einem völlig unbekannten Land gelebt hatte, der von sich selbst behauptete, er sei der Sohn Gottes, der dann aber als Verbrecher hingerichtet wurde? Wie nichtssagend mußte das Versprechen sein, ihr dürft nach dem Tod mit diesem Fremden am selben Tisch sitzen – droben im Himmel.

Niemand sehnte sich nach dem Himmel. Im Gegenteil. Der neue Glaube verbannte sie mit seiner Verheißung in die Fremde, durchtrennte ihre Lebensader, riß sie von der eigenen Erde los, entwurzelte sie endgültig, somit waren sie für immer abgeschnitten vom neuen Leben, von der »Wiedergeburt« in der eigenen Familie.

Ist es ein Wunder, daß Karl der Große um das Jahr 800 über 30 Jahre lang einen blutigen Kampf gegen die Sachsen führen mußte, ehe es ihm gelang, das letzte germanische Volk zum christlichen Glauben zu zwingen? Sie könnten ihm genau das gesagt haben, was die Pygmäen in Afrika den christlichen Missionaren vorwarfen: »Ihr bietet uns keine Möglichkeit, den Geistern unserer Eltern zu begegnen. Ihr macht uns nicht glücklich und nicht stark. Ihr könnt nur über Jesus reden – wir möchten mit ihm reden.«

Übersehen wir nicht: Die ersten Hexenverbrennungen in unserer Heimat begannen knapp 400 Jahre nach der Missionierung! Letztlich richteten auch sie sich zumindest zunächst gegen die Verwurzelung der Menschen mit Boden und Natur. Zu büßen hatten vor allem jene Frauen, die an vorchristlichem Wissen und Glauben festhielten, die sich auf die natürlichen Heil- und Zauberkräfte der Natur verstanden, die uraltes Wissen von Geschlecht zu Geschlecht weitergaben. In England nannte man diese Frauen »witches«, weise Frauen, die über altes Wissen verfügen. Bei uns hießen sie Hexen. Und das bedeutete ursprünglich wohl Waldfrau. Wie grausam wurde das Mißverständnis für Millionen Frauen!

DIE RENAISSANCE DER WIEDERGEBURT

Weil sie sich gegen derartige Verirrungen, gegen den unerträglichen Höllen- und Teufelsglauben auflehnten, kamen die großen europäischen Denker der Zeit der Aufklärung – zur Wiedergeburt. Und zwar stießen sie zuerst beim Studium der alten griechischen Philosophen darauf. Sie stellten fest, daß Pythagoras, Empedokles, aber auch jene Geistesriesen wie Plato, zumindest zeitweise auch Aristoteles, Plotin, der römische Dichter Vergil und viele andere an die Wiedergeburt geglaubt hatten. Tatsachen, die bis dahin peinlichst verschwiegen worden waren.

Vor allem Pythagoras (um 570–476 v. Chr.) bot ein faszinierendes Gedankenbild der Wiedergeburt, das sich von den im Abendland gewohnten Vorstellungen grundlegend unterschied. Pythagoras hat uns nicht nur mathematische Formeln hinterlassen, die noch immer jedes Kind in der Schule lernen muß, er hat auch die Lehre der Eurythmik geschaffen: Ein Weltbild, das davon ausgeht, daß der ganze Kosmos, Makro- und Mikrokosmos, nach harmonischen Gesetzen aufgebaut ist, der scheinbar leblose Kristall ebenso wie der Lauf der Gestirne, die Pflanze nach denselben Gesetzen wie die biologischen Funktionen des menschlichen Körpers. Der Übergang des Lebens von einem zum anderen – und zwar aufsteigend von den primitivsten, geringsten Arten zu immer höheren Daseinsformen – war für ihn damit überhaupt kein Problem. Alles gehört zusammen, alles hatte sich nach denselben Gesetzmäßigkeiten entfaltet. Er selbst behauptete von sich, er könnte sich an allein vier frühere menschliche Leben erinnern – die Leben als Tier, als Pflanze, als Mineral nicht gezählt.

Pythagoras stellt sich die Seelenwanderung etwa so vor: Die Seele, jede Seele, muß nacheinander alle Stufen der Natur durchwandern. Vom Mineral steigt sie auf in die ersten einfachen Lebensformen, von dort klettert sie mit jeder neuen Inkarnation höher, bis sie dann endlich Mensch sein darf. Dieser Weg, so meinte er, dauert rund 3000 Jahre. Und dann beginnt alles wieder ganz von vorne: Mineral, Pflanze, Tier, Mensch. Es ist der ständige, unaufhaltsame Kreislauf der Natur, in sich geschlossen und nicht auf einen Himmel als letztes Ziel, jenseits der Natur, ausgerichtet.

Leider hat uns Pythagoras nicht eine einzige Zeile seiner Weisheit hinterlassen, so daß wir auf die Bruchstücke angewiesen sind, die seine Schüler aufgeschrieben haben.

Der Gründer des islamischen Ordens der »Tanzenden Derwische«, der persische Dichter Dschelal ed-Din Rumi (1207−1273) dachte 1700 Jahre später ganz ähnlich, nur setzte er den Weg der Seelenwanderung fort über das irdische Leben hinaus in den Himmel, zur Vereinigung mit Gott. Er faßte seinen Glauben in zahllose wunderschöne Gedichte. Eines davon:

»Ich starb als Stein – und wurde Pflanze.
Ich starb als Pflanze – und wurde Tier.
Ich starb als Tier – und wurde Mensch.
Warum sollte ich also den Tod fürchten?
Bin ich durch das Sterben geringer geworden?
Einmal werde ich als Mensch sterben –
und als lichter Engel auferstehen.
Und den Engel hinter mir lassend, werde ich das,
was nie ein Mensch sah oder hörte:
Alles ist vergänglich außer Gott!«

VOLTAIRE UND FRIEDRICH DER GROSSE

Solche Glaubensbotschaften faszinierten die großen Geister der Aufklärung, zum Zeitpunkt als die moderne Wissenschaft erwachte und heftige Kritik am Puritanismus und den angsteinflößenden kirchlichen Jenseitsdarstellungen laut wurde.

Einer der ersten, der es wagte, sich öffentlich zur Reinkarnation zu bekennen, war der französische Philosoph Voltaire (1694−1778), jener nüchterne, zynische Denker, der die »Aufklärung«, die Befreiung des Geistes propagierte. Voltaire stellte ganz sachlich fest: »Zweimal geboren zu werden ist nicht wunderbarer als einmal. Auferstehung ist das ein und alles in der Natur.«

Sein Gesprächspartner Friedrich der Große von Preußen war ganz ähnlicher Meinung. Kurz vor seinem Tod soll er die Hoffnung auf eine Wiedergeburt so ausgedrückt haben:

> »Ich fühle nun, daß es mit meinem Leben bald aussein wird. Doch ich bin überzeugt davon, daß nichts, was in der Natur existiert, wieder vernichtet werden kann. So weiß ich gewiß, daß der edlere Teil von mir nicht aufhören wird zu leben. Zwar werde ich im künftigen Leben nicht wieder ein König sein, aber desto besser. Ich werde doch ein tätiges Leben führen und noch dazu ein mit weniger Undank verknüpftes.«

KANT, LESSING, GOETHE, SCHOPENHAUER

Immanuel Kant (1724–1804) schrieb in seinem Werk *Kritik der reinen Vernunft:*

> »Wenn wir uns selbst und andere Objekte sehen könnten, wie sie wirklich sind, würden wir uns selbst in einer Welt geistiger Naturen sehen, unsere Gemeinschaft, mit welcher weder bei unserer Geburt begonnen, noch mit dem Tod des Körpers geendet wird.«

Der Dichter und Historiker Gotthold Ephraim Lessing (1729–1781), der sich selbst intensiv mit dem Leben Jesu befaßte, schrieb in der *Erziehung des Menschengeschlechts:*

> »Warum sollte ich nicht so oft wiederkommen, als ich neue Kenntnisse, neue Fertigkeiten zu erlangen geschickt bin? Bringe ich auf einmal so viel zuwege, daß es der Mühe wiederzukommen etwa nicht lohnet?... Die Erinnerung meiner vorigen Zustände würde mir einen schlechten Gebrauch des gegenwärtigen zu machen erlauben. Und: Was ich auf jetzt vergessen muß – habe ich es denn auf ewig vergessen?«

Johann Wolfgang von Goethe (1749–1832) bekannte in einem Gespräch:

> »Ebenso wie ein Fortleben, so glaube ich auch ein Vorleben annehmen zu dürfen. Ich bin gewiß schon tausendmal dagewesen und hoffe wohl auch tausendmal wiederzukommen.«

In seinem Gedicht: *Gesang über den Wassern* heißt es:

> »Des Menschen Seele gleicht dem Wasser.
> Vom Himmel kommt es, zum Himmel steigt es.
> Und wieder zur Erde muß es, ewig wechselnd.«

Der Philosoph Arthur Schopenhauer (1788–1860) schwärmt geradezu:

> »Der Mythos von der Seelenwanderung ist so sehr der gehaltreichste, bedeutendste, der philosophischen Wahrheit am nächsten stehende, daß ich ihn für das Nonplusultra der mystischen Darstellung halte.«

NIETZSCHE UND WAGNER

Friedrich Nietzsche (1844–1900), bis heute wohl der am häufigsten mißverstandene und schändlichst mißbrauchte deutsche Philosoph, lehnte sich gegen die »Sklavenmoral« und »Mitleidsethik« seiner pietistisch-frömmelnden Umgebung auf. Denn seiner Meinung nach hatte sie jeden natürlichen Instinkt und jede Lebensstärke eingebüßt und sich deshalb mit verlogenen Moralgesetzen ein Schutzsystem aufgebaut, das den Menschen zunehmend verderben mußte.

Nietzsche kam aus der schroffen Ablehnung jeder Religion zum Nihilismus, konnte das endgültige Verlöschen des Menschen im Tod letztlich aber nicht akzeptieren und suchte deshalb nach einem Ausweg. 1881 kam ihm während einer Wanderung durch die Engadiner Wälder entlang des Sees von Silvaplana, die erleuchtende Idee, die nunmehr für ihn so wichtig wurde, daß er dieses Datum sogar festgehalten hat. Fortan beschäftigte, faszinierte und quälte ihn diese Frage wie keine zuvor. Ein Jahr nach der denkwürdigen Wanderung reißt er in seinem Werk *Die fröhliche Wissenschaft* seine neue Vorstellung von der Ewigkeit erstmalig an:

»Wie, wenn dir eines Tages oder Nachts ein Dämon in deine einsamste Einsamkeit nachschliche und dir sagte: ›Dieses Leben, wie du es jetzt lebst und gelebt hast, wirst du noch einmal und noch unzählige Male leben müssen; und es wird nichts Neues daran sein, sondern jeder Schmerz und jede Lust und jeder Gedanke und Seufzer und alles unwäglich Kleine und Große deines Lebens muß dir wiederkommen, und alles in derselben Reihe und Folge – und ebenso dieser Augenblick und ich selber. Die ewige Sanduhr des Daseins wird immer wieder umgedreht – und du mit ihr, Stäubchen vom Staube!‹ Würdest du dich nicht niederwerfen und mit den Zähnen knirschen und den Dämon verfluchen, der so redete? Oder hast du einmal einen ungeheuren Augenblick erlebt, wo du ihm antworten würdest: Du bist ein Gott und nie hörte ich Göttlicheres!«

In seinem Hauptwerk *Also sprach Zarathustra* dreht sich nunmehr alles um das Grundgesetz der Welt: die ewige Wiederkehr:

»Alles geht, alles kommt zurück; ewig rollt das Rad des Seins. Alles stirbt, alles blüht wieder auf, ewig läuft das Jahr des Seins. Alles bricht, alles wird neu gefügt; ewig baut sich das gleiche Haus des Seins. Alles scheidet, alles grüßt sich wieder;

ewig bleibt sich treu der Ring des Seins. In jedem
Nu beginnt das Sein; um jedes Hier rollt sich die
Kugel Dort. Die Mitte ist überall. Krumm ist der
Pfad der Ewigkeit.«

Diese monotone Wiederholung muß nach Meinung
Nietzsches auch für den Menschen gelten. Und diese
Vorstellung ist für den großen Denker geradezu uner-
träglich:

>>Ach, der Mensch kehrt ewig wieder. Der kleine
Mensch kehrt ewig wieder... Und ewige Wiederkunft auch des Kleinsten! Das war mein Über-
druß an allem Dasein. Ach, Ekel, Ekel, Ekel –
wehe mir!«

Zugleich ist die Hoffnung, daß es diese Ewigkeit doch
geben sollte, für ihn aber auch der »abgründigste«,
letztlich beglückendste Gedanke überhaupt:

>>Oh, wie sollte ich nicht nach der Ewigkeit brün-
stig sein und nach dem hochzeitlichen Ring der
Wiederkunft... Denn ich liebe dich, o Ewigkeit!«

Das Hin- und Hergerissensein zwischen Hoffen und
Bangen, das jeder Mensch stärker oder schwächer erlebt, in besonderer Weise aber der, der nicht oberfläch-
lich in den Tag hineinzuleben vermag, faßte Nietzsche
in den Vers zusammen, der zum schönsten in der deutschen Literatur zählt:

>>Die Welt ist tief.
Und tiefer als der Tag gedacht.

Tief ist ihr Weh –,
Lust – tiefer noch als Herzeleid:
Weh spricht: Vergeh!
Doch alle Lust will Ewigkeit –
Will tiefe, tiefe Ewigkeit.«

Für Friedrich Nietzsche war die Beschäftigung mit der Wiedergeburt viel mehr als nur eine Gedankenspielerei. Seine ganze Persönlichkeit steigert sich mit heftigsten Gefühlsausbrüchen in das Problem hinein. Seine ätzenden Fragen legten die menschliche Seele bloß, wie das niemals zuvor und auch später nicht mehr geschehen ist. Er hat die Maske weggerissen, hinter der wir alle uns so gerne verstecken, und unsere ganze Not aufgedeckt. Er hat ausgesprochen, was wir alle zumindest gelegentlich fühlen, uns aber letztlich nicht einzugestehen trauen: Wäre das endgültige Ende mit dem Tod nicht leichter zu ertragen als der Gedanke an eine Ewigkeit – mit dem Risiko ständiger Wiederholungen einerseits oder mit dem der Verdammnis andererseits? Muß der Mensch nicht weit über sich hinauswachsen, soll seine Existenz überhaupt einen Sinn finden? Aber: Kann es in der monotonen Wiederholung des Gleichen überhaupt eine Entwicklung geben? Und: Setzt die Frage nach dem Sinn des Lebens nicht bereits ein Hoffen, ein Erahnen der Ewigkeit voraus? Könnten wir ohne diese Hoffnung überhaupt leben?

Nietzsche war lange Jahre mit Richard Wagner (1813–1883) befreundet. Die gegenseitige Verehrung scheiterte letztlich an Nietzsches Forderung nach der »Umkehrung aller Werte«.

Moral, so lehrte er, sei ein Zeichen mangelnder Lebensstärke, erfunden von Schwächlingen, um sich gegen kraftvolle Naturen zu wehren. »Sklavenmoral« und

»Mitleidsethik« blockierten den menschlichen Durch-
bruch. Wille, Triebe, Instinkt galt es erneut zur Geltung
kommen zu lassen. Eine Vorstellung, die Wagner nicht
nachvollziehen wollte. Doch wie Nietzsche war auch
Wagner angetan von der Idee der Wiedergeburt.

> »Nur die Annahme einer Seelenwanderung konn-
> te mir den trostreichen Punkt zeigen, auf den alles
> zur gleichen Höhe der Erlösung zusammenläuft«,

sagte er. Und im *Parsival* läßt er über Kundrys Schicksal nachdenken:

> »Hier lebt sie heut'
> vielleicht erneut
> zu büßen Schuld aus früher'n Leben,
> die dorten ihr noch nicht vergeben.«

RUDOLF STEINER UND DIE ANTHROPOSOPHIE

Einen neuen Anlauf, die Wiedergeburt zu begründen –
und sie zugleich mit christlichen Glaubensvorstellungen zu vereinbaren, unternahm Rudolf Steiner
(1861–1925), der Begründer der Anthroposophie. Steiner war stark von Goethe beeinflußt, hatte noch den
bereits umnachteten Nietzsche besucht – zugleich aber
auch Darwin und seine Evolutionstheorie studiert.

Bei seinen Überlegungen kam er zu folgenden
Schlußfolgerungen: Da sich alles in der Schöpfung von
ersten Anfängen entwickelte, trägt alles, was heute
existiert, die ersten, ursprünglichen Anfänge in sich.
Alles ist deshalb zugleich neu und uralt.

Jeder Stein ist so alt wie die Materie überhaupt. Die
heute lebende Pflanze ist so alt wie pflanzliches Leben

seit seinem ersten Pulsieren. Das Seelische in jedem Tier ist so alt wie das Seelische.

Müßte folgerichtig nicht auch das »Ich« im Menschen, auch im jüngsten, eben geborenen Menschen, so uralt sein wie der erste Mensch, in dem das Bewußtsein aufblitzte? Zurückgehen also auf den Augenblick, in dem der Schöpfer dem ersten Menschen den Geist, seinen göttlichen Geist, eingehaucht hat? Hat Gott im Paradies also nicht nur Adam und Eva, sondern damit zugleich alle Menschen erschaffen?

Rudolf Steiner kommt noch von zwei anderen Seiten zum selben Ergebnis:

Wie alle Katzen, so sagt er, zusammen die Art »Katzen« bilden, so ist jeder Mensch, weil er eine eigene Geschichte und ein eigenes Schicksal besitzt, seine eigene Art – mit vielen unterschiedlichen »Exemplaren«. Der gegenwärtig lebende Hans Müller ist also nur eine von vielen Spezies seiner Art, die sich unter Beibehaltung ihrer Identität in immer neuen Individuen manifestiert.

Und: Der eine Mensch wird in ärmlichsten Verhältnissen geboren, in harten Kriegszeiten. Sein Leben besteht nur aus Not und Qual, Angst und Verfolgung. Ein anderer lebt von Geburt an im Überfluß, ohne die geringste Bedrängnis, ohne je erfahren zu müssen, was Hunger und Schmerz sind.

Gäbe es nur ein einziges Leben, dann fänden sich für solche Schicksalsunterschiede nur zwei Erklärungen: Entweder das Schicksal ist reine Willkür, bloßer Zufall. Damit würde aber die Natur gegen ihre sonst überall feststellbaren Gesetzmäßigkeiten verstoßen. Oder das Schicksal ist jedem einzelnen vorgegeben, prädestiniert. Damit verlöre der Mensch sein eigentliches Wesen: den freien Willen, die Möglichkeit freier Entscheidung.

Gibt es dagegen die Wiedergeburt, dann findet alles eine logische Erklärung im Begriff des Karma: Das neue Schicksal ist das Ergebnis der früheren Leben – oder notwendig im Hinblick auf ein künftiges. »Es kann mich jetzt etwas treffen, wozu ich einst die Ursache gelegt habe. Es kann mich dermaleinst etwas treffen, dessen Ursache ich jetzt lege. Es kann mir aber auch jetzt etwas begegnen, weil in der Zukunft für Mensch und Schicksal etwas notwendig wird.« So erklärt der Anthropologe Rudolf Bubner den Begriff Karma und Steiners Lehre, die sich im Gegensatz zur fernöstlichen Vorstellung nicht mehr auf die Vergangenheit beschränkt, sondern bereits die Zukunft mit einbezieht: Nicht jedes harte Los ist Ergebnis einer Schuld. Die Zukunft mit ihren Anforderungen kann bereits in mein Leben hereinreichen und mich in die Mangel nehmen, damit ich fähig werde, das zu leisten, was meine nächste Inkarnation von mir erwartet.

Es waren vor allem logische Schlußfolgerungen, die Steiner zur Reinkarnation geführt haben. Etwa: »Da ich nicht mit unbestimmten, sondern mit bestimmten seelischen Anlagen in die Welt eingetreten bin, da durch diese Anlagen mein Lebensweg, wie er in der Biographie zum Ausdruck kommt, bestimmt ist, so kann meine Arbeit an mir nicht bei meiner Geburt begonnen haben. Ich muß als geistiger Mensch vor meiner Geburt vorhanden gewesen sein.«

Oder: »Menschen, mit welchen die Seele in einem (früheren) Leben verbunden war, wird sie in einem folgenden wiederfinden müssen, weil die Taten, welche zwischen ihnen gewesen sind, ihre Folgen haben müssen.«

Bei Steiner ist der Mensch nicht in Leib und Seele geteilt, sondern er lehrt eine Dreiteilung in Geist, Seele und Leib. Der Leib unterliegt der Vererbung, die Seele dem selbstgeschaffenen Schicksal, der Geist dem Gesetz der Wiederverkörperung in wiederholten Erdenleben: »Unvergänglich ist der Geist. Geburt und Tod walten nach den Gesetzen der physischen Welt in der Körperlichkeit; das Seelenleben, das dem Schicksal unterliegt, vermittelt den Zusammenhang von beiden während eines irdischen Lebenslaufs.«

Nur in einem einzigen Fall schließt Steiner die Wiedergeburt ausdrücklich aus: Jesus kann seiner Meinung nach nur ein einziges Mal geboren sein.

II. KAPITEL

Es gibt keinen Anfang –
und auch kein Ende...

Der Weg der
Selbsterlösung im Osten

DIE WIEDERGEBURT DES OBERLAMA

Im Jahre 1984 verstarb in Kalifornien der buddhistische Oberlama Yeshe, ein ranghoher Priester-Gott des tibetischen Lamaismus. Ein Jahr später wurde er wiedergeboren in dem spanischen Kind Osel Iza Torres.

Die Geschichte liest sich wie eine Legende aus längst vergangenen Zeiten. Doch sie ereignete sich in unseren Tagen, kurz vor der Wende zum dritten Jahrtausend – und mitten unter uns. Paco und Maria Torres, ganz »normale« Eltern von vier Kindern, weilten auf Ibiza. Die beiden hatten Kontakt gefunden zu einer buddhistischen Glaubensgemeinschaft und lebten in ihr. Wie viele moderne junge Leute waren sie von den Heilsvorstellungen der fernöstlichen Religion fasziniert und glaubten darin etwas zu finden, was sie schon lange gesucht, im christlichen Glauben bislang aber nicht gefunden hatten.

Eines Tages war Maria Torres wieder einmal im buddhistischen Gotteshaus, als der Oberlama Yeshe, der sich damals ebenfalls auf Ibiza aufhielt, auf sie zutrat und ihr die Hand auflegte.

Frau Torres glaubte sich von einem Blitz durchzuckt. »Das war«, so schilderte sie es später, »als wäre ein Laserstrahl durch meinen Körper gefahren.«

Kurz darauf wurde sie schwanger. Ihr Mann Paco freute sich auf das fünfte Kind ebenso wie sie selbst. Beide dachten sie an nichts Ungewöhnliches.

Doch bald sollten sie erfahren, daß ihr Kind Osel kein gewöhnliches Kind war – und eigentlich auch nicht ihnen gehörte. Osel, kaum geboren, unterschied sich zwar äußerlich überhaupt nicht von den übrigen Kindern, doch eines Tages meldete sich bei der Familie Torres Lama Zhopa, ein Schüler des verstorbenen

Oberlamas Yeshe, mit der Mitteilung: »Ihr Kind ist mir im Traum erschienen. Aller Wahrscheinlichkeit nach ist es die Wiedergeburt meines verehrten Lehrers. Bitte geben Sie mir die Möglichkeit, das zu überprüfen.«

Maria und Paco Torres willigten ein. Man reichte dem kleinen Osel eine Schachtel, gefüllt mit den unterschiedlichsten Gegenständen, unter ihnen einige Glasperlen, die dem Oberlama Yeshe gehört hatten. Ohne auch nur eine Sekunde zu zögern, pickte der kleine Osel entzückt »seine« Perlen heraus, als hätte er sie tatsächlich wiedererkannt.

Dieser ersten Prüfung folgten weitere: Osels Körper wurde nach typischen Merkmalen untersucht, die auf Oberlama Yeshe hindeuten konnten. Man nannte ihm Namen und Daten aus dem »früheren Leben« – und war schließlich ganz sicher: Der Oberlama lebt wieder. In Osel. Der höchste König und Priester des Lamaismus, der im indischen Exil lebende Dalai-Lama, bestätigte schließlich die Wiedergeburt. Maria und Paco Torres übergaben ihr Kind den tibetanischen Mönchen, damit es seinem Rang entsprechend erzogen, zum Priester geweiht und auf sein hohes Amt vorbereitet werden konnte. Man brachte den kleinen Osel nach Tibet in das Kloster Kopan. Die Eltern siedelten ebenfalls nach Tibet über, um wenigstens in seiner Nähe zu sein und ihn gelegentlich sehen zu können... Wenn man so etwas liest, ist man gleichermaßen verwirrt und erschreckt über das Schicksal des kleinen Jungen wie auch über die Haltung seiner herzlosen Mutter. Wird hier nicht – im Hinblick auf den eigenen Lohn im Jenseits oder auch in einem künftigen Leben – ein abscheuliches Geschäft mit einem wehrlosen Kind betrieben?

Solche Fragen und Gefühle zeigen besonders deutlich, wie schwer es Europäern und Amerikanern fällt, die fernöstliche Wiedergeburtsidee zu verstehen.

Indem man pauschal von »fernöstlicher Wiedergeburtsidee« spricht, so, als gäbe es in Indien, Tibet, China, Japan nur eine einzige, klar umrissene Vorstellung von der Wiedergeburt, gibt man erneut zu erkennen, daß man von buddhistischen, hinduistischen, dschainitischen Religionen – und vielen anderen Gruppierungen – wenig Ahnung hat.

Ganz sicher ist es auch falsch, in der Wiedergeburt die ursprüngliche, gewissermaßen natürliche Heilsvorstellung zu sehen – oder eine, die wesentlich älter wäre als alle anderen. In China, vor allem aber in Japan, wehrten sich die Menschen lange und sehr energisch gegen die Lehren des Buddhismus und Hinduismus. Konfuzius (etwa um 551−479 v. Chr.) lehnte die Wiedergeburt ausdrücklich ab. Ähnlich wie die Germanen fühlten sich die Menschen im Fernen Osten besonders stark ihren Ahnen verbunden – was auch heute noch weithin so ist. Sie verehrten ihre verstorbenen Vorfahren geradezu wie Götter. Entsprechend wäre es einer schrecklichen Beleidigung der Ahnen gleichgekommen, hätte man auch nur in Erwägung gezogen, sie könnten als Bettler, als Waisen, als Verbrecher – oder gar als lästige Fliege, als Lasttier oder als widerliche Kröte wiedergeboren werden. Es gab und gibt auch heute noch Gruppen im Fernen Osten, die mit diesem Problem heftigste Schwierigkeiten haben; die dann, wenn sie über die Straße gehen, vor sich mit einem Besen den Weg kehren – in der Befürchtung, der Wurm, der da kriecht, oder der Käfer, der am Boden krabbelt, könnte der verstorbene Großvater oder die verehrte Großmutter sein.

RELIGION – OHNE GLAUBENSSÄTZE

Die ältesten schriftlichen Zeugnisse des Glaubens an die Wiedergeburt sind nicht älter als 3000 Jahre. Davor hatte man speziell in Indien wohl ganz ähnliche Vorstellungen vom Leben und Sterben gehabt wie in unserer Heimat bei den Vorfahren von Germanen und Kelten. Auch im Osten dürfte am Anfang der Religion ein sehr ausgeprägter Ahnenkult gestanden haben: Man wußte die Verstorbenen um sich, verehrte sie, opferte ihnen – und erhob sie nach und nach zu Göttern.

Die Vermischung der Glaubensvorstellungen recht unterschiedlicher Völker und Rassen, die im indischen Raum aufeinanderprallten, hat etwa um 800 vor Christus zur Entstehung des Hinduismus geführt – einer Religion, die sich selbst, entsprechend ihrer Lehre von der Ewigkeit des Universums, als ewige Religion versteht. Es gibt keinen Religionsstifter, keine Offenbarung, auf die man sich beruft.

Die ganz große Zeit der fernöstlichen Glaubensgeschichte brachte dann das 6. vorchristliche Jahrhundert: In Vorderindien lebte und lehrte Buddha (um 560–480), in China sammelten Lao-tse und Konfuzius (um 551–479), in Indien Mahawira, der letzte große Religionsstifter der Dschainas, Schüler um sich.

Alle diese Religionen – und es können hier nur die wichtigsten genannt werden – sind keine Glaubensgemeinschaften nach unserem westlichen Verständnis, zusammengehalten durch den gemeinsamen Glauben an einen bestimmten Gott oder an mehrere Götter, durch Glaubensdogmen, durch Taufe oder etwas Vergleichbares. Es sind eher philosophische Lebensschulen mit unendlich vielen Schattierungen. Es kann keine unumstößlichen Glaubenslehrsätze geben, denn so, wie alles Leben sich ständig wandelt, so muß auch der Glaube permanentem Wandel unterworfen sein. Niemand besitzt die absolute Wahrheit, weil auch die Wahrheit sich verändert.

So zeichnen sich diese Religionen durch eine für uns geradezu unfaßbare Toleranz aus. Das einzelne Mitglied kann zwei oder drei Glaubensrichtungen gleichzeitig angehören, die Riten einmal mit der einen, dann mit der anderen Religion feiern. Es kann an einen Gott glauben und ihn verehren, zu mehreren Göttern beten, einen persönlichen Gott außerhalb der Schöpfung leugnen und statt dessen die Natur, das Universum, zu seinem Gott erheben. Es kann selbst Atheist sein, ohne daß man ihn deswegen aus der Glaubensgemeinschaft ausstieße.

Am strengsten in ihren Forderungen und am geschlossensten in den Vorstellungen sind noch die Dschainas. Sie ernähren sich streng vegetarisch. Jeder Fleischgenuß und auch das Töten von Tieren sind ihnen verboten.

Toleranz dem Andersdenkenden und Andersgläubigen gegenüber und Wandelfähigkeit der Glaubensinhalte, das sind die beiden ersten grundlegenden Unterschiede fernöstlicher Religionen zu abendländischen Glaubensgemeinschaften. Zwei Grundsätze, die wir leider nie verstanden haben und auch heute nur sehr schwer begreifen können.

ES GIBT KEINEN SCHÖPFUNGSTAG

Der dritte wesentliche Unterschied besteht im Weltverständnis. Wir, das heißt das Christentum, der Islam, das Judentum, gehen von der Schöpfung aus. Für uns hat alles in grauer Vorzeit einmal begonnen – und zwar in dem Augenblick, als Gott, der Schöpfer, die Welt erschuf. Wenn wir es wissenschaftlich ausdrücken, dann sprechen wir vom Urknall als dem Anfang, aus dem sich das Universum entwickelte. Ein Start, der vor etwa 15 Milliarden Jahren stattgefunden haben müßte.

Bis vor wenigen Jahrhunderten wurde die Bibel noch ganz wörtlich genommen und das Alter der Schöpfung den biblischen Zahlenangaben entsprechend auf 4000 Jahre bis zur Geburt Jesu und die Jahrhunderte danach festgelegt.

Ganz anders der Osten. Dort gibt es weder einen Anfang noch ein Ende, sondern nur das ständige Werden und Vergehen. Jedes Ende ist zugleich ein neuer Anfang und jeder Anfang zugleich ein Ende. Jedem Universum, das sich neu entfaltet, muß ein anderes vorausgegangen sein, das mit seinem Ende das neue begründete. Nach derselben Vorstellung kann es auch kein räumliches Ende des Alls geben. Dahinter muß etwas Neues anfangen. Es ist nichts vorstellbar, das so groß wäre, daß es nicht noch etwas Größeres gäbe. Und nichts kann so klein sein, daß unter ihm oder in ihm nicht noch etwas Kleineres verborgen wäre. Vor allem aber: So wie der Anfang zugleich das Ende ist, so ist das Größte zugleich das Kleinste und das Kleinste zugleich das Größte.

Das sind absolut moderne, imponierende Vorstellungen. Voller Bewunderung nehmen wir heute zur Kenntnis, daß die Hindus schon vor Jahrtausenden wußten: Unsere Welt ist weit über acht Milliarden Jahre alt – doch diese riesige Zeitspanne stellt nur ein paar Sekunden im Brahma-Tag dar. Dieser Tag hat wiederum Minuten und Stunden. Und 365 Brahma-Tage ergeben ein Brahma-Jahr. Interessanterweise decken sich solche

Glaubensvorstellungen mit den Thesen der modernen Kosmologie. Längst sind nicht mehr alle Wissenschaftler, die sich mit der Erforschung des Weltraums und der Entstehung der Erde befassen, von der Theorie des Urknalls überzeugt. Immer mehr neigen zur Hypothese vom ständigen Werden und Vergehen der Welten und Galaxien. Denn vieles spricht dafür. So wissen wir heute beispielsweise, daß unser Sonnensystem, ein relativ junger Teil des Universums, mit ziemlicher Sicherheit aus »gestorbenen« Sonnensystemen hervorgegangen ist. Anders wäre die Vielfalt der chemischen Elemente auf unserem Planeten nur sehr schwer zu erklären. Die Urknall-Theorie mit ihrer Begrenzung des Alters des Universums kommt mit »nur« 15 Milliarden Jahren zeitlich doch ziemlich in Bedrängnis. Wir können heute von unserer Erde aus zusehen, wie Sonnen, Milliarden Lichtjahre von uns entfernt, »sterben«, wie sie sich im Todeskampf aufblähen, zur Supernova werden oder auch richtiggehend explodieren. Wir können zusehen, wie sich Nebel zu neuen Galaxien verdichten, wie neue Welten geboren werden. Wir haben erfahren, daß es »Schwarze Löcher« geben muß, tote Sonnensysteme, die eine so dichte Masse besitzen, daß sie nur noch stecknadelkopfgroß sind und dennoch das Gewicht unserer Sonne haben. Die »gefräßigen Monster« besitzen eine so unvorstellbar große Anziehungskraft, daß sie alles in sich hineinziehen. Doch was sind diese »Schwarzen Löcher« wirklich?

Carl Sagan, Professor für Astronomie und Raumwissenschaften an der Cornell-Universität, bekannt geworden durch seine Fernsehreihe *Unser Kosmos*, schreibt im gleichnamigen Buch zu diesem Thema: »Enthält das Universum mehr Materie, als wir sehen können – zum Beispiel in den Schwarzen Löchern oder im heißen, aber unsichtbaren Gas zwischen den Galaxien –, wird es durch die Gravitation zusammengehalten und geht einem typisch indischen Kreislauf entgegen, bei dem auf die Expansion Kontraktion, also in einem Kosmos ohne Ende Universum auf Universum folgt. Leben wir in einem solch hin- und herpendelnden Universum, bezeichnet der Urknall nicht die Schöpfung des Kosmos, sondern lediglich die Zerstörung seiner letzten Inkarnation, das Ende des voraufgegangenen Zyklus... Kann man durch die Schwarzen Löcher wie durch Wurmlöcher von einem Ort im Universum zum anderen gelangen, ohne die dazwischenliegende Entfernung zurückzulegen? Diese Wurmlöcher können wir uns als Kanäle vorstellen, die durch eine vierte, physikalische Dimension verlaufen. Ob sie wirklich existieren, wissen wir nicht, und ebensowenig, ob sie in diesem Fall an einem anderen Ort in unserem eigenen Universum herauskommen müßten. Möglicherweise könnten sie uns ja auch mit einem anderen Universum verbinden, mit Orten, die uns andernfalls für immer unerreichbar bleiben. Nach dem derzeitigen Wissensstand kann es eine Vielzahl anderer Universen geben, die in gewisser Hinsicht auch irgendwie ineinandergeschachtelt sein könnten.«

Auch ein Wissenschaftler hat das Recht, seiner Phantasie freien Spielraum einzuräumen und einmal ein Bild zu entwerfen, das kühn vorwegnimmt, was Einsicht und Logik noch nicht begreifen können. Carl Sagan hat es getan: »Es gibt eine Idee, eine sonderbare, die einen nicht mehr losläßt und ganz in ihren Bann schlägt, eine der großartigsten Annahmen in Wissenschaft und Religion. Sie ist völlig unbewiesen und wird vielleicht auch unbeweisbar bleiben. Aber sie versetzt das Blut in Wallung: die Idee einer unendlichen Abfolge von Universen. Dieser Hypothese zufolge würde sich ein Elementarteilchen wie ein Elektron in unserem Universum, wenn wir nur eindringen könnten, seinerseits als ganzes, geschlossenes Universum enthüllen, aufgegliedert in die Entsprechungen zu Galaxien und kleineren Gebilden, bestehend aus einer unermeßlichen Anzahl anderer, weit kleinerer Elementarteilchen, die wiederum ihrerseits lauter Universen geringerer Größenordnung darstellen – und so weiter bis in alle Ewigkeit – Universen in Universen ohne Ende. Und genauso verhielte es sich auch nach oben...«

Spätestens hier beginnen wir zu begreifen, warum sich so viele Wissenschaftler, Dichter und Philosophen so sehr zur Idee der Wiedergeburt hingezogen fühlen: Wenn in der gesamten Natur, im Kosmos ebenso wie im Mikrokosmos, das Gesetz vom ständigen Werden und Vergehen und Neuwerden gegeben ist – sollte dann ausgerechnet das Leben, die höchste Entfaltung der Natur, nicht diesem Gesetz unterworfen sein? Sollte das Leben, hervorgegangen aus den Gesetzmäßigkeiten der Natur, diese Natur plötzlich verleugnen und eine bis dahin völlig unbekannte, naturwidrige Einmaligkeit besitzen?

Die Vorstellung von mehreren Leben, die sich selbst entfalten, eines aus dem anderen hervorgegangen, die aktiv teilnehmen an der Entwicklung des Universums – oder der Universen –, absolut konform mit den Naturgesetzen, dieses Bild ist nicht nur stimmiger als jede andere Vorstellung und wesentlich leichter mit wissenschaftlichen Erkenntnissen vereinbar – sie ist auch imponierender, grandioser, reicher in ihren Variationsmöglichkeiten.

ES GIBT NICHTS HINTER DEM UNIVERSUM

Damit sind wir beim vierten wesentlichen Punkt, der die fernöstliche von der westlichen Denkweise unterscheidet: Für den Osten gibt es strenggenommen kein Jenseits hinter oder jedenfalls außerhalb der Schöpfung – und somit auch keinen Schöpfergott, der das Universum als sein »Spielzeug« geschaffen hat. In der »Großen Legende«, einer indischen religiösen Unterweisungsschrift aus dem neunten Jahrhundert, heißt es: »Einige Narren erklären, ein Schöpfer habe die Welt gemacht. Die Lehre von der Erschaffung der Welt ist aber unüberlegt und sollte verworfen werden. Wenn Gott nämlich die Welt erschaffen hat, wo war er vor der Schöpfung?... Wie hätte Gott die Schöpfung ohne Rohstoff machen können? Antwortet man aber darauf, er habe erst diesen und dann mit ihm die Welt gemacht, dann läßt man sich auf ein unendliches Rückwärtsschreiten ein. Wisse denn, daß die Welt unerschaffen ist, wie die Zeit selbst, ohne Anfang und ohne Ende. Und sie beruht auf den Prinzipien...«

Das heißt: Wenn es Gott gibt – und der Hinduismus kennt viele Gottheiten –, dann ist er oder sind sie von der Welt nicht zu trennen, sondern Kosmos und Gott sind ein und dasselbe. Überall findet sich Göttliches als Lebensfunke, als Wirkprinzip, als »Geistseele«. Unsere menschliche Seele selbst ist ein göttlicher Tropfen, der sich danach sehnt, in das Meer der göttlichen Weltseele zurückzufließen. Dieser Tropfen ist ebenso ewig wie jenes Meer, ebenso unzerstörbar, ebenso unsterblich.

Doch übersehen wir nicht: Nach indischer Denkweise sind solche Aussagen ebenso falsch wie richtig, so daß man sie nicht als allgemein gültig und unveränderlich hinstellen dürfte. Da sich alles verwandelt, verändert, wächst und stirbt, ist in gewisser Weise auch Gott dem Wandel unterworfen, kann auch er wachsen und sterben, um neu geboren zu werden. So finden sich in fernöstlichen Glaubensbekenntnissen auch Vorstellungen von einem Gott-Embryo, der im Kosmos herangewachsen ist. Viele indische und auch chinesische Gottheiten sind ehemalige Menschen, die den Grad der Vollkommenheit erreicht haben. Ganz typisch für östliches Denken ist ein Dialog zwischen dem Wandermönch Vacchagotta und Buddha.

Vacchagotta kam zu Buddha, dem Erhabenen, und fragte:

»Bist du der Ansicht, daß ein Vollendeter nach dem Tod lebt?«

Buddha: »Nein!«

»Bist du der Ansicht, daß ein Vollendeter nach dem Tod nicht lebt?«

Buddha: »Nein.«

»Bist du der Ansicht, daß ein Vollendeter nach dem Tod sowohl lebt als auch nicht lebt?«

Buddha: »Nein.«

»Bist du der Ansicht, daß ein Vollendeter nach dem Tod weder lebt noch nicht lebt?«

Buddha: »Nein.«

»Was siehst du denn so Schlimmes darin, daß du alle diese Theorien insgesamt ablehnst?«

Buddha: »Alle diese Theorien sind ein Dickicht, eine Wildnis, verbunden mit Übeln, Quälereien, Verwirrung und fieberhafter Unruhe. Sie führen nicht zum Loslassen, nicht zum Aufhören, nicht zur Beruhigung, nicht zum hohen Wissen, nicht zum Erwachen, nicht zum Nirwana. Das ist das Nachteilige, das ich darin sehe, und deshalb lehne ich diese Theorien insgesamt ab... Tief ist diese Wahrheit, schwer zu verstehen und schwer zu durchschauen. Sie ist still und herrlich, sie übersteigt das Denken. Sie ist tiefgründig, nur Weisen verständlich. Du kannst sie nicht begreifen, weil du von anderer Anschauung, von anderer Denkweise und anderer Beeinflussung herkommst, andere Bestrebungen hast und einen anderen Lebenswandel...«

Jeder, der sich mit fernöstlichen Glaubensinhalten befaßt, muß sich vorkommen wie der Wandermönch Vacchagotta: Glaubt man eben, einen Punkt begriffen zu haben, muß man einsehen, daß man schon wieder einem Irrtum zum Opfer gefallen ist – weil man wie er anders denkt, anders beeinflußt ist, andere Anschauungen besitzt, andere Bestrebungen hat und einen anderen Lebenswandel führt.

Jene, die aus Indien zu uns kommen, um uns indische Weisheit zu lehren, können uns ebenfalls nur Andeutungen dieser Weisheit vermitteln. Sie wissen das, was ihnen ihr Meister beigebracht hat. Doch dieser Meister ist nur eine Stimme unter vielen Tausenden, seine Lehre nur ein Farbtupfer aus dem Gesamtbild.

ES GIBT KEINE »ERBSÜNDE« ODER URSCHULD

Der fünfte große Unterschied zwischen östlichem und westlichem Denken ist die Einstellung zur Frage der Schuld.

Wie dargelegt, haben Judentum, Islam und Christentum von den alten Ägyptern die Vorstellung einer ursprünglichen Katastrophe und, verbunden damit, einer Anfangsschuld übernommen. Damit wird erklärt, woher das Böse in die Welt gekommen ist und wieso es so viel Leid, Krankheit, Not gibt: Luzifer, ursprünglich der Erste unter den Engeln, hat sich gegen Gott aufgelehnt und wurde in dramatischem Kampf in die Hölle gestürzt. Von dort aus wirkt er seitdem als Macht des Bösen, als »Fürst der Erde«. Er ringt mit Gott um jeden einzelnen Menschen und versucht, ihn mit Verschlagenheit, Lug und Trug auf seine Seite und in sein Elend zu ziehen.

Bei diesem Kampf gewann er die erste große Schlacht kurz nach der Erschaffung der Erde: Er verführte die Stammeltern Adam und Eva zur Sünde, womit Krankheit, Leid und Tod in die Welt kamen und der Mensch aus dem Paradies vertrieben wurde. Jedes Kind, das geboren wird, trägt durch Adams Schuld das Mal des Sünders an sich. Diese Schuld ist so groß, daß nur Gott selbst davon erlösen kann. Der Mensch ist auf Gottes Gnade angewiesen. Im Christentum hat die Erlösung durch die Menschwerdung Christi, des Sohnes Gottes, und durch dessen Tod am Kreuz bereits stattgefunden. Damit ist der Weg frei geworden für das ewige Leben im Himmel.

In der fernöstlichen Vorstellung gibt es die ursprüngliche Katastrophe auch: Den Untergang des letzten Universums. Doch dieser Untergang ist zugleich die Geburt der neuen Welt. Und sie ist frei von Schuld. Es gibt keine »Erbsünde«, kein ererbtes Leid. Dort, wo Leid und schweres Schicksal gegeben sind, erklärt es sich immer aus der ganz persönlichen Verfehlung in einem früheren Leben.

WIE KAM DAS »BÖSE« IN DIE WELT?

Wieso also kann ein Mensch überhaupt böse sein, wenn seine Seele, zumindest das Lebensprinzip dieser Seele, doch direkt von Gott stammt, ursprünglich also gut, ja vollkommen gewesen sein muß? Das ist zweifellos die schwierigste Frage für den Buddhisten, den Hindu, den Dschaina. Und wiederum darf man nicht eine einzige, eindeutige Antwort erwarten, auch nicht, fragt man nur eine dieser Glaubensgemeinschaften.

Die weitverbreitete Darstellung, die immer wieder aufs neue in den verderblichen Körper verbannte Seele müsse lernen, sich von der Welt zu befreien, weil diese körperliche Welt letztlich schlecht und mit ihren Verlockungen für die Seele schädlich sei, ist viel zu grob und damit falsch.

Um fernöstlichen Glauben zu charakterisieren, hat man oft folgendes Bild skizziert: Die auf die Erde gekommene Seele befindet sich in einem endlosen Gang, in dem sich Tür an Tür reiht. Die einsame Seele weiß, daß sie eigentlich, ohne nach rechts und links zu blikken, den ganzen Gang bis zur letzten Tür gehen muß, weil nur sie die vollkommene Seligkeit verspricht. Doch das, was sich hinter den Türen abspielt, ist viel zu aufregend, zu interessant, zu vielversprechend, als daß die einsame, verwirrte Seele den Weg schaffen könnte. Je früher sie vom Weg abkommt, desto primitiver und vergänglicher ist das Glück. Je länger sie durchhält, desto beglückender wird das, was sich hinter der Tür offenbart. Doch es bleibt keinem erspart, irgendwann den Weg bis zur einzig richtigen, letzten Tür durchzuhalten. Denn nur dort kann sie finden, was sie wirklich sucht: Das vollkommene Glück. So gesehen wäre das Erdenleben also die große Versuchung, begleitet von ständigem Versagen und Abirren, ein beinahe schon teuflisches Spiel.

Eine solche Erklärung kann keiner östlichen Glaubensvorstellung auch nur entfernt gerecht werden. Denn: Wozu die unerbittliche Prüferei? Welchen Sinn sollten die unzähligen Seelenwanderungen haben, wenn die Seele am Ende doch nur wieder dort angelangt, wo sie ursprünglich herkam? Und außerdem: Ist nicht anzunehmen, daß der Wiedergeborene erneut in dieselbe Falle tappt, die schon im früheren Leben zu seinem Verhängnis wurde? Muß die Last, die der einzelne auf sich lädt, nicht mit jeder neuen Inkarnation nur noch größer werden? Schließlich: Ein solcher, fast stumpfsinniger Test ohne Ende, geknüpft an so viel Leid und Elend, widerspräche der Ausgangsposition vom Kreislauf des Werdens und Vergehens aller Dinge.

DIE »EVOLUTION« DER INKARNATIONEN

Dieses Wachsen und Sterben ist nicht die stets gleichförmige Wiederholung des ewig Selben, wie Nietzsche verkündete, sondern ein ständiges Fortschreiten, eine sinnvolle Evolution. Die neue Welt, die im Untergang der alten »geboren« wird, ist nicht wieder die alte und muß nicht wieder dort anfangen, wo auch jene angefangen hat, sondern sie baut sich auf aus den Trümmern der alten und ist damit bereits ein gutes Stück vorangekommen.

Man muß sich das ganz realistisch wie die Entwicklung des Universums vorstellen: Seit Anbeginn – und hier geht es nur um den Anfang unseres Universums – besteht diese Welt mit allem, was sie in Milliarden Jahren hervorgebracht hat, nur aus drei »Bausteinen«: aus Protonen, Neutronen und Elektronen. Zu diesen dreien ist nichts hinzugekommen. Absolut nichts. Vielmehr haben sich alle Elemente und letztlich auch das vielgestaltige Leben aus ihnen entwickelt.

Zuerst verdichteten sich die Wasserstoffgase, die einfachsten Gebilde, bestehend aus nur einem Proton, dem elektrisch positiv geladenen Kern, und darum herum kreisend einem Elektron, dem negativ geladenen »Satelliten«, ein winziges »Sonnensystem« mit einem einzigen »Planeten«, zu einer immer massiveren Wolke. Erst nachdem der Druck in dieser Zusammenballung groß genug geworden war, konnte eine erste Kernfusion stattfinden, eine riesige Explosion, in der sich Wasserstoff zu dem höherwertigen Helium umbildete: Zwei Wasserstoffatome wurden zusammengeschweißt zu einem Heliumatom, dessen Kern nun zwei Protonen besitzt mit zwei darum herum kreisenden Elektronen. Das hört sich ganz einfach an, doch eigentlich dürfte es so etwas überhaupt nicht geben. Denn zwei Atomkerne mit derselben elektrischen Ladung stoßen sich ab.

Doch hier kommt die dritte Kraft ins Spiel, das Neutron: Die beiden feindlichen Protonen werden von zwei Neutronen regelrecht zusammengeschweißt, ohne daß sie dabei ihre gegenseitige abstoßende Kraft einbüßen würden. Im Kern herrschen also gewaltige Spannungen. Doch das Neutronenband ist stark genug, die Kräfte zu bändigen. Temperaturen von vielen Millionen Grad sind nötig, das Band zu sprengen. Welche Kräfte dann frei werden, das wissen wir heute. seitdem es die Kernspaltung gibt. Das in der Kernfusion entstandene neue Gas, das Helium, besitzt, obwohl nur zwei Wasserstoffatome zusammengeschweißt wurden, völlig neue physikalische und chemische Eigenschaften.

Wiederum nur unter gewaltigem, neuem Druck konnte in der Entstehung des Kosmos aus Wasserstoff und Helium ein drittes Element entstehen, das Lithium. Heute kennen wir rund 100 chemische Elemente. Das Uran besitzt in seinem Kern 92 Protonen und bis zu 238

Elektronen. Auch dieses Uran ist letztlich aus Wasserstoff und Helium entstanden, ebenso wie Silber, Gold oder Blei.

So einfach ist unsere Welt! Doch wie viele Sonnensysteme mußten untergehen, bis der heutige Zustand erreicht war?

Die Begründer der fernöstlichen Religionen kannten solche Zusammenhänge nicht. Doch sie wußten, daß Neues immer nur entstehen kann, wenn unter großem Druck Altes zugrunde geht. Sie wußten auch, daß jedes »Zugrundegehen« keiner Vernichtung gleichkommt, sondern einem Verwandeln in Wertvolleres. Das ist ganz modern gedacht.

EGOISMUS – UND DAS BAND DER LIEBE

Sollte es etwa unzulässig sein, das, was sich als grundlegendes Naturgesetz erweist, auf das menschliche Leben zu übertragen? Hindus, Buddhisten und alle anderen, die an die Wiedergeburt glauben, haben es getan mit verblüffend bewundernswerter Intuition: Vor Jahrtausenden sprachen sie schon von den drei großen Kräften, die die Welt und das Leben beherrschen, von der positiven Kraft, der die negative gegenübersteht, und von der neutralen Kraft, die beide zusammenhalten kann. Das ist uralte indische und chinesische Weisheit.

Bei der Lebensgestaltung geht es nicht um gut und böse, deshalb ist es auch falsch, von Schuld zu sprechen. Statt dessen geht es immer nur darum, daß jedes »Element« versucht, dem Druck zu entweichen, der zur Entstehung des Neuen, Größeren nötig ist. Jedes »Atom« widersetzt sich der Annäherung an ein anderes. Die abstoßenden Kräfte, die Versuche, für sich zu bleiben und an Gegebenem festzuhalten, sind übermächtig. Wo aber etwas egoistisch, selbstsüchtig für sich bleiben will, nur an sich denkt, an das eigene Wohlergehen, da kann es keine Entwicklung geben. Die Macht der gegenseitigen Abstoßung läßt sich nur überwinden durch die noch stärkere Macht der Liebe. Die Liebe ist also die einigende, tragende, vor allem die schöpferische Lebenskraft, die nicht nur den einzelnen, sondern die Welt Schritt um Schritt voranträgt, bis sie sich ganz entfaltet hat.

Damit sind aber Leid und Tod, Lebensdruck ganz allgemein gesprochen, nicht mehr das Ergebnis einer Schuld, sondern Notwendigkeit zur Erreichung einer neuen, höheren Stufe. Ohne diesen Druck, ohne die Katastrophe des Todes könnte es keine Vollendung geben.

So etwa könnte man, mit allem Vorbehalt, die Grundidee fernöstlicher Religion skizzieren.

Damit versteht man dann auch, daß es sich eigentlich nicht um eine Religion handelt, sondern eher um eine Lebensphilosophie, um den Versuch, sich in die großen kosmischen Kreisläufe einzuordnen: Wo es keine Schuld, wohl aber ein Verfehlen gibt, stellt sich die Frage nach der Erlösung nicht. Menschen, die dem Lebenden in der Vollendung vorausgeeilt sind, die höhere Stufe schon erreicht haben, vielleicht sogar zu Göttern geworden sind, können dem Irdischen helfen, aber sie können ihn nicht von der notwendigen Bewältigung seiner Aufgaben befreien. Damit würden sie ihn ja zurückwerfen, kleinhalten, seine Entwicklung und die Entwicklung der Welt aufhalten.

KARMA – DAS WIRKEN, DIE TAT

Man hat immer wieder versucht, den Unterschied zwischen Ost und West mit den Schlagwörtern: Erlösung durch Gott bei uns, Selbsterlösung bei den Indern zu erklären.

Das ist überaus mißverständlich. Der Mensch des Ostens braucht keine Erlösung von Schuld. Er muß sich lediglich erlösen, frei machen von Egoismus, von der Neigung, im jeweils gegebenen Zustand zu verharren, den Notwendigkeiten zu entfliehen. Damit sind wir beim Problem »Karma« und dem sechsten wichtigen Unterschied zwischen östlichem und westlichem Glauben: die Deutung des Schicksals, die Frage nach der Gerechtigkeit. Karma bedeutet ursprünglich »Tat«, »Wirken«, nicht etwa selbstverschuldetes Schicksal oder gar Strafe. Karma bedeutet: Jeder Gedanke, jedes Wort, jede Handlung haben ihre Wirkung und damit Folgen, die neue Wirkungen auslösen. Da nichts einfach vergeht, sich auflöst, verschwindet, bleiben auch die Gedanken, Worte, Handlungen mit all ihren Folgen und Auswirkungen ewig bestehen. Jeder Mensch ist, was er denkt, fühlt, empfindet, tut.

Das, was er im Laufe eines Lebens auf diese Art geworden ist, kann nicht mit dem Tod einfach vergehen. Das widerspräche den Naturgesetzen. Es besteht weiter und verwirklicht sich genau dort wieder, wo es in der letzten Inkarnation stehenblieb. Das neue Leben ist keine Bestrafung oder Belohnung für das Verhalten im früheren Leben – sondern ganz einfach dessen Ergebnis. Das heißt, der Wiedergeborene kann gar nicht irgendwo anders geboren werden und kein anderes Schicksal haben, als eben das, was er sich erarbeitet hat, und das, was ihm am besten hilft, seine Probleme zu bewältigen.

Es ist deshalb nicht einmal unbedingt richtig, von der Gerechtigkeit des Schicksals bei der Wiedergeburt zu sprechen. Dieses ist ganz einfach folgerichtig, naturgemäß.

Doch soviel ist sicher – und das ist ganz wesentlich –, Schicksal ist kein blinder, grausamer Zufall. Wenn der eine unter einem günstigen Stern zur Welt kam, der andere mit dem Desaster leben muß, dann ist das die ganz direkte Folge seines letzten Lebens.

Das Schicksal ist die Voraussetzung, um den Faden wiederaufzunehmen und weiterkommen zu können. Eine Erinnerung an das frühere Leben erübrigt sich. Selbstverständlich sind auf diesem Weg hin zum Nirwana auch Rückschläge möglich. Dann nämlich, wenn man, um im Bild der Weltentfaltung zu bleiben, die bereits zusammengefügten Atomkerne wieder mit ganzer Energieentfaltung spaltet und somit zurückfällt in einen bereits überwundenen Zustand. Da die Liebe die bindende, weiterführende Kraft ist, muß der Haß die spaltende, zurückwerfende Kraft sein.

NIRWANA – IST NICHT WENIGER ALS UNSER »HIMMEL«

Am Ende des Weges steht das Einfließen in das Nirwana. Und hier findet sich nun, im Gegensatz zur weitverbreiteten Annahme, kein Gegensatz zur westlichen Vorstellung. Wenn die Milliarden Dampfteilchen, die beim Kochen des Wassers aufgestiegen sind, in das Meer zurückfallen, verlieren sie sich nicht darin. Sie gehen nicht einfach unter im ewigen Vergessen, in der Leere, im Nichts, sondern die Leere ist die Fülle, das Nichts ist das Allumfassende, das Vergessen ist das volle Wissen. Edward Conze, ein hervorragender Kenner des Buddhismus, hat das so formuliert: »Das Nirwana ist ewig, beständig, unvergänglich, unbeweglich, weder dem Altern noch dem Tod unterworfen. Es bedeutet Macht, Segen, Seligkeit, ist ein rechter Zufluchtsort, ein Obdach und ein Platz unangreifbarer Sicherheit, die höchste Wahrheit und die höchste Wirklichkeit. Es ist das Gute, das höchste Ziel und die einzige Erfüllung unseres Lebens, ewiger, verborgener und unbegreiflicher Friede.« Das heißt: Zum Verlöschen gebracht ist im Nirwana nicht das Ego, sondern der Egoismus, nicht das Leben, sondern der Lebensdurst, nicht das Glück, sondern die Begierde. Die Kehrseite aller Dinge auf Erden fällt im Nirwana weg. Dieses Nirwana unterscheidet sich wahrhaftig nur gering vom christlichen Himmel.

GOTTES »DU« – ODER SEIN TEIL?

Damit sind wir an dem Punkt angelangt, der in der Regel als wichtigster Unterschied im Glaubensverständnis zwischen Ost und West angeführt wird: Hier die Persönlichkeit, das in sich geschlossene, von anderen deutlich abgegrenzte Geistwesen, begabt mit Willensfreiheit, dort die Weltseele, die sich in wechselnden Persönlichkeiten inkarniert, um letztlich wieder im kollektiven, anonymen Meer zu versinken. Hier die Person, das »Ich«, das im Himmel Gott gegenübertritt, von ihm geliebt und angenommen wird, dort das Eingehen und Versinken im Göttlichen, das kein »Ich« und kein »Du« mehr kennt.

An dieser Stelle muß man weit stärker als bisher differenzieren. Hinduismus und Dshainismus kennen eine unsterbliche Seele, wenn auch keine unsterbliche Persönlichkeit. Am treffendsten hat die Unterschiede wohl der indische Philosoph Sri Aurobindo (1872–1950) definiert, der so großen Einfluß auf westliche Wiedergeburtsvorstellungen ausübte. Aurobindo lehrte: »Persönlichkeit ist nur eine zeitlich bedingte, mentale, vitale, psychische Formation, die das Wesen, die wahre Person, die psychische Wesenheit an der Oberfläche herausstellt. Sie ist nicht das Selbst in seiner bleibenden Realität. Bei jeder Rückkehr zur Erde schafft die Person eine neue Formation, bildet sie ein neues persönliches Quantum, geeignet für neue Erfahrung, für ein neues Wachstum ihres Wesens. Wenn sie von ihrem Leib scheidet, behält sie dieselbe vitale, mentale Form noch eine Zeitlang, aber die Formen der Hüllen lösen sich auf. Was aufgehoben wird, das sind nur die wesenhaften Elemente des vergangenen Quantums, wovon einige in der nächsten Inkarnation gebraucht werden, andere nicht.«

Aurobindo sagte auch: »Entwicklungsmäßig schließt die eine Person die Möglichkeit mehrerer Persönlichkeiten ein. Die einzelne Inkarnationsgestalt in der jeweiligen Persönlichkeitsformation ist nur Stufe und Gelegenheit, sie wird als solche nicht wiedergeboren. Die absolute Person oder das absolute Wesen selbst durchläuft Wiedergeburten mit variierenden Persönlichkeiten als wechselnden Möglichkeiten einer reichen Gesamtentwicklung.«

Also: unsterbliche Person ja – aber keine unsterblichen Persönlichkeiten. Die charakterlichen, aus den Erbanlagen hervorgegangenen Färbungen wie Talente, Aussehen, typische Eigenarten, werden mit dem Tod des Körpers – oder kurz danach – wieder abgelegt. Ein »Ich« als Kern lebt weiter. So wie das »Ich« eines

Kindes etwas ganz anderes ist als das »Ich« des Erwachsenen und auch dieses sich wieder deutlich unterscheidet vom »Ich« des alten Menschen, so erfährt das »Ich« mit jeder Inkarnation eine Veränderung, die erheblich sein kann.

Für den Buddhismus gibt es keine unsterbliche Seele. Obwohl Buddha angeblich davon sprach, er selbst könnte sich an viele Tausend Inkarnationen erinnern, hat sich im Buddhismus der Glaube durchgesetzt, die Seele sei ebenso veränderlich wie der Leib – und damit zumindest ursprünglich auch sterblich. Unsterblich in ihr existiere nur der Lebensfunke, das geistige Lebensprinzip, das sich in jeder Inkarnation mit einem neuen »Ich« paart und ausstattet. Es gibt also kein unvergängliches »Ich«, das in jeder Inkarnation wiederkehrt und sich identisch weiß mit den früheren Inkarnationen. Es gibt nicht einmal eine einzige Person in der jeweiligen Inkarnation. Das, was von sich »Ich« sagt, sind momentane Wünsche, Neigungen, Empfindungen. In jedem Augenblick meldet sich etwas anderes in mir als »Ich«, eine zufällige Regung, die so tut, als wäre sie das Ganze.

Man könnte das vergleichen mit einem Staatswesen und dessen Regierungen. Der jeweilige Regierungschef wird auch dann, wenn er nur wenige Wochen oder Monate im Amt ist, so tun, als wäre er der Staat selbst. Aber kein einzelner Mensch, keine einzelne Generation macht das Volk aus – sondern nur alle Menschen und alle Generationen zusammen sind es.

In unserer Zeit ist C. G. Jung von der wissenschaftlichen, psychologischen Seite her zu verblüffend ähnlichen Ergebnissen gekommen. Er hat den Begriff der »Person« auf ihre ursprüngliche Bedeutung zurückgeführt – und ihr zugleich eine ganz neue Deutung gegeben. Für ihn ist die Person wieder die Maske, eine

Verkleidung, ein Versuch, sich den Mitmenschen nach außen hin ganz anders zu geben, als man wirklich ist. Und weil es selbst in einem einzigen kurzen Leben viele Formen und Versuche der Verstellung, der Zurschaustellung gibt, müßten wir alle seiner Meinung nach im Unbewußten viele »Teilpersönlichkeiten« in uns tragen.

Diese Persönlichkeiten aber, geschaffen gegenüber äußeren Ansprüchen und entsprungen den tiefsten, verborgensten Wünschen, gilt es zu entlarven und abzulegen, damit der eigentliche Wesenskern sichtbar werden kann. Denn diese Persönlichkeiten verhindern die Selbstfindung.

Mit jeder Wiedergeburt könnten demnach die alten »Masken« erneut das »Ich« verdecken, soweit sie nicht bereits abgelegt sind. Je nach Abstammung, Familientradition und Umfeld können aber auch neue Masken hinzukommen, die das »Ich« nach außen hin völlig verändert erscheinen lassen.

In den radikalsten Formen des Buddhismus und auch anderer fernöstlicher Heilsvorstellungen reduziert sich das »Ich« auf den »Lebensfunken«, das Lebensprinzip, das allein als unsterblicher Kern die einzelnen Inkarnationen überdauert und das vom irdischen Leben völlig unberührt bleibt, weil es heilig, göttlich ist. Dieser Lebensfunke ist nicht mehr als die Flamme, die von der alten, abgebrannten Kerze an eine neue Kerze weitergereicht wird. Die Kerze verbrennt, es bleibt nichts von ihr übrig. Die Flamme bleibt. Und es ist letztlich dieselbe Flamme bei allen Kerzen.

Das bedeutet aber: In keinem Fall, ob bei Buddhismus oder Hinduismus, ist der Wiedergeborene absolut identisch mit seiner früheren Inkarnation. Er sieht ihr nicht ähnlich, besitzt nicht dieselbe Mischung der Charakteranlagen, der geistigen, musischen, künstlerischen Begabungen, nicht dieselbe psychische Verfassung. Wohl aber könnte es nach Meinung der Hindus sein, daß er ebenso typisch geizig ist, wie er es schon das letztemal war, oder ebenso unverwechselbar überheblich oder genauso depressiv – weil er diesmal zwar auf viele seiner früheren Eigenschaften verzichten kann, soweit er sie verkraftet hat, sich aber mit seiner typischen »Schwäche« weiterbeschäftigen muß, bis auch sie bewältigt ist.

Das hat Sri Aurobindo gemeint, wenn er von den »wesentlichen Elementen des vergangenen Quantums« sprach, die noch gebraucht und deshalb in die nächste Inkarnation mitgenommen werden. Das ist nun für den westlichen Menschen wiederum schwer verstehbar: Mit dem unsterblichen »Ich« kann also etwas von mir meinen leiblichen Tod überleben, etwas, das gar nicht unbedingt zu mir gehört und das deshalb auch nicht unsterblich ist. Es überdauert den Tod nicht für immer, und es ist keineswegs gesagt, ob es diese »Eigenart« nach dem nächsten Tod noch geben wird. Diese Eigenart existiert nur so lange, bis sie überflüssig, also regelrecht aus der Welt geschafft wurde. Man könnte beinahe sagen: Wenn ein Mensch sich an ein früheres Leben erinnert, dann eben deshalb, weil er aus jener Inkarnation zuviel mitgebracht hat, das nicht bewältigt wurde, wodurch sich beide Inkarnationen sehr deutlich miteinander verbinden. Hat dagegen eine Seele im letzten Leben einen großen Schritt nach vorne getan und stellen sich deshalb in diesem Leben ganz andere, neuartige Probleme, dann ist er eben ein anderer. Und einer, der auch keine Erinnerung an eine frühere Existenz braucht.

Es ist schon so, wie anfangs dieses Kapitels angedeutet: Je weiter man versucht, in die fernöstliche Gedankenwelt einzudringen, um so weiter, vielgestaltiger, imponierender, fesselnder breitet sie sich vor uns aus. Das Glaubensbekenntnis der christlichen Kirchen läßt sich in wenigen Sätzen zusammenfassen: Es gibt einen Gott. Er besitzt drei Personen, den Vater als Schöpfer der Welt, den Sohn als Erlöser und den Geist als Lebenskraft. Der Sohn ist Mensch geworden, um die Menschheit zu erlösen. Damit wartet auf jeden Menschen, der rechtschaffen war, nach diesem Dasein ein ewiges, glückseliges Leben im Himmel – in der Wiedervereinigung von Seele und auferstandenem Leib.

Alles, was sonst dazu noch gesagt werden kann, ist nicht mehr als reine Ausschmückung.

Versuchte man Buddhismus oder Hinduismus ähnlich zusammenzufassen, müßte man bald die Uferlosigkeit der Aussagemöglichkeiten erkennen. Es wären viele dicke Bücher zu schreiben mit tausend Wenn und Aber: Es gibt einen Gott, doch das ist kein Gott, wie sich Menschen einen allmächtigen, allwissenden Übermenschen vorstellen... Es gibt eine Seele, doch sie ist kein Gebilde, das man fassen und begreifen könnte...

Oder man würde wie Buddha in der Einsicht verstummen: Keine Erkenntnis ist endgültig wahr! Denn die tiefsten Geheimnisse übersteigen unser Fassungsvermögen. Deshalb können wir uns zwar versuchsweise das Leben nach dem Leben und den Himmel »vorstellen«, müssen uns aber davor hüten, diese Vorstellungen als unumstößliche Tatsache auszuweisen. Denn es sind immer nur Bruchstücke.

Wenn im Buddhismus beispielsweise davon die Rede ist, daß es keine unsterbliche Seele gibt – dann will dies keineswegs aussagen, die Unsterblichkeit beschränke sich auf den Lebensfunken, der von Kerze zu Kerze weitergereichten Flamme. Nein. Ab einer bestimmten Erleuchtungsstufe, so glauben Buddhisten, erlangt die ursprünglich sterbliche Seele die Unsterblichkeit. Wer blaß lebt, wird rasch wieder verblassen. Wer seine Flamme hell zum Strahlen bringt, wird selbst zum »ewigen« Licht. Man könnte solche Gedanken endlos weiterspinnen – die ganze Fülle der möglichen Vorstellungen wäre nicht erschöpft. Die »ewige Religion«, die keinen Anfang und kein Ende kennt, ist auch nicht in festumrissenen Formulierungen greifbar. Sie läßt sich nicht eingrenzen.

Halten wir dennoch fest, daß das traditionelle Denken des Ostens, seit Jahrtausenden selbstverständlich, das moderne Denken, beispielsweise die Theorien eines C. G. Jung, auf geradezu wunderbare Weise vorwegnimmt.

EWIGKEIT – VON JETZT AN ODER SCHON SEIT IMMER?

Damit sind wir beim achten wesentlichen Unterschied zwischen westlichem und östlichem Denken: Für Juden, Mohammedaner und Christen beginnt das Leben – nicht nur des Körpers, sondern auch der Seele – im Augenblick der Zeugung. Immer dann, wenn menschliches Leben entsteht, läßt Gott in einem neuen Schöpfungsakt eine unsterbliche Seele entstehen – unsterblich insofern, als sie zwar erst in diesem Moment begonnen, aber nicht mehr enden wird.

Im östlichen Verständnis dagegen erstreckt sich die Unsterblichkeit der Seele beziehungsweise des Lebensprinzips auch nach rückwärts in die Unendlichkeit: Es hat sie immer schon gegeben. »Nie war die Zeit, da ich nicht war, und du und diese Fürsten all. Noch werden jemals wir nicht sein, wir alle in zukünftiger Zeit. Denn wie der Mensch in diesem Leib Kindheit, Jugend und Alter hat, so kommt er auch zu neuem Leib – der Weise wird da nicht verwirrt«, so singt der indische Dichter im Bhagawadgita-Epos, das um 200 vor Christus entstanden ist. Im westlichen Denken also die unbegrenzte Zahl an Seelen, die sich mit jedem Menschen erhöht, dort eine zwar unermeßliche, letztlich aber seit Anbeginn begrenzte Seelenzahl. In jedem Menschen lebt eine »alte« Seele in neuer Inkarnation.

Zu ganz ähnlichen Ergebnissen kam C. G. Jung. Das bewußt erfahrene »Ich«, so sagte er, »ist ja nicht meine komplette Seele, meine ganze Persönlichkeit, sondern nur ein Teil davon. Mein ›Ich‹ ist das Zentrum des Bewußtseins. Daneben gibt es den überpersönlichen Seelenanteil, das Unbewußte. Es besitzt kein vergleichbares Zentrum wie das Bewußtsein. Es setzt sich aus eigenen Erfahrungen zusammen – und aus dem allen Menschen gemeinsamen ›kollektiven Unbewußten‹.«

Das heißt letztlich, stark vereinfacht ausgedrückt: Jeder von uns ist weit mehr, als er als »Ich« begreift. In ihm lebt die ganze Schöpfung von allem Anfang an. Das »Ich« ist einmalig, entsteht mit jeder Zeugung und Geburt neu. Die Seele dagegen reicht zurück – mindestens bis zum Zeitpunkt, da das allererste Leben zu pulsieren begann, wenn nicht gar bis zum Schöpfungstag. In östlicher Vorstellung hätte sie immer schon bestanden, schon vor dem »Urknall«. Denn in jeder Seele lebt nicht nur der Steinzeitmensch mit all seinen Ängsten, Sehnsüchten, Neigungen, sondern auch das erste primitive »Programm« der ersten lebendigen Zelle. Und wenn man bedenkt, daß sich dieses »Seelenleben« über Milliarden Jahre erstreckte, während das bewußte Menschenleben erst knapp ein paar Millionen Jahre umfaßt, dann begreift man, warum sich in unserem Leben – außerhalb des »Ichs« – so viel »Primitives« äußert. Denn dieser »Teil« meiner Seele unterwirft sich ja nicht ohne weiteres meinem Willen und wohlüberlegtem Handeln. Er äußert sich autonom. C. G. Jung hat das so formuliert: »Die Autonomie des Unbewußten fängt dort an, wo Emotionen entstehen. Emotionen sind instinktive, unwillkürliche Reaktionen, welche die rationale Ordnung des Bewußtseins durch elementare Ausbrüche töten. Affekte werden nicht durch den Willen ›gemacht‹, sondern sie geschehen. Im Affekt erscheint ein selbst dem unmittelbar Beteiligten fremder Charakterzug.«

Der »Teil« meiner Seele aber, der sich außerhalb meines bewußten »Ich« befindet, ist keine persönliche Eigenheit mehr, sondern etwas Kollektives, etwas, das nicht nur alle Menschen, sondern alle Lebewesen gemeinsam besitzen.

In solchen Thesen beginnen sich die großen Unterschiede zwischen östlichem und westlichem Denken aufzuheben.

Auch christliche Kirchen kommen nicht mehr umhin, den Seelenbegriff neu zu fassen. Halten sie daran fest, daß die unsterbliche Seele bei der Zeugung oder auch unmittelbar danach neu geschaffen wird, dann muß das, was neu und einmalig ist und in diesem Augenblick erst beginnt, getrennt werden von allen seelischen Anlagen, die durch Vererbung gegeben sind. Damit aber würde sich die unsterbliche Seele – ähnlich wie im Osten – auf einen Kern der Seele oder auch gar auf das reine Lebensprinzip reduzieren.

Und auch die Frage nach der Person findet in dieser »alten« modernen Theorie für beide Seiten eine befriedigende Antwort: Es gibt in jedem Menschen das Einmalige, Unverwechselbare, die Person. Doch diese Person wächst aus dem »kollektiven Unbewußten«, dem unermeßlichen Meer, in dem alle Personen zusammenfließen.

DER WIDERSPRUCH DER WIRKLICHKEIT

Die Wirklichkeit, so wie wir sie vor allem in Indien, Hinterindien und China antreffen, scheint dem allen deutlich zu widersprechen. In der Regel sehen wir im Buddhisten, im Hinduisten, in den Leuten, die sich um Dalai-Lama gruppieren, Menschen, die sich ganz bewußt und sehr entschieden von der Welt abwenden, die es für überflüssig erachten, auf dieser Welt etwas aufzubauen und etwas zu erreichen, sich statt dessen von anderen absondern, nur ihren geistigen Übungen leben und darauf warten, daß sie diese Inkarnation endlich hinter sich haben, um in eine bessere einzutreten oder gar das Rad der Wiedergeburt, das Samsara, anhalten zu können. Wir lächeln mitleidig oder auch amüsiert über Menschen, die den Weg, den sie gehen müssen, sorgsam kehren, um ja keinen Käfer oder Wurm zu zertreten, die Tiere für heilig erklären und lieber verhungern, als sie zu schlachten – letztlich, weil die »Seelen«, die in ihnen leben, daran gehindert würden, ihr »Karma« zu erfüllen. Denn beendete man willkürlich ihr Leben, müßten sie erneut von vorne beginnen.

Schließlich – und dies scheint ein gewichtiges Argument gegen die östliche Wiedergeburtsidee: Die Völker, die sie seit Jahrtausenden hegen und deren Leben von ihr geprägt ist, sind nicht gerade jene, die man ihres Glückes und Wohlstandes wegen beneiden würde.

Kaum irgendwo sonst gibt es so viel Elend, solches Leid, so ungerechte Gesellschaftsordnungen wie in Indien. Man denke nur an die Kasten, gegen die schon Buddha kämpfte – ohne großen Erfolg, wie man weiß. Die Kasten existieren nach wie vor, zwingen Menschen in Klassen, aus denen es kein Entrinnen gibt. Wer niedrig geboren wurde – weil er angeblich noch keinen höheren Stand der Entwicklung erreicht hat –, dem nützen alle Anstrengungen nichts: In diesem Leben muß er sein Los tragen und zusehen, wie es anderen soviel besser geht.

Sosehr man die großen Weisen Indiens und Chinas bewundern mag: Sind sie nicht Einzelgänger geblieben, die großen unverstandenen Ausnahmen, die sich gar nicht so sehr um die Massen gekümmert haben? Denen kaum etwas daran gelegen war, andere aus ihrem Elend zu befreien?

So verzückt man vor den Leistungen dieser uralten Völker in früheren Zeiten stehen mag: Ist das, was aus ihnen geworden ist, nicht eher traurig, ja vielfach menschenunwürdig? Sind die Zeiten und Entwicklungen nicht über sie hinweggerollt, ohne daß sie noch einen wesentlichen Beitrag zur Gestaltung dieser Erde leisten konnten?

Ganz hart gefragt: Führt der Glaube an die Wiedergeburt östlicher Prägung nicht geradezu automatisch zur Weltverachtung? Zur Abwendung von irdischen Zielen? Zur großen Passivität, die nur noch erduldet, aber nicht aktiv wirkt? Zur Isolierung des einzelnen, der sich wie ein Drogensüchtiger in sein eigenes kleines Glück zurückzieht und vergißt, was um ihn herum geschieht? Ist dieser Glaube in seinen Auswirkungen letztlich nicht asozial?

Und: Muß dieser Glaube in seiner kalten Gesetzmäßigkeit, seiner unerbittlichen Abfolge von Ursache und Wirkung, nicht ausweglos niederdrücken, weil ihm Liebe, Versöhnung, Verzeihen, Gnade fehlen?

Wer so fragen wollte, der hätte nicht nur nichts verstanden. Er wäre auch zutiefst ungerecht. Es ist die Tragik dieser Welt, daß man die großen Ideen wahrhaftig nicht an dem messen darf, was die Menschen daraus gemacht haben. Verhängnisvollerweise sind im Laufe der Geschichte ausgerechnet immer die wunderbarsten Gedanken von den eigentlichen Leistungen genau in das Gegenteil verkehrt worden.

Vor 2000 Jahren überwand Jesu den Glauben an das »Gesetz« und ersetzte es durch die Liebe: »Ein neues Gebot gebe ich euch: Liebet einander! Wie ich euch geliebt habe, so sollt auch ihr einander lieben. Daran werden alle erkennen, daß ihr meine Jünger seid: wenn ihr einander liebt.« (Johannes 13, 34) Und: »Du sollst den Herrn, deinen Gott, lieben mit ganzem Herzen, mit ganzer Seele und mit allen deinen Gedanken.« Das ist das wichtigste und erste Gebot. Ebenso wichtig ist das zweite: »Du sollst deinen Nächsten lieben wie dich selbst.« (Matthäus 22, 37)

In unseren Tagen mußte der katholische Theologe Thomas Sartory die mehr als bittere Bilanz ziehen: »Keine Religion der Welt (keine einzige der Menschheitsgeschichte) hat so viele Millionen Andersdenkender, Andersglaubender auf dem Gewissen. Das Christentum ist die mörderischste Religion, die es je gegeben hat. Damit müssen die Christen heute leben, eine solche Vergangenheit haben sie zu ›bewältigen‹. Und die eigentliche Ursache dieser Perversion christlichen Geistes ist der ›Höllenglaube‹. Wer überzeugt ist, daß Gott einen Menschen aus keinem anderen Grund, als weil er ein Heide, Jude, Ketzer ist, für alle Ewigkeit in die Hölle verdammt, der konnte gar nicht anders, als auch seinerseits alle Heiden, Juden, Ketzer für ›keinen Schuß Pulver wert‹ zu halten, für daseinsunwürdig und lebensunwert. Die fast völlige Ausrottung der nord- und südamerikanischen Völker durch die christlichen Eroberer ist – so betrachtet – ganz konsequent.« Ebenso die Hexenverbrennungen und die Religionskriege: Aus Liebe ist geradezu unvorstellbarer Haß geworden.

Ähnlich erging es den Glaubensideen des Ostens: Aus der ganz wunderbaren Zielvorstellung: Am Ende werden alle Seelen eine einzige, homogene, unterschiedslose, vollkommene Gemeinschaft eingehen, zu deren Verwirklichung jeder sein Teil beigetragen hat! – ist die Gesellschaft gegenseitiger Verachtung und der Gleichgültigkeit den Mitmenschen und der Welt gegenüber geworden. Die Wiedergeburt wird längst nicht mehr als die große Chance der Selbstverwirklichung und der immer wieder neuen Möglichkeit verstanden, an der Entfaltung des Universums mitzuwirken, sondern nur noch als trostlose, endlose Bestrafung, als Verbannung in das Fleisch, die man möglichst rasch hinter sich bringen muß. Wer wollte sich aufraffen, seine Kerkerzelle in einen Palast oder ein Forschungslabor zu verwandeln? Aus der Ermahnung, die Exzesse des Lebens zu meiden und den Egoismus zu besiegen, wurde die Verneinung des Lebens oder zumindest die Geringschätzung und die Absonderung oder gar Abtötung der eigenen Person. Aus der Möglichkeit, aus dem Glauben an das Jenseits Kraft zu schöpfen, wurde das tatenlose Warten auf das Ende des Diesseits: Die Macht wurde zur Ohnmacht, die Chance zur sinnlosen Quälerei.

Es soll damit nicht etwa der östliche Mensch verurteilt, sondern versucht werden, das allgemeine Bild aufzuzeigen, das sich von ihm uns hier im Westen präsentiert. Dies ist keine Kritik am Inder, am Chinesen oder Japaner – sondern am Menschen ganz allgemein, der offensichtlich nicht in der Lage ist, eine Idee, und wäre sie auch noch so einleuchtend und faszinierend, in das Leben einzubringen. Solche Ideen werden nicht nur sehr schnell matt und farblos, sondern der Mensch verkehrt ihre ursprüngliche Bedeutung geradezu in das Gegenteil.

DEN WEG WEISEN KANN NUR – WER IHN KENNT

Aber das kann längst nicht alles sein. Millionen, vor allem junge Menschen, haben dem Christentum heutzutage enttäuscht den Rücken gekehrt und sich fernöstlichen Glaubenslehren zugewandt. Viele von ihnen ließen in Europa oder in Amerika alles stehen und liegen, verzichteten auf Karriere, auf Existenzsicherung, auf Wohlstand und Luxus und gingen zu ihrem Guru irgendwo in Indien.

Warum? Hätten sie nicht wissen müssen, daß dieser Guru den Millionen Menschen, die in bitterster Armut in unmittelbarer Nähe des Meisters lebten, die vor seinen Augen qualvoll verhungerten, nicht im mindesten geholfen hat? Was erwarteten sie von einem »Heiligen«, der ungerührt zusehen konnte, wie Mitmenschen verzweifeln, im Elend zugrunde gehen, während er von sich behauptete, er kenne den Weg zum Heil – und sich im Rolls-Royce umherkutschieren ließ?

Schon wieder ertappen wir uns bei völlig falschem Denken – aus der Sicht des Ostens: Der Versuch, anderen zu helfen, ist zum Scheitern verurteilt und macht die Not nur größer, solange man sich selbst nicht gefunden, sich selbst nicht hat helfen können. Man kann den zweiten Schritt nicht vor dem ersten tun, würde ein Inder auf eine solche Frage antworten. Und das ist nun nicht unbedingt egoistisch, sondern muß aus dem Verständnis der Not und ihrer Ursache begriffen werden: Wenn die Armseligkeit in diesem Leben das Ergebnis eines früheren Lebens ist, dann muß sie naturgemäß mit jedem Versuch, sie zu beseitigen, für den Betroffenen nur größer werden.

Nur durch die Bewältigung oder zumindest Erduldung der gegenwärtigen Not wird es für den Gequälten möglich, ein besseres nächstes Leben zu erlangen. Die vermeintliche Hilfe könnte ihm diese Chance nehmen. Sollte jedoch sein Karma so beschaffen sein, daß seine Not in wirklicher Hilfe ein Ende erfahren darf, dann findet sich der Helfer von selbst. Ob der Zeitpunkt der Hilfe aber gekommen ist oder nicht, das kann ich nur erfahren, wenn ich zu mir selbst gefunden habe.

Das hört sich in unseren Ohren grausam, ja unmenschlich an. Zugang zum Verständnis können wir nur finden, wenn wir ein Menschenleben nicht als einmalige Chance sehen, sondern als Glied in einer Kette vieler Inkarnationen.

In dieser Fülle kann das Einzelschicksal beinahe bedeutungslos werden.

Das ist es doch, was uns an östlicher Verhaltensweise oft so sehr stört: Die unfaßbare Geduld dieser Menschen, ihre Gefaßtheit dem Unglück oder drohenden Entwicklungen gegenüber. Doch werden sie nicht verständlich, sobald der Druck des Todes und damit der Beendigung dieses Lebens wegfällt, wenn der Mensch zur Verwirklichung einer Aufgabe nicht mehr wenige Jahrzehnte, sondern plötzlich Jahrhunderte, Jahrtausende zur Verfügung hat – und zwar ohne daß dabei seine Möglichkeiten auf die diesmaligen Talente und

Möglichkeiten beschränkt blieben, vielmehr mit der Chance, beim nächsten Versuch bedeutend bessere Mittel und Voraussetzungen zu besitzen?

Das ist angesichts der turbulenten Hektik, der sich überstürzenden Ereignisse und Entwicklungen unserer modernen Welt, eine möglicherweise entscheidende, auf jeden Fall aber erschütternde Überlegung.

Nehmen wir noch einmal das Beispiel der Hilfe für Hungernde und Kranke, um an diesem Beispiel den Unterschied in der Denkweise zu illustrieren: Nach großen Anstrengungen der sogenannten Entwicklungshilfe durch drei, vier Jahrzehnte mußten wir zu der mehr als enttäuschenden Einsicht gelangen, daß wir nicht nur so gut wie nichts bewegt und gebessert, sondern die Not weithin sogar vergrößert haben. Warum? Weil die Hilfe zwar gut gemeint, letztlich aber falsch war. Wir haben Geld und Getreide und Milchpulver in Notgebiete geschickt. Entwicklungshelfer haben sich bemüht, die Leute zu unterweisen. Wir bauten in vielen Ländern Industrien auf und schufen so Arbeitsplätze. Bewundernswerte Initiativen und beispielhafter Einsatz, sollte man doch meinen.

Tatsache ist, daß man die Lebensgemeinschaften, die Lebensweisen der Betroffenen so radikal verändert hat, daß sie weithin unfähig wurden, sich in Zukunft selbst zu helfen. Aufgebaute Fabriken stehen leer oder können nicht arbeiten, weil niemand die nötigen Rohstoffe liefert oder die fertigen Waren abkauft. Die antransportierten Kühe müssen geschlachtet werden, weil es kein Futter für sie gibt. Die veränderten Anbaumethoden laugten die schon nährstoffarmen Böden vollends aus, so daß bald überhaupt nichts mehr wachsen wird...

Die Menschen, denen man helfen wollte, sind zu Bettlern geworden, für immer auf Almosen angewiesen.

Das ist es, was der indische Weise meint, wenn er dringend dazu rät, erst sich selbst und dann erst dem Nachbarn zu helfen: Gutgemeinte Spenden werden wertlos oder gar zum Unheil, solange die Weisheit des Herzens nicht mitgegeben wird.

Genau sie aber suchen jene jungen Menschen, die nach Indien fahren. Sie mußten erfahren, daß an unserer westlichen Lebenseinstellung vieles nicht stimmen kann. Übersteigerter Konsumgenuß, übertriebene Karrieresucht, die keine Atempause mehr läßt, in der man sich besinnen, zu sich selbst finden könnte – und eine rein auf materiellen Gewinn und logische Erfaßbarkeit eingestellte Welt, die nur ein einziges Lebensfazit kennt: Es hat sich nicht gelohnt. Ich habe am Leben vorbeigelebt – das alles kann nicht der Sinn des Lebens gewesen sein.

Die christlichen Kirchen haben es immer schwerer, bessere Antworten anzubieten. Auch sie sind moderner Rastlosigkeit verfallen – und sie haben vor allem einen riesigen Fehler begangen: Sie haben Zweifel aufkommen lassen an der Unsterblichkeit der Seele. Evangelische, aber auch katholische Theologen leugnen die Unsterblichkeit. Sie sagen wie Professor Gerardus von der Leeuw: »Der Glaube an eine unsterbliche Seele ist ebensowenig christlich, wie es der Glaube an einen unsterblichen Leib sein würde. Er ist griechisch... Es geht im christlichen Glauben nicht um Unsterblichkeit. Der Mensch ist nicht unsterblich, im Gegenteil: Er ist dem Tod verfallen.«

Also, gleich wie beim Hund und der Katze, ist mit dem Tod des Menschen alles zu Ende. Wir können nur darauf hoffen, daß uns Gott – seiner Verheißung entsprechend – nach dem Tod neu, anders, unsterblich in einem zweiten Schöpfungsakt »zur Welt bringen« wird.

Ein solcher Glaube besitzt kein Geheimnis, keine Seele mehr. Er ist unerträglich nüchtern, dürr, leblos. Zum Glauben gehört es doch gerade, daß er weit über das hinausgreift, was der nüchterne Verstand erklären kann.

Wen wundert es, daß Hunderttausende aus den Kirchen austreten? Soll es überraschen, wenn Millionen glaubenshungriger Menschen angesichts solcher Verwirrungen und »Anpassungsversuche« an moderne, logisch erfaßbare Wissenschaft verwirrt reagieren und Ausschau halten nach einer Heilslehre, die etwas mehr zu bieten hat?

WIEDERGEBOREN ALS TIER?

Man kann dieses Kapitel nicht abschließen, ohne noch einmal speziell auf die Frage einzugehen, was im Fernen Osten wirklich geglaubt wird. Kann man tatsächlich auch als Tier wiedergeboren werden? Widerspräche das nicht der Grundidee einer permanenten Entwicklung mit jeder neuen Inkarnation?

Viele Menschen, die sich nur so im Vorbeigehen mit dem Thema der Seelenwanderung, Metamorphose, Reinkarnation befaßt haben, sehen in der Tatsache, daß eine solche »Degradierung« überhaupt möglich sein soll, das eigentliche Ärgernis der Wiedergeburts-Theorie.

Apollonius von Tyana in Kappadokien, vielleicht der letzte große griechische Philosoph, versuchte im ersten nachchristlichen Jahrhundert vor allem die Lehren des Pythagoras für die Nachwelt zu retten. Der Arzt, Astrologe, Mystiker und Wissenschaftler führte ein so bemerkenswertes, vorbildliches Leben, daß man ihn durch Jahrhunderte wie einen Heiligen verehrte, obwohl er kein Christ war. In älteren Jahren reiste er nach Indien, um dort sein Wissen über die Seelenwanderung zu vertiefen. Wie sein großes Vorbild Pythagoras war auch er von der Wiedergeburt überzeugt.

In Alexandrien erlebte er eines Tages, wie ein Bettler mit einem zahmen Löwen an der Leine in den Tempel kam. Als das Tier zu Apollonius kam, legte es sich vor ihm nieder und leckte seine Füße. Die Leute, die das sahen, verwunderten sich und fragten den Philosophen: »Was hat das zu bedeuten? Es sieht ja aus, als würde Sie der Löwe kennen?«

Apollonius gab zur Antwort: »Dieser Löwe bittet mich, euch den Namen der menschlichen Seele zu verraten, die sich in ihm verkörpert hat. Es handelt sich um Amasis. Er war König von Ägypten.« Kaum hatte er das gesagt, da begann der Löwe laut zu seufzen. Tränen rannen aus seinen Augen.

Der Philosoph strich ihm durch die Mähne und sagte zu den Umstehenden: »Ich meine, dieser Löwe sollte nach Leontopolis gebracht werden, damit er dort im Tempel leben kann. Es schickt sich nicht, daß ein König, dessen Seele in dieses königliche Tier übergegangen ist, wie ein Bettler umherirrt.«

Niemand wagte es, Apollonius zu widersprechen, nicht einmal der Bettler, der seinen Broterwerb verlor, und auch nicht die Priester. So kam der Löwe in den Tempel.

Es scheint, als wäre in früheren Jahrhunderten die Seelenwanderung durch sämtliche Bereiche des Lebens, also auch durch das Tier- und selbst das Pflanzenreich selbstverständlicher erschienen, als dies heute der Fall ist. Und wahrscheinlich war dieser Glaube im Westen sogar ausgeprägter als im Osten.

Bei solchen Vorstellungen kommt es allein auf den Ausgangspunkt der Wiedergeburts-Vorstellung an: Endet die Kette der Wiedergeburten mit dem Eingehen in das Nirwana und wird dadurch das Samsara, das Schicksalsrad, endgültig zum Stillstand gebracht, dann kann es einen »Rückfall« nur im Ausnahmefall geben, dann etwa, wenn besonders schlimme Verfehlungen zu einem Neuanfang auf niedrigerer Stufe verdammen. So schließen viele Buddhisten und manche hinduistische Gruppen der unteren Kasten auch heute die Wiederverkörperung in einem Tier nicht völlig aus. Die meisten Menschen, die an die Wiedergeburt glauben, lehnen sie allerdings entschieden ab.

Glaubt man wie Pythagoras daran, daß nach der Vollendung der Kreislauf der Natur wieder von vorne beginnt, dann muß jede Seele notgedrungen wieder im Kristall beginnen und ihren Weg durch das Pflanzen- und Tierreich zum Menschen finden. Dann wäre also in jeder Pflanze eine ehemalige Menschenseele, in jedem Tier ebenfalls eine Seele, die vor undenklichen Zeiten schon einmal im menschlichen Körper lebte.

Interessanterweise, darauf ist später einzugehen, stoßen manche Menschen bei der Rückführung in frühere Leben unter Hypnose auch auf Existenzen als Tier. Dieses frühere tierische Leben steht dann allerdings immer vor den menschlichen Inkarnationen.

HEUTE ALS EIN MANN –
MORGEN ALS EINE FRAU?

Auch die Frage des Geschlechts hat alle, die an die Wiedergeburt glauben, zu allen Zeiten lebhaft beschäftigt – zumal es ja Zeiten gab, und sie sind noch gar nicht so lange überholt, in denen man der Frau grundsätzlich die Seele absprach.

Grundsätzlich – und das verwirrt nur den, der sich nicht mit der Reinkarnation beschäftigt hat – ist die Seele ohne Geschlecht. Sie kann also in einem Mann oder in einer Frau wiedergeboren werden. Auch darauf werden wir bei den »Rückführungen« noch exaktere Antworten finden. In der buddhistischen Tradition entspricht es einer Art »Rückstufung«, wenn die Seele in einer Frau wiedergeboren wird. Sie hat dann besonders große Fehler »abzubüßen«. Solche Vorstellungen hängen allerdings mit der Gesellschaftsordnung zusammen und dem darin vorherrschenden Bild von der Frau.

Die Rückführungen ergeben ein anderes Bild.

III. KAPITEL

Die Wiedergeburt wird erfahrbar...

Unter Hypnose zurück in frühere Leben Auskunft aus dem Jenseits

EDGAR CAYCE –
AMERIKAS »SCHLAFENDER PROPHET«

»Er war einst ein Mönch!«

Dieser knappe Satz, bestehend aus nur fünf Wörtern, wurde für den, der sie ausgesprochen hatte, zum Schock und für die Welt des 20. Jahrhunderts zur glanzvollen »Wiedergeburt« des Glaubens an die Wiedergeburt. Denn, so schien es: Endlich gab es handfeste Beweise dafür, daß Verstorbene ins Leben zurückgekehrt waren. Und derjenige, der diese Beweise lieferte, war so etwas wie eine nahezu unfehlbare Autorität. Ein Mensch, der mit seinen Fähigkeiten alle Grenzen menschlicher Möglichkeiten sprengte und der tausendfach bewiesen hatte, daß das, was er sagte, tatsächlich richtig war.

Edgar Cayce, am 18. März 1877 in Hopkinsville in Kentucky geboren, im Wachzustand nicht mehr als ein recht bescheiden begabter Farmersohn, der die Schule vorzeitig hatte verlassen müssen, der in verschiedenen Berufen gestrauchelt war, wurde im Trancezustand zum weltberühmten »schlafenden Propheten«, der im Hinterzimmer eines Heilpraktikers, später eines Arztes, erstaunliche medizinische Diagnosen stellte. Und das nicht selten über viele Hunderte, ja Tausende Kilometer hinweg, ohne die Patienten jemals gesehen zu haben.

Der kleine unauffällige Mann mit der Nickelbrille zog die Jacke aus, legte sich auf die Couch, löste die Krawatte, öffnete den Hemdkragen, die Knöpfe an den Manschetten und den Gürtel. Dann streckte er sich aus und legte die Hände auf die Stirn. Seine Frau beugte sich über ihn und gab ihm den Befehl einzuschlafen. Er schloß die Augen, faltete die Hände über der Brust und begann auch schon, ruhig und gleichmäßig zu atmen. Es sah aus, als schliefe er fest. Doch er schlief nicht. Er befand sich in einem Trancezustand. Während die junge blonde Sekretärin Gladys Davis mit Block und Bleistift bereit saß, jedes Wort mitzuschreiben, stellte Frau Cayce ihm die suggestiven Fragen: »Du wirst jetzt den Unternehmer Eduard MacDolley vor dir haben. Er befindet sich in New York, in der »Fifth Avenue« im vierten Stockwerk. Du wirst seinen Körper gründlich untersuchen, mir die gegenwärtigen Symptome und deren Ursachen mitteilen und auch Ratschläge zur Heilung der Leiden geben. Du wirst meine Fragen, die ich stellen werde, beantworten.«

Für einen Augenblick herrschte atemlose Stille. Edgar Cayce lag reglos. Die Umstehenden wagten kaum zu atmen. Dann schluckte er, versuchte zu sprechen. Es fiel ihm schwer. Es war nicht ganz leicht, ihn zu verstehen. Seine Stimme war leise. Er hatte sichtlich Mühe – vergleichbar einem Betrunkenen –, die Sprachorgane zu beherrschen. Die Zunge war schwer, die Lippen wie gelähmt:

»Ja, die Wesenheit ist da. Wir sehen sie. Sie sitzt in der Küche und liest Zeitung.« Kurze Pause. Dann die Diagnose. »Gegen seine Magenbeschwerden muß rasch etwas getan werden. Die Wesenheit hat große Geschwüre…« Und dann folgte ein exaktes Rezept, das zur Heilung der Krankheit angewendet werden sollte. Das alles dauerte nur ein paar Minuten. Edgar Cayce »erwachte«, rieb sich die Augen und fragte: »Was habe ich gesagt? Habe ich den Patienten gefunden? War er zu Hause?« Er hatte von dem, was während der Selbsthypnose stattgefunden hatte, nicht die geringste Ahnung. Und er redete jetzt wieder ganz normal. Nicht mehr das feierliche »Wir«, nicht mehr die poetische Sprache, gespickt mit Fachausdrücken. In der Regel verstand der wache Cayce nicht, was der »schlafende Prophet« gesagt hatte. Er hatte nicht die geringste Ahnung, was die medizinischen Fachbegriffe bedeuteten. Und wenn man ihm vorlas, daß er ganze Sätze auf französisch, griechisch, lateinisch gesprochen hatte, dann hob er wiederum nur verlegen die Schultern. Was meinte er mit »Wesenheit«? Warum benützte er diese Formulierung? Wer sprach überhaupt, wenn er sich in Trance befand: Er selbst? Oder andere? Was bedeutete »Wir«? Edgar Cayce wußte es nicht. Und dies bereitete ihm großes Unbehagen. Wenn er nicht gewußt hätte, daß er schon so oft angeblich hoffnungslosen Fällen hatte helfen können, hätte er sich nie mehr auf dieses unheimliche Tun eingelassen. Mehrmals hatte er auch damit aufgehört. Doch dann kam wieder der Brief verzweifelter Eltern – und er war doch wieder bereit.

Namhafte Wissenschaftler kamen zu ihm, Kapazitäten großer Universitäten, entschlossen, ihn als Scharlatan oder Betrüger zu entlarven. Am Ende aber ermunterten sie ihn weiterzumachen.

»Und wenn es doch Teufelswerk ist, was ich tue«, fragte er sich verstört, »etwas Frevelhaftes?« Doch man besänftigte ihn: »Bisher hast du immer nur Gutes getan, den Ärmsten der Armen geholfen. Da kann doch der Teufel nicht die Hand im Spiel haben.« Das überzeugte das schlichte, fromme Gemüt Cayces.

Seine Frömmigkeit, sein fester Glaube an das, was man ihm im Elternhaus und in der Schule über die christliche Lehre beigebracht hatte, war sein eigentliches Problem, das immer neue Skrupel weckte. Edgar Cayce las jedes Jahr einmal die Bibel von vorne bis hinten durch. Das war praktisch seine einzige Lektüre. Sein Glaube bedeutete ihm mehr als alles andere im

Leben. Seine Hilfe für kranke Menschen nahm er so ernst, daß er sich lange weigerte, dafür ein Entgelt anzunehmen. Wäre er selbst und seine Familie nicht in Not geraten, er hätte wohl sein ganzes Leben lang alle Honorare zurückgewiesen. Doch auch so ist er nicht reich geworden, im Gegensatz zu manchem seiner »Kunden«. Es war ihm peinlich, daß ihm Presse und Rundfunkleute das Haus einrannten und in großaufgemachten Berichten seine erstaunlichen Leistungen der breiten Öffentlichkeit verkündeten. Alle Angebote, öffentlich gegen hohe Summen aufzutreten, lehnte er entrüstet ab. In seiner Begabung sah er ein Gottesgeschenk, das er ohne persönlichen Profit weiterzugeben hatte.

Und dann kam jener Tag im Oktober 1923, an dem er den bedeutungsschweren Satz aussprach: »Er war einst Mönch!« Er, das bezog sich auf den wohlhabenden Buchdrucker Arthur Lammers, der ihn nach Dayton, Ohio, eingeladen hatte, um herauszufinden, ob sich das Wissen des »schlafenden Propheten« auf medizinische Fragen beschränkte, oder ob es nicht darüber hinaus möglich war, von ihm Antworten auf die eigentliche Existenzfrage zu bekommen: Was kommt nach dem Tod? Edgar Cayce hatte nach einigem Zögern eingewilligt, die Einladung anzunehmen und nach Dayton zu fahren. Der Buchdrucker wollte zunächst etwas über den Wert der Astrologie erfahren. Deshalb wurde dem »schlafenden Propheten« suggeriert, er möchte nicht in den Organismus Lammers sehen, sondern statt dessen etwas über dessen Horoskop sagen.

Cayce bestätigte zunächst, die Astrologie enthielte einen bedeutenden Wahrheitsgehalt. Am Ende seines »readings«, so nannte Edgar Cayce seine »Kundgebungen«, fügte er völlig unvermittelt und ohne jeden Zusammenhang eben den Satz hinzu: »Er war einst Mönch!«

Der Buchdrucker Arthur Lammers geriet außer sich vor Aufregung: War das nicht die Bestätigung der Wiedergeburt? Edgar Cayce selbst war, als er von seiner Aussage hörte, entsetzt. Am liebsten hätte er die Experimente mit dem Buchdrucker sofort abgebrochen. Denn Reinkarnation, das bedeutete für ihn Abkehr vom Glauben. Das war Ketzerei. Nirgendwo in der Bibel hatte er auch nur den geringsten Hinweis auf die Wiedergeburt gefunden. Im Gegenteil: Christus versprach jedem Menschen die Erlösung. Auf das Leben folgten Himmel oder Hölle, aber keine neue Geburt.

Lammers gelang es, Cayce davon zu überzeugen, daß es zwischen Christentum und Wiedergeburt keinen Widerspruch gibt. Er nannte ihm hohe Würdenträger der amerikanischen katholischen Kirche, die dem Gedanken an die Wiedergeburt keineswegs völlig ablehnend gegenüberstanden.

Überzeugt wurde Cayce schließlich durch weitere Hinweise in seinen »readings«, die für ihn einem Beweis gleichkamen: Einem Patienten beispielsweise sagte er, er habe schon einmal gelebt, und zwar als Barnett Seay in Henrico County in Virginia. Er sei als Soldat auf seiten der Südstaaten im Bürgerkrieg gefallen. Das alles könne nachgeprüft werden. Tatsächlich fand der Betreffende bei seinen Nachforschungen Dokumente dafür, daß ein Barnett A. Seay mit 21 Jahren als Fahnenträger in die Armee des Generals Lee aufgenommen wurde.

Außerdem hieß es in den »readings« nun häufig auch, wenn nach der Ursache einer Erkrankung gefragt wurde: »Es handelt sich um Schuld aus dem früheren Leben. Die Wesenheit wird nur gesund, wenn sie sich

Mühe gibt, das wiedergutzumachen, worin sie in ihrem letzten Leben gefehlt hat. Sie war hartherzig, egoistisch und herrschsüchtig ihrem Mann gegenüber. Nun ist es ihr Schicksal, doppelt und dreifach zu geben. Wenn sie das tut, wird sie gesund.«

Über seine eigenen Vorleben erfuhr Edgar Cayce, daß er vor Jahrtausenden ein mit großen okkulten Fähigkeiten begabter ägyptischer Priester gewesen war. Er wurde wiedergeboren als Arzt in Persien. Diese Inkarnation endete mit dem Hungertod in der Wüste nach kriegerischen Auseinandersetzungen.

Der Sinn seines jetzigen Lebens sei, so wurde ihm mitgeteilt – vielleicht richtiger gesagt, so teilte er sich selbst mit –, eine Chance, der Menschheit selbstlos zu dienen und damit den Hochmut, die materialistische Einstellung und krasse Sinnlichkeit seiner Vergangenheit wiedergutzumachen und zu überwinden.

Edgar Cayce saß eines Tages in Virginia Beach beim Friseur, unauffällig, bescheiden im Hintergrund, wie das für ihn so typisch war. Da kletterte ein kleiner Junge auf seinen Schoß und umarmte ihn. Der Vater des Jungen, dem gerade die Haare geschnitten wurden, rief das Kind zurück: »Belästige den Herrn nicht. Du kennst ihn doch gar nicht!«

Der Junge schlang die Arme um Cayces Hals und gab zur Antwort: »Doch, natürlich kenne ich ihn. Wir waren am Fluß miteinander hungrig.«

In einem »reading« bekam der »schlafende Prophet« für diese Begegnung die Bestätigung:

»Wir möchten wissen, ob Edgar Cayce, der hier vor uns liegt, schon einmal gelebt hat. Kannst du uns etwas darüber sagen?« So hatte man ihn gefragt. Er antwortete: »Wir sind auf einem Floß. Es besteht nur aus ein paar zusammengebundenen Baumstämmen. Es ist fürchterlich heiß. Der Ohio treibt uns langsam stromabwärts. Wir sind noch zehn. Die anderen sind schon alle umgekommen. Wir sind Siedler. Seit Tagen haben wir nichts gegessen. Aber wir können nicht an Land gehen... Indianer. Sie verfolgen uns. Manchmal sehen wir sie... Jetzt kommen sie mit Kanus. Das ist das Ende. Sie werfen Speere... ich bin getroffen... Es ist gut. Ich bin befreit. Die Indianer haben uns geholfen. Ohne sie wären wir verhungert...«

War der Junge beim Friseur einer der Siedler gewesen, der sich zusammen mit Edgar Cacye auf dem Floß befand? Konnte sich auch das Kind irgendwie dunkel an dieses Vorleben erinnern?

20 000 JAHRE ZURÜCK – NACH ATLANTIS

Von den über 10 000 »readings«, die Edgar Cayce bis zu seinem Tod am 3. Januar 1945 gegeben hat, enthielten 2500 »Lebensbotschaften« mit Hinweisen auf Reinkarnationen. Nicht nur, daß der »schlafende Prophet« dabei über frühere Leben in der Römerzeit und noch weiter zurück im Ägypten der Pharaonen berichtete, er erwähnte ungewöhnlich häufig auch Vorleben in fast undenklich grauen Vorzeiten, die uns nur noch aus Legenden bekannt sind. Es handelte sich dabei um Leben, die noch vor der Sintflut Wirklichkeit gewesen sein sollten, und zwar in Atlantis.

Im November 1923 nannte Cayce zum ersten Mal Namen, die auf den sagenhaften, angeblich auseinandergebrochenen und dann versunkenen Kontinent hinwiesen: »Früher lebte die Wesenheit in dem schönen Land Alta oder eigentlich Poseidia. Dann war die Wesenheit in jener Macht, welche die höchste Kultur hervorbrachte und das höchste Wissen besaß, das je auf der Erde bekannt war. Das, so stellen wir fest, war zehntausend Jahre vor der Ankunft des Friedensfürsten (Christus).«

Cayce hatte niemals zuvor von versunkenen Kontinenten oder gar von Atlantis gehört. Deshalb wiederum seine verstörte Frage nach dem Erwachen aus der Trance: »Woher das wohl kommt? Ob da etwas dran ist?«

Im Verlauf von zwanzig Jahren fügte sich aus seinen Aussagen in den »readings« folgendes Bild über Atlantis zusammen: Der Kontinent Atlantis lag zwischen Europa und Amerika und hat ursprünglich nahezu den ganzen Nordatlantik bedeckt. Die Bewohner von Atlantis hatten bereits 15 000 Jahre vor Christus einen technischen Fortschritt erreicht, der unserem heutigen vergleichbar war: Sie besaßen Flugmaschinen, motorisierte Fahrzeuge, die knapp über dem Boden dahinschwebten, und Unterwasserschiffe. Mit Hilfe einer Art Laserstrahl, technisch mit Rubinkristallen erzeugt, hatten sie sich die Sonnenenergie nutzbar gemacht. Doch damit waren sie so bedenkenlos umgegangen, daß die Katastrophe nicht ausbleiben konnte: Die Natur ging zugrunde, es folgten Hunger- und Naturkatastrophen, die den Kontinent in Inseln aufspalteten. Die drei größten von ihnen hießen Poseidia, Aryan und Og. Dieser erste Untergang von Atlantis ist um 15 600 vor Christus erfolgt. 5000 Jahre später sind dann auch diese Inseln versunken, bis auf kleine Reste, die heutigen Bahamas.

Diese letzte Katastrophe hat die große Sintflut ausgelöst. Einige Bewohner von Atlantis hatten dem Untergang entkommen können. Sie ließen sich in Ägypten nieder und wurden die Stammväter der Pharaonen, die Erbauer der Pyramiden, in denen heute noch unentdeckt die Geheimnisse ihres Wissens ruhen. Auch in den Pryrenäen siedelten sie sich an. Ihre Nachkommen sind die Basken. Und sie wanderten aus nach Mittelamerika und gründeten dort die Kulturen der Maya und Inka.

In unseren Tagen soll Atlantis wieder aus dem Meer auftauchen, zuerst bei der Insel Bimini vor Miami in Florida. Auch diese Insel soll ein ursprünglicher Berggipfel von Atlantis sein. Bei dieser Insel soll ein Tempel mit einer großen Kuppel auftauchen... Sicher ist: mit der Zeitangabe, das werde 1968/1969 geschehen, hat sich der »schlafende Prophet« geirrt.

Mit anderen Angaben auch?

BUMERANG-KARMA, ORGANISMUS-KARMA, SYMBOLISCHES KARMA

Die amerikanische Journalistin Gina Cerminara hat das hinterlassene Material von Edgar Cayce studiert und im Hinblick auf die Aussagen über die Wiedergeburt ein Schema der Lebensgesetze aufgestellt.

Danach gibt es ihrer Meinung nach drei Karma-Formen: Das erste und direkteste Karma ist das Bumerang-Karma. Ein blindgeborener Universitätsprofessor erfuhr von Edgar Cayce, daß er als Mitglied eines barbarischen Stammes in Persien sich dabei hervorgetan hatte, die gefangenen Feinde mit rotglühendem Eisen zu blenden. Das, was er anderen angetan hatte, traf ihn nun selbst. Eine Maniküre, die im zweiten Lebensjahr an Kinderlähmung erkrankt war und an beiden Beinen gelähmt blieb, hatte in einem früheren Leben ihren Mitmenschen mit magischem Zauber vor allem dadurch geschadet, daß sie deren Beine lähmte.

Eine Frau wurde von Allergien geplagt, weil sie

einstmals als Chemiker Leute systematisch vergiftet hatte.

Die zweite Karma-Form ist das Organismus-Karma. Ein Mann leidet unter Magengeschwüren, weil er 400 Jahre zuvor sehr gefräßig war. Eine Frau hat heute eine kranke Leber, weil sie in einem früheren Leben drogensüchtig war. Also: Das Organ, mit dem man »gesündigt« hat, das wissentlich geschädigt wurde, ist heute krank.

Die dritte, wichtigste Karma-Form ist das symbolische Karma. Ein Mann leidet an Blutarmut, weil er früher das Blut vieler Menschen vergossen hat. Ein kleiner Junge ist Bettnässer, weil er als Hexenverfolger unschuldige Frauen unter Wasser tauchte und ertränkte.

Also: Das psychosomatische Gesetz, wenn die Seele leidet, wird der Körper entsprechend krank, gilt als Ursachenprinzip für heutige Leiden: Wer anderen Angst und Schrecken bereitet hat, dem wird heute tatsächlich die Kehle zugeschnürt; er leidet unter Asthma. Wer früher den Menschen mit Lügen und Täuschungen Schaden zufügte, dem bleibt heute das Wort im Halse stecken: Er stottert.

Ob die Erklärungen wirklich so einfach sind? Diese Deutungen jedenfalls hinterlassen einen sehr faden, unbefriedigenden Eindruck. Wir werden uns später noch eingehend mit solchen allzu glatten Lösungen befassen.

WIEDERGEBURT – IN DER ZUKUNFT

Zurück zu Edgar Cayce. In Trance erzählte er nicht nur die erstaunlichsten Dinge aus längst vergangenen und vergessenen Zeiten. Er konnte anscheinend die Zeit auch in der anderen Richtung durchbrechen, also in die Zukunft blicken.

Und wieder stieß er – auf die Wiedergeburt: Er sah seine Patienten und Kunden in zukünftigen Leben.

Das war für seine Zeit derart sensationell, daß sich – wie hätte es anders sein können – die Geschäftsleute auf das Phänomen Cayce stürzten, um von ihm die Entwicklung der Börsenkurse zu erfahren, um zu hören, wie und wo sie ihr Geld am gewinnbringendsten anlegen sollten. Edgar Cayce, der selten einen Wunsch versagte und den vor allem große Namen derart einschüchterten, daß er nahezu jedem Verlangen nachkam, hat nachgewiesenermaßen manchem US-Unternehmen zu Wohlstand und Reichtum verholfen. So rettete er auch manchen über den Börsenkrach von 1929 hinweg. Die Bitten, die man an den »schlafenden Propheten« herantrug, wurden zunehmend dreister und abwegiger. Die Leute kamen schließlich zu ihm und wollten wissen, wann und wo sie wiedergeboren würden und wie sie ihr Geld verstecken könnten, damit sie es wiederfänden.

Sie wollten von ihm erfahren, was dereinst aus ihrem Kind würde.

Und sie wollten selbstverständlich auch über das Schicksal der Völker und der Erde insgesamt etwas in Erfahrung bringen.

Edgar Cayce gab mit beispielloser Geduld Antwort auf alle diese Fragen. Er sagte eine große Erdbebenkatastrophe für Kalifornien voraus. Seinen Angaben zufolge müßte sie noch vor 1990 stattfinden. So ganz nebenbei erzählte er von der totalen Zerstörung New Yorks kurz danach, und auch davon, daß die Landkarten neu gezeichnet werden müßten, weil neue Kontinente auftauchen, alte teilweise überflutet würden.

»ICH BIN WIEDER DA – IM JAHRE 2100«

In den 40er Jahren wollten Freunde von Cayce wissen, wann und wo er selbst wiedergeboren würde. Da er sich normalerweise weigerte, auf diese Weise »die Neugierde zu befriedigen«, sagten sie ihm nichts von diesem Vorhaben, sondern fragten ihn erst, nachdem er sich in Trance befand, sich also nicht mehr gegen die Frage zur Wehr setzen konnte: »Wann wird Edgar Cayce wiedergeboren? Und wo? Wenn es möglich ist, würden wir gerne erfahren, ob er sich daran erinnern kann, Edgar Cayce gewesen zu sein, und ob sich eine solche Erinnerung beweisen läßt.« Der Versuch ging völlig daneben. Edgar murmelte kaum verstehbar einige belanglose Dinge und verstummte schließlich ganz. Er weigerte sich selbst in Trance, Auskunft zu geben. Beschämt schlichen die Freunde davon.

Doch kurze Zeit später kam die Antwort dann doch noch. Edgar Cayce war mit dem Zug unterwegs. Er fühlte sich elend, enttäuscht, verlassen. In dieser traurigen Stimmung lehnte er sich zurück und schlief ein.

Schlief er wirklich – oder befand er sich in Trance?

Stockend, aber doch verständlich begann er zu sprechen: »Ich bin wieder da. Ich bin geboren worden im Jahre 2100. In Nebraska. Seltsam, die Stadt, in der ich jetzt lebe, liegt an der Küste. Norfolk ist eine riesige Hafenstadt. Dort, wo früher der Westen der Vereinigten Staaten war, ist nur noch Meer. Alles ist im Meer versunken. Schon mit zwei Jahren weiß ich, daß ich Edgar Cayce gewesen bin und vor 200 Jahren gelebt habe. Ich erzählte das meinen Eltern. Jetzt kommen gelehrte Männer. Sie haben lange Bärte, Glatzen, dicke Brillen und stellen mir viele Fragen. Sie nehmen mich mit. Ich soll ihnen zeigen, wo ich als Edgar Cayce gelebt habe. Wir fliegen. Aber nicht in einem Flugzeug, sondern in einer Art Zeppelin aus Metall. Aber sehr schnell. Wir kommen über Hopkinsville und nach Virginia Beach. Und dann zu einer riesengroßen Stadt. Die Häuser bestehen fast nur aus Glas. Ich frage, wie die Stadt heißt. Und sie sagen: ›Das ist das neue New York. Die alte Stadt ist zerstört worden und wurde wieder aufgebaut.‹ Dann fliegen wir zurück nach Nebraska. Die haben eine ganze Menge über Edgar Cayce gefunden. Jetzt wollen sie es studieren...«

Solche Aussagen verbreiteten sich selbstverständlich wie ein Lauffeuer nicht nur über die Vereinigten Staaten, sondern über die ganze Welt. Nicht nur Edgar-Cayce-Anhänger sehen mit Bangen der Jahrtausendwende entgegen, vor der sich laut seiner Aussage noch so viel Schreckliches ereignen soll: z. B. soll Japan untergehen. Die meisten Inseln sollen einfach im Meer verschwinden. Große Teile Nordeuropas werden überflutet sein. Die Nordsee soll sich bis zu den Mittelgebirgen (Paderborn-Goslar) erstrecken. Hamburg, Bremen, Hannover werden tief unter dem Meeresspiegel liegen. Polverschiebungen ergeben eine entsprechende Veränderung des Klimas, d. h. im Mittelmeerraum wird Polarkälte herrschen, am Nordpol warmer Frühling...

Seltsamerweise hat das alles aber durch den Propheten selbst deutlich an Schrecken verloren: Wenn er selbst nach der Katastrophe wiedergeboren wird, werden auch wir zurückkehren und wieder leben. Es geht also weiter. Mag das alles, was da kommen soll, noch so schlimm sein: Offensichtlich gibt es ein Danach. So ist der Glaube an die Wiedergeburt durch den »schlafenden Propheten« für viele zur großen Hoffnung in schwieriger Zeit geworden.

DER VERSPONNENE AMERIKANER
UND DAS IRISCHE MÄDCHEN

Edgar Cayce, Amerikas »schlafender Prophet«, hat das Interesse an Fragen der Wiedergeburt geweckt. Wenn es möglich gewesen wäre, hätte sich im letzten Weltkrieg ein Großteil der US-Bevölkerung an ihn gewandt, um etwas über die eigentlichen Hintergründe des persönlichen Schicksals zu erfahren, um zu ergründen, welcher Sinn wirklich hinter dem meistens so undurchsichtigen Lebensgang steckt: Warum müssen so viele junge hoffnungsfrohe Menschen durch sinnloses kriegerisches Morden ihr Leben lassen? Wer ist dafür verantwortlich, daß eine Mutter, die in ihrem Leben nichts anderes gekannt hat als Verzicht und Fürsorge, Mann und Sohn und obendrein die Existenzgrundlage verliert? Wie kann ein gütiger Gott so viele Grausamkeiten zulassen?

Ohne Zweifel blieben die Worte des Trostes, die die christliche Kirche auf so bittere Fragen anzubieten hatte, weitgehend unbefriedigend. Dagegen schien die Wiedergeburt, das, was Edgar Cayce seinen Patienten und Kunden zu sagen hatte, eher einen Sinn zu ergeben. Doch er allein war den vielen Anfragen nicht mehr gewachsen. Obwohl er zuletzt täglich bis zu acht »readings« gab, sich also achtmal in Trance versetzte und sich dabei völlig und vorzeitig erschöpfte, konnte er nur einen Bruchteil der an ihn gerichteten Bitten erfüllen.

Andere Begabungen ähnlicher Art gab es aber nicht.

Die Welt stand noch unter dem Schock des verheerenden Krieges, als sich im Jahre 1952, sieben Jahre nach Edgar Cayces Tod, eine ganz neue Möglichkeit der Rückschau auf frühere Leben ergab: Die Rückführung in Hypnose – *age regression*, wie die Amerikaner es nennen.

Dieses Kapitel beginnt mit der Tonbandnotiz: »Heute ist Samstag, der 29. November 1952. Es ist 22.35 Uhr. Ein klarer, sehr kalter Abend. Anwesend sind Mr. und Mrs. Rex Simmons (Pseudonym für Rex und Virginia Tighe) und Mr. und Mrs. Morey Bernstein. Hypnotiseur ist Morey Bernstein, Medium Mrs. Ruth Simmons, neunundzwanzig Jahre alt. Ich habe das Medium im Laufe des vergangenen halben Jahres zweimal hypnotisiert, und während einer der Sitzungen nahm ich mit ihr eine Hypermnesie (Rückführung) bis in ihr erstes Lebensjahr vor.«

Der Hypnotiseur Morey Bernstein ist kein Wissenschaftler, kein außergewöhnlich, übernatürlich begabter Mensch, sondern der Besitzer einer großen Warenhauskette in Pueblo in Colorado, der sich in jeder freien Minute mit seinem ausgefallenen Hobby, der Hypnose, befaßt. Dieses Thema ließ ihm keine Ruhe, seit er auf einer Party einmal ein Hypnose-Experiment erlebt hatte. Der Geschäftsmann las alle Bücher zu diesem Thema, die er nur auftreiben konnte. Er reiste viele tausend Kilometer durch Amerika, um mit Experten das Thema zu erörtern. Dann entdeckte er, daß er selbst andere mühelos in Hypnose versetzen konnte. Längst war für ihn die Hypnose mehr als nur ein Hobby. Hypnotisierte, so erlebte er, kann man besonders leicht beeinflussen. Sie lassen sich in diesem befreiten Zustand zwischen Wachsein und Schlaf rasch überzeugen, überreden und damit auch von seelischen Verklemmungen heilen. Bernstein wurde als Hypnotiseur zum Heiler, der Stotterer, Gelähmte, Patienten mit krankhaften Angstgefühlen, Süchtige und Impotente von ihren Leiden befreite.

Doch das war ihm noch nicht genug. Morey Bernstein stieß bei seiner Suche nach Erklärungen für das, was während der Hypnose geschah, auch auf Edgar Cayce – und war fasziniert von dessen Hinweisen auf die Wiedergeburt.

Wie jener wollte auch er unbedingt einmal selbst die Hypnose erleben; erfahren, wie das ist, wenn die Seele sich aus den allzu festen Bindungen an den Körper zumindest stückweise befreien kann.

Doch dieses Erlebnis wurde ihm versagt. Kein Hypnotiseur vermochte den Geschäftsmann in Hypnose zu versetzen.

Es grenzte an Wahnsinn, was Morey Bernstein in der Folgezeit alles versuchte. Er unterzog sich freiwillig einer Elektroschockbehandlung, eine früher in der Psychiatrie übliche Methode, mit der gewaltsam eine nervliche Entspannung erreicht werden sollte. Sie ist so brutal, daß sie heute nicht mehr angewendet wird. Er atmete giftige Dämpfe ein, wobei er erst in letzter Sekunde vor dem qualvollen Erstickungstod gerettet werden konnte. Er scheute kein Risiko – doch das Vorhaben, selbst in Trance zu gleiten, mißlang, was immer er auch anstellte.

Zu diesem Zeitpunkt fiel Morey Bernstein ein Buch des berühmten englischen Psychiaters Sir Alexander Cannon in die Hand, in dem dieser schilderte, wie er Patienten während der Hypnose über Geburt und Zeugung hinaus in die Vergangenheit zurückführte, um dann auf frühere Leben zu stoßen. Cannon behauptete: »Jahrelang sah ich in der Theorie der Wiedergeburt nichts als eine Gespenstergeschichte. Ich gab mir alle Mühe, sie zu widerlegen, und warf sogar den Medien vor, sie schwatzten Unsinn. Aber im Laufe der Zeit berichtete ein Medium nach dem anderen genau dasselbe, und zwar trotz der großen Unterschiede in der individuellen Weltanschauung. Inzwischen habe ich mehr als tausend Fälle untersucht und muß zugeben, daß es so etwas wie die Seelenwanderung tatsächlich gibt.«

Sir Alexander Cannon ist wahrscheinlich der erste gewesen, der bei Rückführungen in Hypnose nicht bei der Geburt seiner Patienten haltmachte, der sich auch nicht damit begnügte, Erinnerungen aus dem vorgeburtlichen Leben zu wecken. Er wollte wissen, ob es schon vor dem Augenblick der Zeugung etwas gegeben hatte. Obwohl er über seine sensationellen Erfahrungen ein Buch schrieb, gelangte seine Pionierarbeit nicht ins Bewußtsein einer breiten Öffentlichkeit.

Ganz anders das, was Morey Bernstein, angeregt durch Sir Alexander Cannon, nun unternahm.

Der Hobby-Hypnotiseur hatte bei früheren, spielerischen Experimenten herausgefunden, daß die flüchtige Bekannte Mrs. Virginia Tighe ein außergewöhnliches Medium war, das sehr rasch und sehr tief in Trance sank. Die junge Frau, mehr noch ihr Mann, waren von den unheimlichen »Spielereien« aber nicht begeistert. Damals wußte man über Hypnose noch weniger als heute. Man sah darin so etwas Ähnliches wie das »Tischrücken«, einen Vorstoß in verbotene Bereiche. Und man befürchtete, der Hypnotiseur könnte über den Hypnotisierten solche Macht erlangen, daß er ihn, wenn er das in verbrecherischer Absicht nur wollte, auch zur Ausführung eines Mordes zwingen könnte. Vorstellungen, die auch heute noch in vielen Köpfen herumspuken. Morey Bernstein gelang es dank seiner Überredungskunst, das junge Paar aus der Nachbarschaft für seine Experimente zu gewinnen.

Und da lag nun Virginia Tighe auf der Couch. Morey Bernstein löschte alle Lichter mit Ausnahme einer Lampe im Hintergrund und zündete eine Kerze an. Er forderte sein »Medium« auf, siebenmal tief ein- und auszuatmen. Nach dem siebten Atemzug hielt er die brennende Kerze im Abstand eines halben Meters über ihren Kopf. Während Virginia in die Kerze starrte, begann er zu zählen. Folgsam schloß sie die Augen. Bei drei fiel ihr Kopf zur Seite. Sie atmete tief und gleichmäßig, denn sie befand sich in tiefer Trance. Morey Bernstein begann mit seinen Fragen, und Frau Tighe antwortete ohne Zögern. Auch dann, als sie immer weiter in Jugend und Kindheit zurückgeführt wurde: »Wir wollen zurückwandern, genau so, als blätterten wir die Seiten eines Buches zurück... Du bist jetzt sieben Jahre alt. Gehst du zur Schule?... Du bist fünf Jahre alt. Was spielst du am liebsten?... Du bist drei Jahre alt. Wie sieht deine Puppe aus?... Du bist ein Jahr alt. Was kannst du schon sprechen?...«

Die Stimme der jungen Frau auf der Couch wird immer jünger, bis sie schließlich nur noch wie ein Baby stammelt – und wie ein Baby am Daumen lutscht, die Beine anzieht, die Arme über der Brust kreuzt. Ehemann Rex, der neben der Couch sitzt, erlebt seine Frau in allen Lebensaltern, zuletzt als Baby. Doch das, was jetzt kommt – ist das überhaupt noch seine Frau? – oder spricht ein ganz anderes Wesen, ein längst verstorbenes Geschöpf aus ihr?

Morey Bernstein wagt den entscheidenden Schritt. »Ich will, daß du im Geiste immer weiter zurückgehst. Und so überraschend es auch sein mag, du wirst entdecken, daß du noch andere Szenen in der Erinnerung hast. In deinem Gedächtnis finden sich noch andere Szenen aus fernen Ländern und fremden Orten... Du wirst mir davon erzählen und meine Fragen beantworten. Was siehst du?«

Und jetzt spricht tatsächlich eine andere Person. Ein

148

kleines Mädchen, das sich zuerst Friday, später deutlicher Bridey nennt. Bridey Murphy.

In sechs Hypnosesitzungen, am 18. Dezember 1952, 21.30 Uhr, am 22. Januar 1953, wiederum abends, am 27. Juli 1953, am 29. August 1953 und am 1. Oktober 1953 kristallisierte sich folgendes Bild heraus: Die hypnotisierte Virginia Tighe behauptet: »Ich bin Bridey Murphy, am 20. Dezember 1798 in Cork in Irland geboren. Ich habe rote Haare. Mein kleinerer Bruder ist als Baby an ›etwas Schwarzem‹ gestorben, als ich vier Jahre alt war. Ich habe noch einen älteren Bruder, Duncan. Ich heirate mit 18 Jahren den Buchhalter Brian MacCarthy. Seiner Familie zuliebe lasse ich mich zuerst protestantisch trauen, doch später gehen wir heimlich noch einmal zum katholischen Priester. Ich sterbe 1864 kinderlos, nach einem Sturz auf der Treppe, bei dem ich mir einen Beckenbruch zugezogen habe...«

Ein nahezu trostloses, zumindest aber langweiliges, unerfülltes Leben ohne jede Besonderheit. Keine Spur von Glanz oder Zauber. Kein Königshof, keine verrucht-aufregende Geschichte, wie sie der Phantasie einer überspannten Mädchenseele entspringen könnte. Ein Dasein, eigentlich nicht wert, daß man sich daran erinnern müßte, hätte man es nicht selbst erlebt. Aber auch kein Mord und Totschlag, keine schlimmen, entsetzlichen Erlebnisse, die sich so einprägen, daß man sie nie wieder vergessen kann.

Doch gerade dieses Langweilige wurde dann zu einem der stärksten Argumente für die Echtheit der Aussagen: So etwas kann man sich nicht selbst zusammenreimen, nicht erfinden. Das ist nicht die Nacherzählung eines Romans oder eines Märchens, das man einst gelesen oder zufällig gehört hat. So Banales findet sich auch nicht in Zeitungen und Zeitschriften.

Virginia Tighe hat das Leben der Bridey Murphy auch nicht geschildert, wie man normalerweise eine Geschichte erzählt. Je nach der gestellten Frage befand sie sich als Kind oder als alternde Frau in einer ganz bestimmten Lebensszene. Und diese Szene, so schien es, durchlebte und durchlitt sie noch einmal. Die Gefühle von einst schienen erneut lebendig zu werden, Schmerzen und Freuden waren wieder da – so stark wie einstmals. Und: Bridey Murphy versuchte, unbequemen Fragen auszuweichen und manche Tatsachen in einem etwas vorteilhafteren Licht erscheinen zu lassen. Aus ihrem Vater machte sie zuerst einen Rechtsanwalt, bis sie dann doch zugab, daß er nur ein Landwirt war. Ihren Mann stellte sie als Schriftsteller vor, gestand dann aber ein, daß er nur gelegentlich für Freunde und Bekannte ein Schriftstück verfaßte. Offensichtlich schämte sie sich der doch sehr einfachen Verhältnisse und gab sich viel Mühe, das »Image« zu verschönen.

Die Tonbandprotokolle erinnern an Gespräche, wie sie ein Anwalt beispielsweise mit einem Häftling führt – in der Absicht, etwas Licht in das Vorleben seines Mandanten zu bringen: Die Befragte reagierte äußerst mißtrauisch. Sie wich peinlichen Fragen aus und gab die wahren Tatbestände nur zögernd und stückweise preis. Ihr Gegenüber, Morey Bernstein, mußte dieselben Fragen mehrfach wiederholen, um mühsam Einblick zu gewinnen. »Was wollen Sie eigentlich von mir? Wer sind Sie überhaupt? Warum versuchen Sie mich auszufragen?« wehrt sich die Hypnotisierte trotzig – und zwar immer genauso, wie sich das Kind, das junge Mädchen, die alte Frau gegen neugierige Fragen eines Fremden zur Wehr gesetzt hätte, je nachdem, in welcher Lebensphase das Gespräch gerade stattfand. Morey Bernstein gelang etwas ganz Besonderes, als er Virginia Tighe, alias Bridey Murphy, aufforderte, einen typisch irischen Tanz vorzuführen, von dem sie während der Hypnose erzählt hatte.

»Eine kurze Zeit später stand sie da und schaute uns an; hilflos und verlassen bewegte sie die Hände. Und dann plötzlich veränderte sich ihr Ausdruck vollkommen; ihr Körper bebte vor Lebenskraft; ihre Füße flogen in raschem Tempo, es folgte ein flotter Sprung, und dann endete der Tanz anscheinend in einer Figur, bei der sie die Hand auf den Mund preßte.« So schilderte Bernstein den Augenblick. Alle, die den »Morgen-Jig« miterlebt hatten, waren sich klar darüber, einen ähnlichen Tanz noch nie gesehen zu haben.

Morey Bernstein erkannte sehr schnell, daß er mit den Tonbändern etwas ganz Ungewöhnliches, ja Sensationelles in Händen hielt. Er führte die Bänder Medizinern, Psychologen, Geschichtsforschern, Juristen, kurz Wissenschaftlern aus allen Fachrichtungen vor – und begegnete stets nur Verwirrung, nicht selten aber auch heftigster Empörung.

Und bald stürmten die Reporter sein Haus. Über 50 amerikanische Zeitungen und Zeitschriften berichteten über »Bridey Murphy«. Die Presse spaltete sich in zwei Lager: Jubelnde Anhänger der Bridey-Murphy-Story auf der einen Seite, die alles daransetzten, die Geschichte als wahr zu beweisen – und damit auch die Wiedergeburt als bewiesen hinzustellen –, und erbitterte Gegner auf der anderen Seite, die sich zum Sprachrohr der Menschen machten, die sich in ihrer religiösen Glaubensüberzeugung verletzt sahen: Bridey Murphy darf es nicht gegeben haben, kann es nicht gegeben haben, weil ihre Existenz dem christlichen Glauben widerspricht. Dieses Lager sammelte Fakten, um Virginia Tighe und den Amateur-Hypnotiseur Morey Bernstein als Schwindler und Betrüger zu entlarven.

Dies war der Beginn einer Auseinandersetzung, die bald sehr heftig wurde. Neben den Journalisten beteiligten sich daran immer mehr Wissenschaftler. Denn Bridey Murphy, so schien es, bot die einmalige Chance, das Thema Wiedergeburt zu überprüfen. Zu Dutzenden reisten amerikanische Wissenschaftler und Journalisten nach Irland, um Brideys Angaben an Ort und Stelle zu überprüfen.

Der Journalist William J. Barker, Redakteur der »Denver Post«, legte allein 20 000 Kilometer zurück – kreuz und quer durch Irland, um herauszufinden, ob Bridey Murphy tatsächlich existierte oder ob sie nur das Hirngespinst einer neurotischen jungen Frau war.

»Immerhin«, schrieb er zusammenfassend über seine Recherchen, »behielt Bridey in wenigstens zwei Dutzend Punkten recht, über die sich Virginia Tighe nicht hätte informieren können – auch dann nicht, wenn sie sich systematisch Jahre hindurch mit dem Studium entlegener Fakten aus dem Irland des 18. und 19. Jahrhunderts befaßt hätte. Wenn man das ganze Material von und über Bridey im Zusammenhang sieht, stellt man fest, daß es das Signum der Wahrheit trägt – was immer diese Wahrheit letztlich bedeuten mag.«

Am überzeugendsten für den Journalisten waren nicht die Angaben über Personen und deren Namen, die sich tatsächlich bestätigen ließen, sondern das, was Bridey über Brauchtum, Heimatsagen und Tänze berichtet hatte. Vieles war längst in Vergessenheit geraten und konnte erst nach intensiven Forschungen in Archiven und Bibliotheken wiederentdeckt werden. So beispielsweise einige Dialektausdrücke, Kinderlieder und Bezeichnungen von Gebrauchsgegenständen.

Doch auch die Gegenseite erbrachte – wie es stets bei solchen Auseinandersetzungen der Fall ist – »ihre Beweise«. Findige Reporter hatten das Pseudonym Ruth Simmons rasch gelüftet und bald auch eine Tante aufgestöbert, die Irin Mrs. Marie Burns. Bei ihr hatte Virginia Tighe als 18jähriges Mädchen vorübergehend gewohnt. Und diese »Tante Marie, so irisch wie die Seen von Kilkenny«, so konnte man bald lesen, habe Virginia mit Erzählungen aus Irland ergötzt!

Frau Burns war tatsächlich schottisch-irischer Abstammung, jedoch in New York geboren. Sie hatte Irland nie besucht. Virginia Tighe beteuerte vergeblich, sich mit dieser Tante niemals über Irland unterhalten zu haben. Das wollte ihr kaum einer mehr glauben.

Zumal man dahinterkam, daß eine Nachbarin Virginias in Chicago ebenfalls Irin war – und Bridey hieß! Zumal ein Psychoanalytiker sehr überzeugend darlegte, daß Virginia unter dem Einfluß der Hypnose eine so enge Bindung an den Hypnotiseur verspürte, daß sie sich als seine »Braut« fühlte (Bridey heißt »Bräutlein«). Unter der Hypnose sei ihre gespaltene Persönlichkeit deutlich geworden – mehr nicht.

Es läßt sich heute kaum mehr verstehen, welche Massenhysterie der Fall Bridey Murphy in den 50er Jahren weltweit auslöste. Morey Bernstein schrieb ein Buch und verkaufte in kürzester Zeit über eine Million Exemplare davon. Es gab Schallplatten mit den Sitzungsprotokollen. Es wurden Bridey-Murphy-Songs komponiert. Das beliebteste Party-Spiel hieß bald: Wer war ich in meinem früheren Leben? Auf Kostümfesten sollte jeder das tragen, was zu seinem früheren Leben paßte.

Einer der beliebten Bridey-Murphy-Witze, die rund um die Welt gingen, lautete: »Wie geht es deiner Frau?«

– »Danke gut. Ich habe sie in das 17. Jahrhundert versetzt – und dort gelassen!«

In der kleinen Stadt Shorne in Oklahoma erschoß sich der 19jährige Zeitungsjunge Richard Swink. In einem Brief hinterließ er: »Ich muß es wissen! Ich kann nicht länger darauf warten. Ich muß die Wahrheit über die Wiedergeburt erfahren!«

Und was ist von der ganzen Bridey-Murphy-Sensation geblieben? Eine tiefunglückliche Virginia Tighe, die nirgendwo mehr Ruhe fand, mochte sie ihren Wohnsitz auch noch so oft wechseln. Man hat sie verspottet, verhöhnt, kurzerhand öffentlich für verrückt erklärt, in ihrem Leben herumgeschnüffelt, so daß sie beinahe tatsächlich verrückt geworden wäre.

Ausgerechnet sie, die sich so heftig gegen die Hypnosesitzungen gewehrt hatte!

»Ich weiß, daß an der Sache mit Bridey Murphy irgend etwas dran sein muß. Doch das hat meine Lebenseinstellung in keiner Weise beeinflußt.« So bekennt Virginia Tighe, die aus der ganzen Geschichte nicht den geringsten Vorteil für sich ziehen konnte. Sie wurde weder reich – noch hat ihr die Erinnerung, nach eigener Einsicht, persönlich etwas gebracht. Der »Glaubenskrieg« um Bridey Murphy machte deutlich, daß man auch noch so gute und scheinbar stichhaltige Argumente für die Wiedergeburt beibringen kann – es wird immer ebenso überzeugende Gegenargumente geben. Denn das Wissen und Beweisen stößt letztlich an Grenzen, die nicht zu überschreiten sind, so daß jeder, der nach Wissen sucht, letztlich wieder zurückgeworfen wird auf den Glauben. Trotzdem hat Morey Bernstein mit seinen Hypnose-Experimenten eine Tür aufgestoßen und viele Wissenschaftler gezwungen, sich mit dem Thema Wiedergeburt zu befassen. Viele Tausend

Ärzte, Psychotherapeuten, Hypnotiseure begannen in der ganzen Welt, Bernsteins Rückführungsexperimente aufzugreifen und selbst zu erproben.

Zum erstenmal in der Geschichte der Menschheit behaupteten nicht nur ein paar einzelne, sondern viele Hunderttausende: »Ich weiß, wer ich in meinem früheren Leben gewesen bin.« Mit Morey Bernsteins Erfolg schien die Rückführung in ein früheres Leben, das Aufwecken der Erinnerung daran, beliebig oft und wohl auch für jeden wiederholbar geworden zu sein.

THORWALD DETHLEFSEN:
HEILUNG DURCH REINKARNATION

Wenn man ihm glauben darf, dann hat der Münchner Psychologe und Esoteriker Thorwald Dethlefsen Morey Bernsteins Experimente und die Geschichte der Bridey Murphy nicht gekannt, als er am 3. Juni 1968 bei spielerischen Hypnosedemonstrationen in kleinem Bekanntenkreis zwei Anwesende, die sich als gute Medien erwiesen, hypnotisch in ihre Kindheit zurückversetzte und scheinbar längst vergessene Erlebnisse in ihr Gedächtnis zurückrief. »In diesem Augenblick«, so schilderte Dethlefsen den »lebensentscheidenden« Abend in seinem Buch *Das Leben nach dem Leben* (1974), »kam mir ein verrückter Einfall. Ich fragte mich: Muß man die Altersregression denn unbedingt kurz vor dem Geburtsmoment abbrechen?... Wohin würde ein weiteres Zurückgehen auf der Zeitachse führen? Sollte man so etwas einfach versuchen? Was könnte passieren?«

Dethlefsen versuchte also, sich mit einem Embryo zu unterhalten. Er wollte erfahren, ob der heranwachsende Mensch im Mutterleib bereits denkt, spürt, empfindet.

Und er bekam Antwort: »Es ist ziemlich eng… Ich kann nichts sehen!«

Voll aufgeregter Neugierde drängte er: »Wir gehen noch weiter zurück. Wir gehen um ein ganzes Jahr zurück. Wo befindest du dich?«

Und wieder gab es eine Antwort: »Ich weiß es nicht.«

»Ist es hell oder dunkel?«

»Ich sehe nichts. Alles ist so leer.«

»Sag mir deinen Namen.«

»Ich habe keinen.«

»Welches Jahr schreiben wir?«

»Weiß ich nicht.«

»Wir gehen jetzt noch weiter zurück, und zwar so lange, bis du auf irgendein markantes Ereignis stößt, das du genau schildern und beschreiben kannst. Du wirst mir dann sagen, was du siehst und wo du bist – so lange gehen wir in der Zeit zurück, bis du auf ein Ereignis stößt, das man in Worte fassen kann.«

Der hypnotisierte 25jährige Student der Technik, Rudolf T., beginnt, schwer zu atmen. Und dann spricht er:

»Ich bin in einem Keller…«

Bruchstückhaft gibt sich der Obsthändler Guy Lafarge aus Wissembourg zu erkennen, geboren 1852, gestorben im Februar 1880. »Ich bin der Franzose Guy Lafarge«, sagt der hypnotisierte Student Rudolf T. »Ich bin 18 Jahre alt, jetzt, im Jahre 1870, während des Krieges gegen die Preußen.« Sind beide, der arme Händler Guy Lafarge und der Student der Technik Rudolf T., ein und derselbe – in zwei verschiedenen Inkarnationen? Ist das Tonband vom 3. Juni 1968 ebenso wie die Protokolle der Bridey Murphy der Beweis für die Wiedergeburt?

Thorwald Dethlefsen hat in den 70er Jahren eine

Reihe verblüffender Tonbandprotokolle veröffentlicht und damit nicht nur in der Bundesrepublik Deutschland eine Woge der Begeisterung für die Wiedergeburt ausgelöst. Plötzlich schien alles wunderbar klar, einsichtig, ja selbstverständlich zu sein. Die Lektüre der Tonbandaufzeichnungen ist schon spannend genug. Wer jedoch einmal bei einer Hypnosesitzung dabei war oder zumindest einen Film oder ein Videoband über derartige »ageregressions« gesehen hat, der kann sich nur sehr schwer der Überzeugungskraft des Erlebten entziehen. Die hypnotisierten Personen sind keine Märchenerzähler, sie sind auch nicht begabt mit besonders ausgeprägter Phantasie. Betrug und bewußte Täuschung sind völlig ausgeschlossen. Hier wird nicht irgend etwas erzählt, vergleichbar spannenden Science-fiction-Geschichten aus der Vergangenheit. Hier wird mit heftigsten Gefühlsausbrüchen gelitten, gegen die Aufdeckung vergrabener Erinnerungen angekämpft. Hier lassen die Betroffenen nicht den geringsten Zweifel daran, daß sie ganz persönlich es sind, die das Schicksal erlebten – besser gesagt: in diesem Augenblick erneut durchmachen, als geschähe es eben erst, in dieser Stunde.

Das unschätzbare Verdienst Thorwald Dethlefsens bestand nun darin, daß er sich nicht, wie Morey Bernstein, damit begnügte, Beweise für die Wiedergeburt zu sammeln. Für ihn war die Reinkarnation sowieso selbstverständlich, das Thema aber viel zu bedeutsam für Sensationshascherei. Er entdeckte die große Chance, aus der hypnotischen Rückführung eine wirksame Therapie zu entwickeln, um Menschen zu heilen. Denn jetzt studierte er in einer Art Begeisterungstaumel alles, was er zu diesem Thema finden konnte, nicht zuletzt den »schlafenden Propheten« Edgar Cayce und selbstverständlich auch die Geschichte der Bridey Murphy. Wenn er aber bei Cayce immer wieder auf Aussagen stieß wie: »Die Ursachen der Leiden dieser Wesenheit liegen in einem früheren Leben...«, oder: »Diese Krankheit ist nur von einem früheren Leben her zu verstehen...«, dann sagte sich Thorwald Dethlefsen: Wenn das so ist, dann müssen alle Heilungsversuche, die nicht zur eigentlichen Ursache im früheren Leben vorstoßen, vergeblich bleiben. Eine Psychoanalyse beispielsweise, die in der frühen Kindheit haltmacht, kann gegebenenfalls das abtragen, was sich später an das ursprüngliche Trauma angeheftet hatte, weil es vor allem in den auslösenden Emotionen gleichartig war und somit die seelische Verletzung zu bestätigen schien. Doch weil das Trauma selbst nicht bewußt wurde, können sich in der Zukunft immer wieder neue Verletzungen an den nach wie vor existierenden Komplex anheften. Die Therapie, die nicht zum Kern des Komplexes vorstößt, daran gibt es keinen Zweifel, kann momentane Erleichterung, aber keine endgültige Befreiung, keine Heilung herbeiführen. Wenn das Trauma aus einem früheren Leben stammt, dann muß dieses frühere Leben in das Bewußtsein zurückgerufen werden, denn »alles, was bewußt ist, kann nicht mehr weh tun«.

Thorwald Dethlefsen führte seine Patienten nun nicht mehr in willkürlichen Zeitsprüngen in frühere Leben zurück, sondern er ließ sie am »roten Faden« bestimmter Symptome zurückgleiten, trug dabei Schicht um Schicht vom Komplex ab, bis der wahre Kern – das, was dafür gehalten wird, freigelegt war.

Als typisches Beispiel dafür steht das Aufspüren der unerklärlichen, unheimlichen Angst einer 22jährigen, verheirateten Frau. Eine Angst, die so beherrschend war, daß sie das Leben der Frau zu zerstören drohte. Sie fühlte sich wohl, solange sie allein zu Hause in ihrer Wohnung blieb. Sobald sie aber unter Menschen mußte, auf der Straße größeren Menschenmassen begegnete oder sich gar in einem Raum mit vielen Menschen aufzuhalten hatte, ergriff sie fürchterliche Panik. Sie spürte eine maßlose Angst in sich aufsteigen, ein Gefühl der Schande. Dann begann sie am ganzen Körper zu zittern – und floh, als wäre ihr Leben bedroht, als seien Verfolger hinter ihr her.

Das Tonbandprotokoll Dethlefsens vom 4. Juni 1975, es ist die 13. Sitzung, gibt eine Erklärung.

»Sie schneiden mir die Haare ab... Die Leute lachen mich aus... Ich mag das nicht, wie mich alle anstarren und auslachen... Ein alter Mann legt ein dickes Seil um meinen Hals... Er tut so, als ob er mich erwürgt, aufhängt... Er schlägt mich... Stößt mich vorwärts... Die Leute bilden eine Gasse... Ich muß hindurch... Sie reißen mir die Kleider vom Leib... Ich schäme mich so... Ich habe nur noch das Hemd an... Halbnackt... nein, ich bin ganz nackt. Nur ein Kettchen mit einem kleinen Herz hängt noch um meinen Hals... Und alle gaffen, stoßen mich, lachen... Ich muß hindurch... Ich renne weg. Ich laufe, laufe. Für mich wird es nur noch Schande geben... An meinem Körper wird immer etwas hängenbleiben. Wenn man mich aufgehängt hätte, wäre das nicht so schlimm. So etwas ist viel schlimmer. Das trägt man immer mit sich herum. Vergißt man nie... nie... nie...«

Und dann kristallisierte sich nach und nach folgende Geschichte heraus: Am 19. Mai 1496, es war ein hoher kirchlicher Feiertag, mußte das junge Mädchen vor der Kirche des Dorfes Beaufort in Frankreich Spießruten laufen, nachdem es erwischt worden war, wie es sich im Wald von einem verheirateten Mann verführen ließ.

Man stieß das junge verstörte Ding durch die versammelte Gemeinde, riß ihm die Kleider vom Leib, machte anzügliche Bemerkungen und ergötzte sich an seiner panischen Angst. Auch der Liebhaber stand unter der gaffenden, johlenden Menge. Er rührte keinen Finger, seiner Geliebten zu helfen...

Nachdem die junge Frau im Jahre 1975 diesen schrecklichen Augenblick noch einmal durchlitten hatte – kannte sie die Ursache ihrer mächtigen Angst und des unüberwindlichen Gefühls der Schande – und war befreit, so wird versichert.

Sollte es so etwas tatsächlich geben, daß ein schlimmes Erlebnis, durchgemacht in einem früheren Leben vor 500 Jahren, das jetzige Leben so stark beeinflussen kann? Daß wir alte Schuld, uralte Schuldgefühle und Verletzungen in unserer Seele tragen – Traumata, die so schwer sind, daß wir sie ins Unbewußte verdrängt haben, von wo aus sie uns unerträglich belasten? Und wenn das so ist: Kann uns dann das Zurückrufen des entsprechenden Ereignisses in die bewußte Erinnerung davon befreien?

Das sind in der Tat ganz wichtige Fragen, an denen der moderne Mensch sich nicht mehr vorbeimogeln kann.

Denn: Wenn es die Wiedergeburt gibt – und zwar so, wie die Tonbandprotokolle Thorwald Dethlefsens und anderer Hypnose-Therapeuten es nahelegen, dann sind wir einer ungeheueren und äußerst wichtigen Tatsache auf der Spur:

Dann können wir nicht mehr davon ausgehen, daß Denken, Fühlen, Wahrnehmen sich nach und nach entfalten, entsprechend dem Wachsen und Entwickeln der körperlichen Voraussetzungen, entsprechend der Funktionen unserer Organe.

Dann dürfen wir nicht länger annehmen, das Ungeborene im Mutterleib sei noch unfähig zu begreifen, was um es herum geschieht, das Neugeborene lebe mehr oder weniger stumpfsinnig, zunächst nur geleitet von Hungergefühlen und Schlafbedürfnissen. Nein. Dann wäre jeder Mensch vielleicht schon im Augenblick der Zeugung »voll da«, mit allen sinnlichen und geistigen Fähigkeiten ausgestattet. Dann würde es möglicherweise jedes Wort, das mit der Mutter gewechselt wird – und jedes Wort, das die Mutter spricht, hören und verstehen.

Dann könnte es folgerichtig die Ängste und Sorgen der Mutter vom ersten Augenblick des Lebens an uneingeschränkt mitempfinden, begreifen, ob es geliebt oder abgelehnt wird, ob es seine Rückkehr ins Leben der Liebe verdankt oder nur einer Unaufmerksamkeit, ob Gewalt, Hinterlist, Drogen, Alkohol am Anfang dieses Lebens standen, ob die Mutter eine Abtreibung erwägt, ob die Schwangerschaft für sie eine unerträgliche Belastung oder gar den Ruin darstellt.

Und so weiter.

Das Noch-nicht-Geborene, davon muß man ausgehen, wäre wohl sogar imstande, die Gedanken seiner Umgebung zu lesen und in die Zukunft seines eigenen Lebens zu blicken. Müßte ein solcher Start ins Leben für viele, ja wahrscheinlich für die Mehrheit aller Menschen, nicht entsetzlich sein?

Wüßte man nicht plötzlich, wo so viele Krankheiten, vor allem seelische Leiden, aber auch Zuneigungen, Abneigungen ihre Wurzeln haben?

Das ist aber eine ganz entscheidende Frage, mit der sich die Philosophen und Theologen seit eh und je beschäftigen: Gibt es eine an sich »fertige«, einsichtige Geistseele, die vom ersten Augenblick der Zeugung an zugegen ist, die sich nur noch nicht äußern kann, weil sie abwarten muß, bis der Körper, das »Instrument«, das sie belebt und bewohnt, funktionsfähig geworden ist?

Oder – und das wäre die rein »materialistische« Anschauung – gibt es gar keine vom Körper getrennte Seele, sondern ist das, was wir für die Seele halten, nur die »Ausscheidung« der Gehirnfunktionen, nur gegeben, solange sie funktionieren, solange zwischen den »grauen Zellen« Ströme fließen, und zu Ende, sobald das biologische Leben des Körpers zum Stillstand gekommen ist? So wie ein Licht nur scheint, solange der Strom fließt?

Solche Fragen mögen auf den ersten Blick als philosophische Spielereien erscheinen, über die sich nicht nachzudenken lohnt. Doch denken wir nur an das Problem des Abbruchs keimenden Lebens, an all das, was mit dem Paragraphen 218 angesprochen wird, dann wird plötzlich die ungeheure Bedeutung der Beantwortung dieser Frage deutlich: Wenn von Anfang an, also schon unmittelbar nach der Vereinigung der weiblichen Zelle mit dem männlichen Samen, die Seele in den Keim einzieht, dann ist schon die Anwendung der »Pille danach«, die dafür sorgt, daß die befruchtete Eizelle abgeht, eindeutiger Mord. Ja selbst die »Minipille«, die verhindert, daß sich die befruchtete Eizelle in der Gebärmutter einnisten kann, wäre Vernichtung menschlichen Lebens und damit zumindest Totschlag.

Denn dann könnte man nicht einfach von einem Zellbündel sprechen, das »weggemacht« wird, so wie man eine Geschwulst aus dem Körper entfernt, sondern wir hätten von Anfang an einen ganzen Menschen vor uns, der auch ohne entfaltete »Instrumente« wahrnehmen, denken, fühlen kann. Und wir würden diesen

Menschen töten, das heißt, seinen wenn auch noch nicht fertigen Leib umbringen, die Seele ins Jenseits verjagen.

So sehen es auch die Buddhisten, die Hinduisten und alle Religionsgruppen des Fernen Ostens, die an die Wiedergeburt glauben. Und in diesem Punkt unterscheiden sie sich auch, abgesehen von einer einzigen, allerdings wesentlichen Einschränkung, nicht vom christlichen Glauben: Die christlichen Kirchen machen in der Frage der Einkehr der Seele in den keimenden Körper eine Konzession. Sie räumen ein, daß man den allerersten, unförmigen Zellhaufen vielleicht doch noch nicht als Mensch bezeichnen kann, und verschieben deshalb die »Einhauchung«, in diesem Fall die Schöpfung der Seele, auf einen Zeitpunkt etwa sechs Wochen nach der Zeugung, wenn der Embryo Gestalt annimmt, wenn seine Organe zu funktionieren beginnen. Doch diese Verschiebung, die übrigens nicht von allen Theologen geteilt wird, ist recht willkürlich. Eines wird bei der Betrachtung dieser Frage deutlich – und das ist wieder ein wesentlicher Unterschied zwischen abendländischer und fernöstlicher Weltanschauung: Für den Osten bliebe die Abtreibung in gewisser Weise ein Unfall, der recht bald wieder aus der Welt geschafft werden kann. Die zurückgewiesene Seele muß sich eben einen neuen Mutterschoß suchen, im schlimmsten Fall warten, bis sich die passende Gelegenheit findet. Doch darüber hinaus ist ihr nichts Verhängnisvolles zugestoßen. Ganz anders in den christlichen Kirchen: Die gerade neu geschaffene Seele wird am Leben in einem Körper gehindert. Weil sie aber gar keine Chance bekam, als Mensch zu leben, weil sie nicht getauft werden konnte, besitzt sie zwar ein ewiges, unsterbliches Leben – kann aber nicht in die ewige Seligkeit eingehen, sondern müßte für immer in Gottferne leben. Das ist, denkt man folgerichtig zu Ende, eine ungeheuerliche Vorstellung: Man würde also einem unsterblichen Wesen nicht nur das irdische, sondern zugleich das himmlische Leben wegnehmen, es zu ewigem Unglück verdammen. Die Abtreibung wäre demnach ein weit scheußlicheres Verbrechen als die Ermordung eines geborenen Menschen.

Diese Gedanken werden hier nur aufgegriffen, weil sie deutlich machen, wie entscheidend letztlich die Fragen um Wiedergeburt und Himmel und Hölle unsere Einstellung zum Leben beeinflussen. Sie sollen uns zugleich zu viel mehr Toleranz bewegen. Denn wenn zwei Menschen über die Abtreibung diskutieren, dann können sie tatsächlich über zwei Vorgänge sprechen, zwischen denen Welten, ja Galaxien liegen. Und dann ist eine Verständigung von vornherein völlig unmöglich. Der eine spricht von einem notwendigen medizinischen Eingriff, der andere vom schlimmsten Verbrechen gegen menschliches Leben.

Die Tonbandprotokolle der Reinkarnations-Therapeuten scheinen zumindest bruchstückweise Antwort auf die schwerwiegende Frage zu geben: Eine junge Frau, die kein rechtes Verhältnis zu ihrer Mutter finden kann, die Schwangere haßt und als »Mörderinnen« beschimpft, schildert in Hypnose den Augenblick, in dem sie zuhörte, wie die Mutter sich mit der Großmutter über die Notwendigkeit einer Abtreibung unterhielt. Die Großmutter versuchte sehr unwirsch, ihre Tochter zu drängen: »Du mußt zum Arzt gehen. Du kannst dir kein Kind leisten!« Die junge Frau krümmte sich in diesem Augenblick auf der Couch des Therapeuten zusammen und klagte mit dünner Stimme: »Ich bin doch noch so winzig, daß ich in eine Hand passe! Mama weint. Sie mag mich nicht...!«

Eine andere Frau schildert in Hypnose sogar den

Augenblick der Zeugung – so als wäre sie als erwachsener Mensch dabeigewesen und als hätte sie »zugeschaut«, wie Vater und Mutter sich liebten. Sie stellt fest, daß die beiden über das, was gerade geschehen ist, nicht sonderlich glücklich sind, sondern von besorgten Fragen geplagt werden: »Hoffentlich ist nichts passiert. Wir sind schon zu alt für ein Kind«, sagt die Mutter. Und der Vater antwortet: »Nun ja, wenn etwas passiert sein sollte, dann ist es vielleicht ein Junge. Dann wäre doch alles halb so schlimm!«

Die Patientin ist aber kein Junge – sondern ein Mädchen! Welche Tragödie, mit einem solchen Wissen leben zu müssen. Man könnte sagen: Das alles sind keine echten Erinnerungen. In der Hypnose haben sich einfach starke Befürchtungen geäußert. Welcher Mensch fragt sich nicht irgendwann einmal, ob er erwünscht war oder abgelehnt wurde, ob die Eltern nicht lieber einen Jungen oder ein Mädchen gehabt hätten?

Das Seltsame an dieser Geschichte – ist es reiner Zufall? – ist, daß diese Frau nach der Hypnose von ihrer Mutter erfahren mußte: »Genauso hat sich das damals abgespielt.« Um erschreckt zu fragen: »Aber Kind, woher weißt du das denn?«

In der Literatur über die Wiedergeburt gibt es inzwischen einige Hunderte solcher Berichte. Sie sind großenteils sehr überzeugend, mitunter sogar verblüffend. Es gibt Schilderungen von Ereignissen, die weit vor der Geburt eines Menschen stattfanden, die bis in kleinste Detail stimmen: Der damals noch ungeborene Mensch konnte die Umgebung, die Kleidung, tausend Kleinigkeiten exakt angeben.

Wenn diese Berichte echt sind in dem Sinn, daß es sich tatsächlich um Erinnerungen handelt, die ins Gedächtnis zurückgerufen werden, dann müssen wir umdenken und zum ungeborenen Leben ein neues Verhältnis finden. Wir müssen uns darüber klarwerden, daß jedes Wort, jede Gefühlsregung, vielleicht sogar jeder Gedanke von dem ins Leben zurückgekehrten, geistig-seelisch »fertigen« Menschen registriert wird – vielleicht nicht bewußt, aber sicherlich unbewußt.

Dann verstünden wir auch, warum zwischen Eltern und Kindern oft so riesige Schwierigkeiten bestehen, für die es scheinbar keine Erklärung gibt.

Wenn...!

ES GIBT NUR EIN »NICHT-ERINNERN-WOLLEN«!

Und wenn sich für alles eine andere Erklärung finden ließe? Für Thorwald Dethlefsen bietet die Reinkarnation die einfachste, logischste Erklärung für alles, was er von Hypnotisierten zu hören bekam. Er hat seine Protokolle gründlich ausgewertet und eine eigene Vorstellung von der Wiedergeburt skizziert, die etwa folgendermaßen aussieht:

Die Wiedergeburt ist eine einzige, grandiose Entwicklungsgeschichte des seelisch-geistigen Lebens. Eine Entwicklungsgeschichte, die sich nach kosmischen Gesetzen, in kosmischen Rhythmen entwickelt. Jedes Leben und auch die Existenz zwischen den Inkarnationen dient der Entwicklung. Während des Lebens in einem Körper machen wir Erfahrungen, müssen wir Bewährungsproben bestehen. In den Zeiten zwischen den Inkarnationen »verarbeiten« wir die Erfahrungen, um auf einer neuen Basis starten zu können. Das ist wie eine Überhöhung von Wachsein und Schlafen: Tagsüber sind wir aktiv, nachts, im Schlaf, erholen sich Körper und Seele und verarbeiten, was auf sie eingewirkt hat.

Karma, das selbstverursachte Schicksal, besagt, daß man ein Problem so lange durchleben muß, bis man es begriffen hat, so daß man daraufhin eine neue Stufe der Entwicklung erklimmen kann.

Es gibt kein »Nicht-erinnern-Können« an frühere Inkarnationen, sondern nur ein »Nicht-erinnern-Wollen«. Doch tatsächlich lebt der Mensch nie ganz im Jetzt, sondern immer auch ein Stück in der Vergangenheit. Wenn er 1493 in einem Haus verbrannte, so ist es ihm auch heute noch unmöglich, Feuer emotionslos und vorurteilsfrei zu betrachten. Werden ihm solche früheren Erlebnisse aber bewußtgemacht, dann wird er fähig, die Wirklichkeit so zu betrachten, wie sie jetzt ist, ohne sie mit längst vergangenen Gefühlsinhalten zu vermengen. Das Kennenlernen der Vorleben ist also keineswegs eine Flucht in die Vergangenheit, sondern die Voraussetzung, um die Gegenwart von der Vergangenheit lösen zu können.

ES GIBT »DRÜBEN« KEIN WIEDERSEHEN

Die Zwischenräume zwischen den einzelnen Inkarnationen können unterschiedlich lang sein. Sie schwanken zwischen einigen Jahrzehnten und einigen Jahrhunderten. Je unreifer eine Seele ist, desto früher findet die nächste Inkarnation statt. Im Augenblick scheinen die Zwischenräume aber kürzer zu sein als in früheren Zeiten.

Das könnte die »Bevölkerungsexplosion« unserer Tage erklären: Momentan sind eben besonders viele Seelen auf der »Tagseite« des Lebens und nur wenige auf der »Nachtseite«.

Daneben muß man das »Menschenreich« aber auch

als »Durchgangsstation« des Lebens betrachten. Nicht nur der Mensch, auch Pflanzen und Tiere besitzen ihre Entwicklung. Sobald sie in ihrem Bereich die Vollkommenheit erlangt haben, steigen sie ins nächste »Reich« auf. So bekommt das »Menschenreich« ständigen Zufluß von unten, während jene Seelen, die menschliche Vollkommenheit erlangt haben, nach oben hin ausscheiden und einen neuen Grad der Vollkommenheit anstreben. Anders gesagt: Wer Mensch ist, befindet sich immer in derselben »Schulklasse«. Und deshalb hat diese Klasse auch immer in etwa denselben Entwicklungsgrad. Sie stellt ja nur einen Ausschnitt aus der Gesamtentwicklung dar, kann also in sich nicht vollkommener, gescheiter werden. Wer sein Ziel erreicht hat, steigt in die nächste Klasse auf, ist also dem menschlichen Bereich entwachsen. Wer sich auf ein Wiedersehen mit Verwandten oder Bekannten im Jenseits freut, wird sich getäuscht sehen. Es gibt kein Wiedersehen und keine Kontakte der Verstorbenen miteinander. »Das Jenseits ist kein Ort, an dem die Seelen herumlaufen und sich zur Begrüßung gegenseitig die Hand schütteln. Was ein Wiedersehen im Jenseits betrifft, so findet es nicht statt.« (Dethlefsen) Die Verstorbenen lösen sich vom irdischen Geschehen. »Der Tod schafft fast blitzartig einen Abstand zu den irdischen Vorgängen und schließt dadurch jegliche Art von Emotionen aus. Gerade in dieser anderen Daseinsform lernt der Mensch, die ganze Wirklichkeit anzuschauen, ohne sich an einem Pol zu fixieren... Der Tote trauert nicht um seine Zurückgebliebenen, er befindet sich in einer anderen Phase mit anderen Aufgaben, außerhalb der Spannungen zwischen Liebe und Haß.«

Das ist zweifellos eine imponierende und in vielen Punkten überzeugende Lebens- und Heilsvorstellung, um vieles leichter einzusehen und zu begreifen als so manches, was sonst durch unsere Köpfe spukt. Mit diesem System – weder Wissenschaft noch Glaubenslehre – lassen sich vor allem viele bisher unbeantwortete Fragen relativ leicht beantworten, vor allem die Fragen nach der Gerechtigkeit in dieser Welt, nach dem Schicksal, nach den Ursachen für Krankheiten, »Pech« und Unglück.

Die Vorstellungen Thorwald Dethlefsens sind so »rund«, in sich geschlossen, daß er mit ihrer Hilfe auch dann heilen könnte, sollte die eigentliche Ausgangsfrage, nämlich die, ob es die Reinkarnation gibt oder nicht gibt, falsch beantwortet sein.

UND WO BLEIBT DIE LIEBE?

Trotzdem wird nicht jeder, der an die Wiedergeburt glaubt, in allen Punkten mit Dethlefsen übereinstimmen können.

So widerspricht ihm beispielsweise Frau Professor Elisabeth Kübler-Ross sehr entschieden in der Frage nach Begegnungen mit Verstorbenen oder nach einem isolierten oder gemeinsamen Leben im Jenseits.

Professor Kübler-Ross sagt: »Kein Mensch stirbt allein, nicht nur, weil der Verstorbene in der Lage ist, jeden beliebigen Menschen zu besuchen, sondern auch deswegen, weil solche Leute, die vor Ihnen gestorben sind und die Sie gern und lieb hatten, immer auf Sie warten... Was die Kirche den kleinen Kindern hinsichtlich ihrer Schutzengel erzählt, beruht auch auf Tatsachen, denn es ist ebenfalls bewiesen, daß jeder Mensch von seiner Geburt bis zu seinem Tod von Geistwesen begleitet wird. Jeder Mensch hat solche Begleiter, ob Sie daran glauben oder nicht, ob Sie Jude oder Katholik oder ohne Religion sind, spielt überhaupt keine Rolle.« Und: »Wir haben es immer wieder bestätigt gefunden, so daß wir an dieser Tatsache nicht mehr zweifeln. Diese Aussage mache ich, wohlgemerkt, als Wissenschaftlerin! Immer ist jemand als Helfer zugegen, wenn wir jene Verwandlung (im Sterben) durchmachen. In den meisten Fällen handelt es sich um die bereits ›vorausgegangenen‹ Väter oder Mütter, Großväter oder Großmütter oder auch um ein Kind, sofern dies schon gestorben ist.«

Davon ist in Tonbandprotokollen allerdings niemals die Rede. Von einer Liebe über den Tod hinaus hört man dort keine Silbe. Von guten, überwältigend positiven Ereignissen ist auch niemals die Rede. Liest man die Protokolle oder, noch besser, hört man sich die Tonbänder an, dann erfährt man von den angeblich früheren Leben immer nur Momente des Leids, der Schande, des Hasses. Niemand spricht vom Glück der ersten Liebe. Keiner artikuliert seine zärtliche Liebe zu den Eltern oder Kindern. Überhaupt ist das Miteinander und Zueinander eigentlich immer geprägt von frostiger Kühle, von Mißverständnissen oder gar von Ablehnung. Die eigene Mutter wird als fremd geschildert, als Mensch, zu dem man keine besonderen Gefühle entwickeln konnte. Und das ist nicht nur dann so, wenn der Hypnotisierte am roten Faden der Symptome automatisch zum Trauma findet, sondern auch bei Rückführungen in willkürlichen Zeitsprüngen. Sollten sich etwa nur belastende, traumatische Eindrücke eingeprägt haben? Wenn wir versuchen, Erinnerungen aus der Kindheit lebendig werden zu lassen, machen wir die gegenteilige Erfahrung. Gewiß, auch da sind schlimme Erfahrungen besonders deutlich »gespeichert«. Doch ebenso klar fallen uns jene Momente ein, in denen wir besonders glücklich sein durften: der Tag der Erstkommunion, eine zärtliche Geste des Vaters oder der Mutter, ein schönes Erlebnis in der Natur, eine besondere Leistung.

Diese Tatsache läßt einen ernüchternden Verdacht aufkommen: Es könnte sich bei den angeblichen Erinnerungen nun doch nur um Angst- und Wunschphantasien handeln, die keineswegs aus früheren Inkarnationen stammen, sondern die in diesem Leben eingespeichert wurden? Könnte das, was Hypnotisierte bei der Rückführung unter einem gewissen suggestiven Druck des Hypnotiseurs erleben – und erleiden, nicht einem Alptraum vergleichbar sein?

ALLES NUR EIN »ALPTRAUM«?

Wer Alpträume kennt, der weiß, daß sie meistens exakt dasselbe schreckliche Erlebnis zum Inhalt haben, das bis zur völligen Erschöpfung quälen kann, das den Herzschlag zum Rasen bringt, bis ins Innerste aufwühlt, den kalten Schweiß auf die Stirn treibt – obwohl es sich doch nur um einen Traum handelt, mit dem die Seele sich selbst foltert. Ein Hirngespinst! Trotzdem wird der Traumfilm so realistisch erlebt, als wäre er Wirklichkeit.

Wir wissen heute, daß unsere Einbildungskraft, die Imagination, keine Grenzen kennt. Und wenn diese Einbildungskraft von außergewöhnlich aufgeladenen Emotionen gefüttert wird, dann ist der Mensch oftmals nicht mehr in der Lage, Wirklichkeit und Angstbild oder Wunschvorstellung voneinander zu trennen.

Kinder, Heranwachsende werden nur allzuoft als

vermeintliche Lügner hingestellt, weil sie in voller Überzeugung Erlebnisse als wahr schildern, die niemals stattgefunden haben. Doch sie lügen nicht. Lediglich ihre Einbildungskraft war so stark, daß die Erinnerung sie trog.

So kann beispielsweise noch ein erwachsener Mensch behaupten, er wäre als Kind von einem Elternteil oder vom Stiefvater oder einem nahen Verwandten sexuell mißbraucht worden – nur weil es damals in seiner Angst oder seinem Wunschdenken, jedenfalls aber in starken Gefühlsregungen von solchen Ängsten heimgesucht wurde. Wenn die Betroffenen etwa in Hypnose oder bei der Psychoanalyse zu dem angeblich so schlimmen Augenblick zurückgeführt werden, leiden sie ebenso wie die Patienten, die von ihren Vorleben berichten.

Es ist also durchaus vorstellbar, daß ein Mensch eine heftige Angst oder einen Wunsch, den er sich nicht einzugestehen wagt, weil der doch »sündhaft« wäre, in seiner Phantasie nicht nur zu einem vermeintlich wirklichen Erlebnis ausformt, sondern dieses Erlebnis auch noch ganz weit von sich schiebt und in ein angeblich früheres Leben projiziert.

Auch für Veränderungen der Sprache, das Beherrschen von fremden Dialekten, das Wissen von typischen Einzelheiten aus längst vergangener Zeit könnte man ganz ähnliche Erklärungen finden. Wer von uns könnte sich noch daran erinnern, wann und wo er diesen oder jenen Bruchteil seines Wissens aufgeschnappt hat? Wer wüßte, ob in uns nicht doch ererbte Erinnerungsinhalte schlummern, die uns niemals bewußt werden?

Es kommt noch eines hinzu, was wir nicht übersehen dürfen: Alle bisherigen Versuche – und sie waren sehr zahlreich –, nachzuprüfen, ob es das geschilderte Schicksal im letzten Jahrhundert oder vor 400, 500 Jahren tatsächlich gegeben hat, verliefen bisher enttäuschend. Der französische Stallknecht und Händler aus Wissembourg, der sich angeblich während des Krieges von 1870 im Keller versteckte, konnte nicht aufgespürt werden. Ebensowenig wie andere. Dies kann man nicht nachdrücklich genug sagen. Denn es sollte nicht der Eindruck entstehen, die Reinkarnation wäre längst einwandfrei bewiesen.

Dies ist keineswegs der Fall, wenn auch noch so viele Indizien dafür sprechen.

So bekennen Dr. Morris Netherton und Dr. Nancy Shiffrin von der Universität Los Angeles, zwei Experten der Reinkarnations-Therapie, in ihrem Buch *Leben vor dem Leben* (Bern/München, 1979), nach zehnjähriger Erfahrung: »Im Rahmen der Reinkarnations-Therapie wird die Wiedergeburt als erwiesene Tatsache betrachtet; natürlich ist sie das nicht. Ich bezweifle, daß Reinkarnation jemals bewiesen werden kann, und habe auch wirklich kein Interesse daran, diesen Beweis anzutreten. Ich behandle Reinkarnation als eine Tatsache, weil das die einzige Möglichkeit ist, erfolgreich zu therapieren.«

Thorwald Dethlefsen versichert: »Ich behaupte – und diese Behauptung ist durch jeden Fachmann leicht nachprüfbar –, daß man fast automatisch auf frühere Inkarnationen stößt, wenn man nur konsequent genug nach der wirklichen Ursache eines Symptoms forscht.«

Stellt man Ausschnitte einiger seiner erfolgreichsten Protokolle vor, dann darf man aber auch nicht verschweigen, daß sie so etwas wie die großen Ausnahmefälle darstellen. Das Rückführen in frühere Leben funktioniert eben nur selten so spektakulär. Ist das der Grund dafür, daß Dethlefsen die Reinkarnations-Therapie mit Hilfe der Hypnose zumindest für die Öffentlichkeit eingestellt hat? Wenn er heute Schulungskurse abhält und Vorträge hält, dann geht es in der Regel um Fragen der Astrologie, der Meditation, der Homöopathie, um Krankheit und Schicksal als Chance. Wenn man ihn heute hört, gewinnt man den Eindruck, es wäre weder richtig noch nötig, nach Glück und Heilung zu suchen, sondern man müßte statt dessen lernen, das Leid zu tragen, um daran zu wachsen.

Das aber ist der große Konflikt, den die fernöstlichen Religionen mit ihrer Wiedergeburtslehre bisher für uns nicht überzeugend genug lösen konnten: Darf man einen Kranken überhaupt heilen – oder nimmt man ihm damit die Chance, das Karma, das er sich selbst aufgeladen hat, zu tragen? Darf ich einem Schwerbeladenen sein drückendes Bündel abnehmen, oder zwinge ich ihn damit, in einem künftigen Leben die Last erneut auf sich zu nehmen?

ES GIBT AUCH EINE »KÜNSTLICHE REINKARNATION«

Noch eine andere, überaus verblüffende Erfahrung stimmt nachdenklich – und stellt die Ergebnisse der Rückführung in ein früheres Leben in Frage: Man kann Menschen in Hypnose suggerieren, sie seien nun Leonardo da Vinci. Nicht immer, doch gelegentlich gelingt es, daß der Hypnotisierte zu Pinsel und Palette greift und erst zögernd, dann immer sicherer zu malen beginnt – und zwar ganz im Stil des großen Renaissance-Genies, ob er den Meister und seine Werke kennt oder nicht. Spricht man ihn in diesem Augenblick an, reagiert er verärgert, fühlt er sich gestört. Er sagt von sich: »Ich bin Leonardo.« Und wenn man ihn nach Autos, Flugzeugen, Fotoapparaten, Computern oder anderen modernen Geräten fragt, ist er verwirrt, weil er mit solchen Begriffen offensichtlich nichts anzufangen weiß. Es sieht ganz so aus, als wäre der Betreffende tatsächlich in die Zeit Leonardo da Vincis zurückversetzt, als denke, fühle, handle er, wie es eben der Meister selbst getan hätte.

Das Merkwürdige dabei: In solchen Hypnose-Experimenten kann das Talent eines bisher scheinbar völlig unbegabten Menschen plötzlich explodieren. Mit jeder weiteren Hypnose wird seine Kunst perfekter – und sie beschränkt sich keineswegs auf die Hypnose, sondern zeigt sich auch hinterher, wobei sich der Betroffene mehr und mehr von Leonardo da Vinci entfernt und seinen eigenen Stil entwickelt. Selbstverständlich weiß er, sobald er aus der Hypnose aufgeweckt wird, daß er nicht da Vinci ist oder einmal war. In diesem Punkt unterscheidet sich die »künstliche Reinkarnation« ganz deutlich von der Reinkarnations-Therapie. Doch möglicherweise ist es einfach zuviel verlangt, sich mit einem so berühmten Namen außerhalb der Hypnose zu identifizieren. Noch niemand hat von sich behauptet – abgesehen von Geisteskranken –, Jesus oder Buddha oder Mohammed zu sein, sondern in der Regel begnügt man sich damit, ein Zeitgenosse berühmter Leute gewesen zu sein – nicht Kleopatra, aber ihre Dienerin, nicht Karl der Große, aber sein Mundschenk.

In der Hypnose gibt es nun nicht den geringsten

Unterschied. Die Identifizierung mit der suggerierten Persönlichkeit ist hundertprozentig. Wird einem Menschen eingeredet, er sei ein alter chinesischer Künstler, dann zeichnet er in altchinesischer Manier, fertigt chinesische Schriftzeichen, die er möglicherweise niemals zuvor in seinem Leben gesehen hat. Suggeriert man ihm, ein Impressionist zu sein, dann malt er impressionistisch. Solche »künstlichen Reinkarnationen« gelingen nicht nur in der Malerei, sondern auch in der Dichtkunst, in der Musik. Wahrscheinlich war der russische Psychiater Dr. Wladimir L. Raikow der erste, der solche »künstlichen Reinkarnationen« in Moskau zustande brachte. Er versetzte Studenten aller Fachrichtungen in Hypnose, 20jährige, die sich bisher weder mit darstellender Kunst noch mit Dichtkunst noch mit einem Musikinstrument befaßt hatten. Die Erfolge waren, seinen Angaben zufolge, recht unterschiedlich. Aber alle Versuchspersonen konnten nach fünf, zehn oder zwanzig Hypnose-Experimenten etwas, von dem sie zuvor keine Ahnung gehabt hatten. Sie hatten ein schlummerndes Talent in sich entdeckt. Wichtig ist die Tatsache, daß die Studenten in Hypnose nicht irgendwie schlafwandlerisch an der Staffelei standen oder am Klavier saßen. Wer zufällig in das Atelier trat oder in den Musiksaal, der hätte nicht den geringsten Hinweis darauf entdecken können, daß sie hypnotisiert waren – abgesehen davon, daß die Hypnotisierten sich als Raffael oder als Paganini bezeichneten.

Wenn wir wüßten, was sich in der suggestiven Hypnose wirklich ereignet, wie die Identifizierung zustande kommt, dann wüßten wir sehr viel mehr über Begabungen, über geniale Leistungen, über die Möglichkeiten, eigene Talente zu entfalten, vielleicht ein unerschöpfliches Reservoir geistiger, künstlerischer oder musikalischer Fähigkeiten »anzuzapfen«. Vielleicht wüßten wir dann auch mehr über das Leben vor und nach dem Leben.

ES GEHT AUCH OHNE HYPNOSE

Bei den meisten Versuchen, mögliche frühere Leben zu ergründen, wird heute auf die Hypnose verzichtet.

Der bereits zitierte Psychologe Dr. Morris Netherton von der Universität Los Angeles hat eine andere Methode entwickelt. Er sagt: »Das Unbewußte arbeitet wie ein Tonbandgerät. Unterschiedslos registriert und bewahrt es alles, was sich ereignet. Während unser Bewußtsein in der Lage ist, die besonders schmerzlichen oder erschreckenden Ereignisse im Leben einfach zu ›vergessen‹, das heißt zu verdrängen, verschließt sich das Unbewußte niemals und prägt mit seinem Informationsvorrat Bewußtsein und Gefühlsleben eines jeden Menschen. Wenn das Unbewußte ›eingeschaltet‹ wird und mit dem ›Rückspulen‹ beginnt, merken wir plötzlich, daß wir Geschehnisse abrufen können, die lange vor unserem jetzigen Leben liegen. Die Einzelheiten dieser Rückerinnerungen formen sich zu Szenen, die der Patient dann während einer Reinkarnations-Sitzung noch einmal durchlebt.«

»Unsere erste Aufgabe in jeder Sitzung ist es natürlich, die einschneidenden Ereignisse aufzudecken – die Bandaufnahme zurückzuspulen, die das Unbewußte gespeichert hat. Viele Psychologen haben zu diesem Zweck Hypnose und Suggestion benutzt. Ich finde aber, daß diese Methode den Patienten benachteiligt. Er überläßt dem Therapeuten dabei die notwendige Kontrolle und kann selbst nichts tun, das unbewußte

Ereignis zu ›löschen‹. Es sollte aber immer der Patient sein und nicht der Therapeut, der die Arbeit leistet. Deshalb muß er sich des rückerinnerten Materials und dessen Wirkung auf seine Psyche stets voll bewußt sein. Mein Ziel ist es daher, das Unbewußte zu erreichen, ohne die Präsenz des Bewußtseins zu eliminieren.«

Dieses Ziel erreicht Dr. Netherton auf folgende Weise: Er unterhält sich mit dem Patienten – scheinbar über Belanglosigkeiten, achtet dabei aber auf Sätze, die mit starken Gefühlsregungen ausgesprochen werden und sich mehrfach wiederholen. Solche Sätze läßt er dann den Patienten immer wieder hersagen, bis das, was damit eigentlich gesagt werden soll, in der Erinnerung bildhaft auftaucht. Meistens, so sagt Dr. Netherton, liegt der Schlüssel schon im ersten Satz, den der Patient ausspricht. Ein Rechtsanwalt beispielsweise, Netherton nennt ihn Alan Hassler, kam zu ihm in die Praxis. Die Vorstellung eines Weiterlebens nach dem Tod lehnte er entschieden ab. Ja, er warf dem Psychotherapeuten sogar vor, er erwecke mit seiner Behauptung, es gäbe eine Wiedergeburt, in den Menschen auf unverantwortliche Weise falsche Hoffnungen.

Trotzdem suchte er Dr. Netherton auf. Er sagte zur Begrüßung aber nicht »Guten Tag«, er bedankte sich nicht dafür, daß der Therapeut sich für ihn Zeit genommen hatte. Er murmelte einfach: »Ich habe alles versucht!«

Wie sich später herausstellte, war dies das Schlüsselwort. Dr. Netherton unterhielt sich zunächst, scheinbar zur Einstimmung, mit ihm über sein Familienleben und erfuhr, daß Alan Hassler eine gescheiterte Ehe hinter sich hatte und eben den Zusammenbruch der zweiten Ehe erlebte.

Aus dem Gespräch ergab sich, daß der Anwalt völlig

unfähig war, Partnerschafts- und Familienprobleme zu lösen. »Ich kann gegen den härtesten Richter antreten«, sagte er, »aber wenn zu Hause etwas los ist, verdrücke ich mich durch die Hintertür. Ich möchte bloß davonlaufen und mich verstecken.«

Und dann wiederholte er mehrfach: »Es ist alles so hoffnungslos!«

Dr. Netherton bat seinen Patienten, sich auf die Couch zu legen und sich zu entspannen. Er forderte ihn auf, immer wieder den Satz zu sagen: »Es ist alles so hoffnungslos!«

Doch das war nicht der Schlüsselsatz. Alan Hassler sprach ihn aus, ohne daß in seiner Erinnerung ein Bild, eine Szene aufgetaucht wäre.

Der Therapeut versuchte es mit dem Satz: »Ich möchte mich bloß verstecken.« – wieder mit negativem Ergebnis. Es tat sich nichts. Da erinnerte er sich an den ersten Satz an der Tür: »Ich habe alles versucht!« Der Anwalt mußte diesen Satz wiederholen – und plötzlich war die gesuchte Szene da: »Ich bin auf einer Farm. Doch es sieht aus wie in der Wüste...«

Und nun erzählte Alan Hassler stockend, aber mit großen Gefühlsregungen, daß Wind und Dürre sein Lebenswerk zerstört hätten. Das Haus hat er schon hergeben müssen. Jetzt lebt er mit seiner Familie in der Scheune. Seine Frau tötet in ihrer Verzweiflung die Kinder. Als er das Unheil entdeckt, erschießt er seine Frau und sich selbst.

Dr. Netherton erklärt: »Wenn jemand immer wieder sagt: ›Ich ersticke in dieser Umgebung.‹ – dann muß man das ganz wörtlich verstehen und sich fragen: Wie war das mit dem Ersticken? Dann stößt man früher oder später auf ein Ereignis in einem Vorleben, bei dem der Patient wirklich erstickte.«

Ein junger Mann, der Dr. Netherton aufsuchte, schilderte seine Not: »Es ist mir, als hätte ich einen Pfahl im Fleisch!« Der Patient litt an heftigsten Magenschmerzen. Von diesem Schlüsselsatz ausgehend, tauchte ein früheres Leben im Gedächtnis des Patienten auf: Als Eingeborener irgendwo in Afrika hatte er die Frau eines Jägers verführt. Als der Jäger früher als erwartet nach Hause kam und ihn ertappte, durchbohrte er ihn mit seinem Speer: »Er hat mich getroffen. Genau hier in die Eingeweide. Ich bin dann an den Pfahl genagelt worden, der die Hütte trägt.«

Die Beispiele, die Dr. Morris Netherton und Dr. Nancy Shiffrin in ihrem Buch anführen, unterscheiden sich nicht grundlegend von Tonbandprotokollen, die Thorwald Dethlefsen und andere während der Hypnose aufgenommen haben. Hier wie dort werden keine kühlen, distanzierten Berichte von Vorleben geboten, sondern werden bestimmte, markante Augenblicke aus früheren Leben noch einmal durchlitten. Und wiederum sind es ausschließlich entsetzliche, grausame, schmerzliche Augenblicke – meistens erlittene sexuelle oder blutige Gewalttaten, unerträgliche Erfahrungen während der Geburt oder im Sterben.

Sehr viel deutlicher als Dethlefsen hat Netherton aber den »roten Faden« herausgearbeitet, der alle Inkarnationen miteinander verbindet.

Das liest sich dann etwa so:

Ein 18jähriges Mädchen leidet unter epileptischen Anfällen, unter dem Zwang, ständig Medikamente einnehmen zu müssen, und unter der Unfähigkeit, eine glückliche Liebesbeziehung aufzubauen. Mit ihrem Vater kommt sie überhaupt nicht zurecht. Der Hintergrund: In einem früheren Leben wurde sie von ihrem Vater die Treppe hinuntergestoßen, weil sie ein Verhältnis mit einem jungen Mann hatte. Dabei verletzte sie sich am Kopf so schwer, daß sie starb. Zwei andere Leben beendete sie mit Überdosen von Schlaftabletten. Dieses Leben im Mutterleib begann damit, daß die Mutter während eines Streits mit dem Vater, bei dem es um Tabletten ging, die sie einnehmen sollte, hart mit dem Bauch gegen den Küchentisch stieß...

Das Mädchen wurde, nachdem es dieses Wissen ins Bewußtsein gerufen und so die damit verbundene Angst »gelöscht« hatte, soweit gesund, daß sie auf alle Medikamente verzichten und sogar den Führerschein machen konnte, den Epileptiker normalerweise nicht bekommen.

Eine 24jährige Frau stand kurz vor der Hochzeit, als der Arzt bei der Vorsorgeuntersuchung Gebärmutterhalskrebs diagnostizierte und eine Totaloperation empfahl.

Der Hintergrund: In einem früheren Leben starb diese Frau bei der Geburt ihres 11. Kindes. Die Gebärmutter riß und sie verblutete.

In einem anderen Leben im 18. Jahrhundert war sie ein Mann und Medizinstudent. Bei der Autopsie einer Mutter, die bei der Geburt ihres siebten Kindes gestorben war, zeigte der Professor den Studenten die Gebärmutter dieser Frau: »Sie ist völlig zerstört – wie meistens nach so vielen Schwangerschaften.«

Im nächsten Leben war sie eine Farmersfrau im Westen Amerikas. Sie erwartete gerade ein Kind nach vier Fehlgeburten, als ihr Mann vor ihren Augen von Indianern ermordet wurde. Sie sah wie gelähmt zu, unfähig, ihm zu helfen. Der Mörder ihres Mannes führte sie zum Ehebett und liebte sie. Der Akt war in diesem Fall aber keine Vergewaltigung, sondern ein überaus zärtliches, aufwühlendes, endloses Lieben, das sie mehr erregte als alles, was sie bisher erfahren hatte. Schuld, Angst, Scham und Lust bildeten in ihr ein unentwirrbares Knäuel – als sie von dem Indianer auf grausame Weise umgebracht wurde.

Im letzten Vorleben wurde sie angeblich ohne Gebärmutter geboren.

Im jetzigen Leben hörte sie als Embryo im Mutterleib ihren Vater zur Mutter sagen: »Warum läßt du dir deine Gebärmutter nicht herausschneiden?« Damit wollte er weiteren Kindersegen verhindern.

Dr. Netherton schließt diesen Fall: »Danach ging sie erneut zum Gynäkologen und ließ die Gebärmutter untersuchen. Alle Tests waren negativ. Die Hochzeit fand termingerecht statt. Zwei Jahre später brachte sie einen gesunden Jungen zur Welt…«

GEBURT UND TOD –
SCHLÜSSELMOMENTE DES LEBENS

Sollte die Einsicht in früheres Leiden – das sich immer um dasselbe Organ, die Gebärmutter, drehte – die Patientin tatsächlich vom Krebs geheilt haben?

»Die Geburt«, sagt Dr. Netherton, »prägt vor allem die Belastbarkeit des Einzelnen, stellt sie doch die erste ›bewußte‹ Situation dar, in der wir Belastung erfahren… Wenn die Entbindung schwierig verläuft und die Mutter das Kind innerlich ablehnt, wird Streß ein lebenslanges Problem für das Kind sein… Ich glaube, daß jeder Mensch eine Art Geburtstrauma erlebt… Je mehr sich die ›sanfte Geburt‹ durchsetzt, desto rascher wird die Zahl schwerer Geburtstraumata sinken. Langfristig gesehen wird dann, als Resultat dieser veränderten, ›menschlicheren‹ Bedingungen, eine Bevölkerung heranwachsen, die den Belastungen des Lebens besser zu begegnen weiß.«

»Der Tod«, so Dr. Netherton weiter, »ist der Moment, in dem wir alles unvollendet zurücklassen müssen. Kommt er plötzlich, nehmen wir die ungelöste Situation mit ins nächste Leben, wo wir im Unterbewußtsein versuchen, das ›damals‹ nicht mehr gelöste Problem im jetzigen, neuen Leben zu bewältigen ... Das unbewältigte Todestrauma ist eine Hauptursache für Verhaltensstörungen. Die meisten Schwierigkeiten, von denen mir Patienten berichtet haben, hatten ihre Wurzeln in Toden aus früheren Leben; wenn ihre Bedeutung gelöscht ist, lösen sich viele Störungen einfach in Luft auf.«

»Drüben« aber, zwischen Tod und neuer Geburt, sind wir nach dem, was Dr. Netherton als Erfahrung übermittelt, dieselben wie hier. »Wir verhalten uns außerhalb des Körpers nicht anders als in ihm; unfähig oder unwillig, aus unseren Erfahrungen im Körper zu lernen, warten wir in der ›Zwischenzeit‹ nur, bis wir wieder einen Körper finden, der uns erlaubt, die alten Verhaltensmuster neu zu aktivieren.«

In wenigstens einem Fall ist es Dr. Netherton gelungen, das geschilderte Vorleben tatsächlich aufzuspüren und zu belegen. Eine Patientin erzählte ihm nämlich, sie habe sich als Rita McCullum am 11. Juni 1922 in Manhattan, in der Nähe der »Seventh Avenue«, erhängt. Dr. Netherton konnte den Totenschein dieser Frau auftreiben. Es hat sie wirklich gegeben. Aber sind die Patientin der 70er und die Erhängte der 30er Jahre auch ein und dieselbe Person?

»Solche Ergebnisse«, sagt der Wissenschaftler, »können nicht als ›Beweise‹ gewertet werden. Aber die Annahme von Inkarnationen scheint die plausibelste Erklärung für viele dieser Daten zu sein.«

Da stehen wir erneut kurz vor der Tür, die den Zugang zur Gewißheit eröffnet. Doch nach wie vor bleibt sie verschlossen. Fast noch stärker als bei Dethlefsen drängt sich bei Netherton der Verdacht auf, daß das, was hier als »Vorleben« geschildert wird, Projektionen der Ängste und Wünsche sind. Wenn wir einräumen, daß es sich bei den »Erinnerungen« um Äußerungen von Patienten, also kranker Menschen, handelt, dann dürfen wir uns über die düsteren, grausamen, trostlosen Inhalte nicht wundern. Doch wieder kommen wir nicht an der Frage vorbei: Wenn es die Wiedergeburt tatsächlich gibt, müßte es dann nicht auch positive, erfreuliche, beglückende Erinnerungen an frühere Leben geben? Oder werden vielleicht – was die Geschichten Dr. Nethertons nahelegen – nur solche Menschen unaufhörlich wiedergeboren, die besonders Scheußliches erleben mußten? Wäre das nicht eine unvorstellbare Grausamkeit des Schicksals?

DIE »GALLUP-UMFRAGE«
HYPNOTISIERTER GRUPPEN

Die amerikanische Psychologin Dr. Helen Wambach hat versucht, System in das Fragespiel um die Reinkarnations-Erinnerungen zu bringen. Ihr ging es in erster Linie nicht um therapeutische Verarbeitungen früherer Inkarnationen, sondern um das Herausfinden von allgemein gültigen Gesetzmäßigkeiten und um statistisch relevante Erhebungen. Entsprechend arbeitete sie nicht mit Einzelpersonen, auch nicht mit Patienten, sondern mit »Versuchspersonen«, Menschen, die sich für das Thema interessierten und die sich freiwillig bereit erklärten, bei Gruppen-Hypnose-»Trips« mitzumachen.

Es handelte sich dabei um Gruppen, die jeweils rund 50 Personen oder auch mehr umfaßten, die Helen Wambach in allen Landesteilen Amerikas um sich sammelte, um ein möglichst breites, kulturell unterschiedliches Spektrum zu bekommen. Rund vierzigmal hat Helen Wambach solche Gruppenhypnosen durchgeführt. Die brauchbaren Antworten von 750 Versuchspersonen wurden dann gründlich ausgewertet. Die Versuchspersonen wurden dreimal für insgesamt rund 4 Stunden in Hypnose versetzt – wobei Helen Wambach auch hier mit System arbeitete: Sie selbst befand sich in einem veränderten Bewußtseinszustand, schöpfte ihre Ideen und Erinnerungen, wie sie sagt, aus der rechten Gehirnhälfte. Sie suggerierte den Hypnotisierten: »Ihr bewußter Geist wird nicht verstehen, was ich Ihnen als nächstes sagen werde. Ich spreche zu Ihrem Unterbewußtsein. Ich möchte, daß Sie die Frequenz Ihrer elektrischen Gehirnwellen auf fünf Schwingungen pro Sekunde reduzieren.« Dies tat sie, weil das angeblich der Zustand ist, in dem sonst unerreichbares Gedächtnismaterial am sichersten aus dem Unbewußten auftaucht – ohne daß man es nach dem Erwachen aus der Hypnose wieder vergessen hätte. Nach der Rückführung in frühere Leben konzentrierte sich Helen Wambach mit ihren Versuchspersonen auf den Augenblick unmittelbar vor der Rückkehr in dieses Leben. Und dann stellte sie, im Abstand von nur fünf Sekunden, höchstens einer Minute, zehn Fragen, die später, nach der Hypnose, auf einem Fragebogen beantwortet werden sollten:

* Haben Sie sich selbst dafür entschieden, geboren zu werden?
* Hilft Ihnen jemand bei der Wahl?
* Wie fühlen Sie sich bei der Aussicht, das kommende Leben zu leben?

* Haben Sie einen Grund dafür, ausgerechnet die zweite Hälfte des 20. Jahrhunderts zu wählen, um die Erfahrung physischen Lebens zu machen?
* Haben Sie Ihr Geschlecht für das kommende Leben selbst gewählt?
* Was ist der Grund, daß Sie in dieses, Ihr gegenwärtiges Leben kommen?
* Haben Sie Ihre Mutter schon in einem früheren Leben gekannt?
* Haben Sie Ihren Vater in einem vergangenen Leben gekannt?
* Können Sie, ehe Sie geboren werden, andere wahrnehmen, die Sie im kommenden Leben kennen werden – und haben Sie sie in einem vergangenen Leben gekannt?
* Erleben Sie sich im Fötus – außerhalb des Fötus?

Kurz vor dem Ende der Hypnose gab Helen Wambach ihren Versuchspersonen noch den posthypnotischen Befehl: »Nun ist es Zeit, ins normale Leben zurückzukehren. Wenn Sie erwachen, werden die Antworten, die auf meine Fragen aufblitzten, noch in ihrem Gedächtnis lebendig sein.«

FREIWILLIG – ABER WIDERSTREBEND

Die Psychologin gibt an, daß es ihr jeweils gelang, etwa 90 Prozent der Versuchspersonen zu einem früheren Leben zu führen – aber nur etwas unter 50 Prozent vermochten die Geburtserfahrung, den Augenblick der Rückkehr in dieses Leben, ins Gedächtnis zu rufen. Den Grund für die hohe Versagerquote in diesem Fall sieht Helen Wambach in der Tatsache, daß die eigentliche Tragödie der Existenz nicht der Tod, sondern die Geburt sei. Der Tod befreit, die Geburt ist Anfang neuer Schwierigkeiten. Eine verblüffend große Zahl, 90 Prozent – das ergab die Auswertung der Fragebogen –, empfanden den Tod in früheren Leben im nachhinein als angenehm. Bei der Geburt dagegen war fast immer zumindest ein sanfter Druck nötig.

81 Prozent haben sich freiwillig für das neue Leben entschieden – aber nur 28 Prozent von ihnen verspürten bei der Erwartung dieses Lebens eine gewisse Freude oder erwartungsvolle Spannung.

3 Prozent – eine verschwindende Minderheit – warteten voller Ungeduld auf das neue Leben und ließen sich auch von Warnungen nicht zurückhalten.

Die größte Gruppe, nämlich 67 Prozent, gab an, nur widerstrebend in das körperliche Leben zurückgekehrt zu sein. Sie notierten beispielsweise: »Es war eine schwierige Entscheidung. Da war eine Gruppe, die mir bei der Entscheidung half. Sie hörten zu, was ich vorhatte, und machten einige Vorschläge. Meine Empfindungen über das kommende Leben waren, daß ich nicht glücklich sein würde. Aber ich wußte, daß das, was ich jetzt tun mußte, wichtig genug war, um meine Gefühle, nicht in eine physische Welt eingeschlossen sein zu wollen, beiseite zu schieben.«

Immer wieder findet sich auf den Fragebogen der Aufschrei: »O nein, nicht schon wieder!«

19 Prozent versuchten sich dagegen aufzulehnen, wiedergeboren zu werden. Sie gaben letztlich einem starken Druck nach.

Ihre Aussagen lesen sich etwa so: »Nein, ich wollte nicht. Aber ich wurde von anderen genötigt. Es scheint, als wäre da jemand weiter oben oder andere gewesen, die insistierten. Ich wollte überhaupt nicht auf die Welt.«

Oder: »Ich hatte keine Wahl. Ich war wütend, wieder leben zu müssen.«

ES GIBT DOCH HELFER

Die zweite Frage nach Helfern im Jenseits beantworteten nahezu alle Befragten positiv – dieses Ergebnis steht im krassen Gegensatz zu dem, was Thorwald Dethlefsen von der Einsamkeit und Isoliertheit »drüben« behauptet.

59 Prozent erwähnten mehr als einen Helfer. Mal war es eine ganze Konferenz, mal war es ein Rat von 12 Weisen, mal waren es (bei 10 Prozent) Menschen aus dem gegenwärtigen Leben, die Mutter, der Vater oder Verwandte, die vor der Geburt der Versuchsperson verstorben waren.

Nur verschwindend wenige, nämlich 0,1 Prozent, nannten Gott als die Kraft, die sie zu einem neuen Leben führte. Auch wenn die Rede war von geistigen Führern, handelte es sich offensichtlich um Gefährten, meistens um Menschen, die ebenfalls auf eine neue Geburt warteten – oder sie vielleicht nicht mehr nötig hatten.

RÜCKKEHR OHNE JUBEL

Insgesamt 68 Prozent der Versuchspersonen fühlten Widerstreben, Angst oder eine Art Resignation, als ihnen bewußt wurde, daß ein neues Leben in einem Körper beginnen sollte.

Das war die Antwort auf die dritte Frage: Die Aussicht auf ein neues Leben war erschreckend, offensichtlich weil der Mensch schon vor seiner Geburt weiß, was auf ihn zukommt, sein künftiges Leben genau überschauen kann, und weil der Zustand ohne Körper beglückender, problemfrei ist.

»Die Eindrücke nach der Geburt waren, daß es sehr spaßig ist. Die Leute denken, du weißt nichts, aber du weißt alles. Und das ist sehr spaßig«, notierte eine Versuchsperson.

WARUM GERADE JETZT?

Auf die Frage nach der Zeitwahl: Warum ausgerechnet zweite Hälfte des 20. Jahrhunderts? wußten überraschend viele, nämlich 41 Prozent, also fast die Hälfte, keine Antwort. Sie notierten kurz: »Das war so festgelegt.« Oder: »Es war einfach Zeit.« Oder: »Meine Ruhezeit war beendet.«

Immerhin 59 Prozent gaben einen sehr konkreten Grund für ihre Rückkehr genau zu diesem Zeitpunkt an.

Die Mehrheit von ihnen, nämlich 34 Prozent aller Versuchspersonen, wählten unsere Zeit, weil in ihr ein »neues Zeitalter« anbricht. Sie notierten beispielsweise: »Ich wählte dieses 20. Jahrhundert, weil es die Dämmerung eines neuen Zeitalters des Bewußtseins ist und viele, viele Seelen eine neue Stufe der Identität erreichen werden.«

Oder: »Es ist eine Zeit des großen Erwachens.«

Oder: »Wegen der Einheit aller Geister im neuen Zeitalter.«

Oder: »Ich will dazu beitragen, daß das Bewußtsein der Zusammengehörigkeit in dieser Zeitperiode weitergetrieben wird.«

Weitere 30 Prozent (die Zahlen ergeben mehr als 100 Prozent, weil die Fragebogen Doppelnennungen enthalten) gaben an, aus persönlichen Gründen genau diesen Zeitpunkt gewählt zu haben. Sie schrieben beispielsweise: »Ich wählte diese Zeit, weil ich wieder mit meinem Ehemann zusammensein wollte.«

Oder: »Ich kam jetzt, um jemanden zu treffen, obwohl ich nicht genau weiß, wer es ist, den ich finden muß. Bis jetzt habe ich ihn noch nicht getroffen.«

Oder: »Ich wählte diese Zeit, weil ich intensiv wünschte, mit meinen Kindern zusammenzusein, die ich im vergangenen Leben gehabt habe. Aber nun sind sie gar nicht meine Kinder. Sie stehen in einem anderen Verwandtschaftsverhältnis zu mir.«

4 Prozent von denen, die eine Antwort wußten, meinten, sie wären gerade in diese Zeit gekommen, weil sie besonders schwierig würde und somit die beste Möglichkeit zur Entfaltung biete: »Ich fühlte, daß ich in dieser Zeit mehr Gelegenheit haben würde, Menschen glücklich zu machen.«

Oder: »Ich hatte das Gefühl, daß ich diese Zeitperiode wählte, weil es gegen Ende dieses Jahrhunderts eine große, weltweite Unruhe geben würde.«

4 Prozent nannten den Zeitpunkt für richtig, weil sich in ihm die Rolle der Frau wandeln würde: »Ich kam als Frau in das 20. Jahrhundert, um hier die Möglichkeit zu geistigem und auch sexuellem Wachstum zu finden.«

Daneben finden sich aber auch einzelne, sehr vordergründige Angaben, wie etwa: »Ich kam jetzt, weil ich sehr viel Wohlstand haben wollte.«

WARUM ALS FRAU ODER ALS MANN?

Und wie steht es mit der Wahl des Geschlechts?

24 Prozent gaben an, ihr Geschlecht im neuen Leben nicht selbst gewählt zu haben. Oder sie sagten, diese Wahl sei völlig bedeutungslos gewesen.

»Ich nahm, was verfügbar war.«

»Das Geschlecht spielte für meine Aufgabe keine Rolle.«

48 Prozent bekannten sich dazu, sie hätten eine Frau werden wollen, um ganz bestimmte weibliche oder mütterliche Aufgaben erfüllen zu können: »Ich entschied mich dafür, eine Frau zu werden, weil ich fühlte, es würde für eine Frau leichter sein, den Menschen zu helfen.«

Ein ganzes Drittel dieser Frauen nannte als Grund für die Wahl des Geschlechts: »Ich wollte Kinder bekommen können.«

Doch es gab auch Antworten wie: »Ich entschied mich für meinen weiblichen Teil, weil ein Mann sich nie so hingeben kann wie eine Frau.«

Oder: »Die weibliche Rolle war etwas Neues für mich.«

Oder: »Es blieb mir gar nichts übrig. Mein Verlobter hatte sich sein Leben bereits ausgesucht. Ich mußte eine Frau werden, wollte ich mit ihm zusammensein.«

Die Männer (28 Prozent) begründeten ihre Entscheidung, als Mann zur Welt zu kommen, weit vielfältiger. Sie sahen größere Chancen, etwas zu erreichen, sie wollten dominieren – oder, und das war nicht eben selten, sie hatten in der letzten Inkarnation als Frau schlechte Erfahrungen gemacht und wollten dem diesmal aus dem Weg gehen.

WARUM ÜBERHAUPT WIEDERGEBOREN?

Doch weiter zur 6. Frage: Was ist der Grund, daß Sie in dieses, Ihr gegenwärtiges Leben kommen? Anders gefragt: Warum leben wir?

Die Antworten waren verblüffend einfach – fast zu einfach. Die größte Gruppe, 27 Prozent, erkannte den Sinn dieses Lebens darin, geistig zu wachsen und sich anderen mitzuteilen: »Meine Aufgabe ist es, mit anderen zusammenzuarbeiten, um in dieser Zeitperiode ein höheres Bewußtsein zu entwickeln.«

Oder: »Mein Ziel ist es, die Entwicklung meiner Seele zu fördern, mich mit meinen Mitmenschen zu verstehen und ein tieferes religiöses und geistiges, ein kraftvolleres Stadium des Bewußtseins mit anderen zu erreichen.«

Oder: »Ich glaube, meine Aufgabe besteht darin, Demut zu lernen, zu lernen, daß jedermann im Innern von gleicher Art ist, daß es keine besseren oder schlechteren Menschen gibt. Das muß ich erst lernen, dann anderen zeigen und lehren.«

25 Prozent erkannten ihren Lebenssinn darin, mehr Erfahrungen zu sammeln: »Mein Ziel ist einfach, weiterzukommen und zu vollenden, so gut ich kann – nur zu leben und zu erfahren.«

Oder: »Ich bin zu eigenwillig und bin diesmal hier, um mich mit meinem mächtigen Ego auseinanderzusetzen.«

18 Prozent sahen ihre Aufgabe darin, in diesem Leben irgend etwas, was in einer früheren Inkarnation unerledigt blieb, zum Ende zu führen oder etwas, das damals falschlief, zu korrigieren: »Ich muß meinen Eltern helfen, ihr Karma weiterzuführen.«

Oder: »Es muß mir diesmal gelingen, mich von Mutter und Schwester zu lösen.«

Oder: »Ich muß zwei Menschen begegnen. Einen kenne ich aus der Maya-Zeit. Ihn muß ich finden. Der andere wird mein Kind, auf das ich warte.«

Weitere 18 Prozent sind überzeugt, daß sie vor allem soziales Verhalten lernen müssen: »Meine Bestimmung ist es zu lernen, ernsthaft zu lieben.«

Oder: »Ich muß lernen, mich nicht so besitzergreifend an andere zu hängen.«

Die restlichen 12 Prozent gaben unterschiedliche Motive für ihre Rückkehr an. Etwa: »Es gilt, die Furcht zu überwinden.« Oder: »Ich muß Führungsqualitäten entfalten.«

WIEDERSEHEN MIT BEKANNTEN

Viel interessanter als die Erklärungen ist das, was die Versuchspersonen über Wiederbegegnungen mit Verwandten und Bekannten aus früheren Inkarnationen und aus der Zeit zwischen den Leben aussagten.

87 Prozent der Befragten gaben an, Eltern, Sexualpartner, Verwandte, Freunde von früheren Leben her zu kennen. Manchmal hätten sie in genau demselben Verhältnis zueinander gestanden wie in diesem Leben, häufiger wäre die Frau von heute damals die Schwester oder die Mutter gewesen, der Vater ein Bruder, der Sohn oder ein guter Freund: »Meine Mutter war einmal eine Studienkollegin. Wir hatten eine sehr beglückende Kameradschaft. Mein Vater war mein älterer Bruder.«

Oder: »Meine Mutter war in einem früheren Leben auch meine Mutter, aber sie war in einem anderen Leben auch mein Kind. Ehe ich geboren wurde, sagten mir meine jetzigen Kinder, daß sie meine Kinder werden wollten. Ich kannte sie nicht aus früheren Leben, sondern aus der Zeit zwischen den Leben.«

Oder: »Ich kannte meine Mutter, und ich wußte, daß ich sie ausgesucht hatte, weil wir etwas noch nicht beendet hatten, was wir miteinander zu erledigen hatten.«

Oder: »Mein Vater und ich waren Zwillinge, so daß wir einander sehr nahestanden. Ich bemerkte, daß zahlreiche andere verwandtschaftliche Beziehungen aus früheren Leben stammten. Ich war froh, eine Schwester statt die Ehefrau meines Bruders zu sein.«

13 Prozent fanden auf die Fragen 7, 8 und 9 keine Antwort. Interessanterweise waren es jene, die angaben, sie hätten sich geweigert, wiedergeboren zu werden.

Helen Wambach weist ausdrücklich darauf hin, daß »die Freudsche Hypothese, daß die Tochter sich den Vater als Geliebten wünsche, in diesen Erhebungen nicht aufschien, ebensowenig wie Söhne ihre Mutter in vergangenen Leben häufiger als Ehefrauen denn in anderen Verwandtschaftsverhältnissen sahen«.

IM FÖTUS ODER DRAUSSEN?

Auf die letzte Frage nach dem Augenblick der Verbindung der Seele mit dem Fötus oder Embryo gab es die verblüffendsten Antworten. Ab wann ist das keimende Leben im Mutterschoß beseeltes Leben?

Erinnern wir uns an die eingangs des Buches geschilderte Geschichte des kleinen Gregor, der einem Ärztefehler zum Opfer fiel und so unsinnig sterben mußte, während seine Mutter bereits ihr zweites Kind unter dem Herzen trug. Die erschütterte Mutter versprach dem verstorbenen Kind, es dürfe wiederkommen, wenn es das wünsche. Kurze Zeit später gab sich der Zweitgeborene als der wiedergeborene Gregor zu erkennen. Wir fragten uns: Was lebte unter dem Herzen von Frau Lang, bevor Gregor darin wiedergeboren wurde. Etwa ein seelenloses Geschöpf?

Die Befragungen von Helen Wambach scheinen darauf eine Antwort zu geben: 89 Prozent der Versuchspersonen gaben an, sie hätten sich erst nach dem sechsten Monat der Schwangerschaft mit dem Fötus verbunden. Und auch danach noch seien sie irgendwie zugleich innerhalb und außerhalb des fötalen Körpers gewesen. Sie hätten sich selbst »von außen« sehen können.

Genau ein Drittel der Befragten, nämlich 33 Prozent, notierten, sie hätten sich erst unmittelbar vor oder gar während der Geburt mit dem Körper vereinigt.

Die Aussagen lauteten beispielsweise: »Ich war nicht vollständig mit dem Fötus verbunden. Ich konnte sein und mich bewegen wie in der Zeit, bevor ich in den Fötus einging. Ich verband mich erst, als er fertig zur Geburt war.«

Oder: »Ich verband mich mit dem Fötus irgendwann im neunten Monat.«

Oder: »Ich schien mit dem Fötus nicht verbunden zu sein, bis zum Augenblick der Geburt.«

Oder: »Ich kam in den Fötus am Anfang für eine Weile, spaltete mich dann aber wieder ab und kam erst zurück, als es Zeit war, geboren zu werden.«

Oder: »Ich war mit dem Fötus nicht verbunden, schien ihm aber irgendwie nahe zu sein.«

Nur 11 Prozent erklärten, sie seien schon im Augenblick der Empfängnis oder kurz danach im Fötus anwesend gewesen. Aber fast alle berichteten, sie hätten ganz deutlich gewußt oder gespürt – und das von Anfang an –, was die Mutter empfand, ob sie sich auf das Kind freute, es liebte oder ablehnte, ob sie Angst hatte, sich Sorgen machte, ob sie an eine Abtreibung dachte und ähnliches: »Ich fühlte, daß meine Mutter sehr nervös und keineswegs glücklich über die Geburt war.«

Oder: »Sie hatte Angst. Ich bemerkte auch den Arzt und die Schwestern und den Entbindungsraum.«

Oder: »Mir war bewußt, daß sie wußte, daß sie in zwei Tagen (nach der Geburt) sterben würde.«

Oder: »Ich fühlte von seiten meiner Mutter einigen Unmut, aber ich fühlte mich sehr sicher bei ihr trotz ihres Nörgelns.«

KLISCHEEVORSTELLUNGEN ODER NICHT?

Helen Wambach hat mit ihren Versuchspersonen auch die Frage untersucht, ob sich in der hypnotischen Rückführung typische Klischeevorstellungen zeigen, so daß man auf reine Phantasiebilder rückschließen kann.

Fragt man also beispielsweise: »Was passierte 1850?«, dann müßten sich, handelte es sich um Phantasien bei amerikanischen Versuchspersonen, vorwiegend Szenen wie »Bonanza« finden. Bei der Vorstellung des Jahres 1700 müßten vorwiegend Bilder von der Eroberung der Neuen Welt, vom Kampf mit Indianern, auftauchen. Wer sich nun einbildet, vor rund 2000 Jahren schon einmal gelebt zu haben, der würde sich wohl an die Kreuzigung Jesu Christi, an die Zerstörung des Tempels in Jerusalem oder an Cäsar und Kleopatra erinnern. Und was gäbe es weitere 500 Jahre davor? Wikingerraubzüge? Frondienst im Ägypten der Pharaonen? Indische Tempeldienste?

Wären die geschilderten Vorleben also von Kinoszenen, von Romanen, geschichtlicher Literatur geprägt, wie sie der Durchschnittsamerikaner zu Gesicht bekommt, dann, so folgerte Helen Wambach, müßten solche »Phantasien« vorherrschen.

Das Ergebnis ihrer Erfassungen zeigte ein ganz anderes Bild: Vor 2500 Jahren lebte die Mehrzahl der Befragten im Nahen Osten, in der Gegend von Euphrat und Tigris, irgendwo in Asien. Nicht ein einziger, der um das Jahr Christi Geburt existierte, hatte etwas von Christus gehört.

Um 1700 sahen sich nur 16 Prozent in Amerika. Einige waren Indianer. Fast die Hälfte lebte in Europa.

Um 1850 war erst die Hälfte der Versuchspersonen in Nordamerika, die Mehrheit davon im Osten und im Süden der heutigen USA.

Helen Wambach meinte zu diesem Ergebnis: »Sollten die Leute ›Geschichten‹ erzählt haben, dann waren das sicherlich nicht in unserem Kulturkreis allgemein bekannte Erzählungen. Entweder meine Versuchspersonen waren alle sehr gelehrt und belesen, daß sie es – unabhängig voneinander – fertigbrachten, mit Leben aufzuwarten, die historisch ›stimmten‹ – oder aber die Hypnose ist in der Lage, echte Erinnerungen aus der Vergangenheit abzurufen.«

Auf Dr. Netherton und Helen Wambach mußte hier so ausführlich eingegangen werden, weil die beiden heute immer wieder als »Kronzeugen« für die Reinkarnation zitiert werden. Angeblich hätten sie die wissenschaftlichen Beweise geliefert. So interessant und imponierend es sein mag, was die beiden vorlegt haben: Beweiskraft kann es nur für den besitzen, der von vornherein zu glauben bereit ist.

Das gilt in besonderer Weise für das Material, das Helen Wambach vorlegt. Die wichtigsten Argumente gegen ihre »verblüffenden Testergebnisse«: Ganz offensichtlich bestand die Mehrheit ihrer Versuchspersonen aus esoterisch orientierten Leuten, die schon vor den Experimenten in Hypnose von der Wiedergeburt überzeugt waren – oder zumindest stark geneigt, daran zu glauben. Helen Wambach bestätigt dies selbst: Die Leute waren zu ihr gekommen, um etwas über sich zu erfahren. Es war also ohne Zweifel eine gewisse Erwartungshaltung gegeben.

Sodann: Die Fragebogen sind erst nach der Hypnose ausgefüllt worden, also zum Zeitpunkt, da das Bewußtsein wieder voll erwacht war – und sicherlich auch versuchte, die erlebten Eindrücke während der Hypnose zu kommentieren, zu korrigieren, zu deuten. Es ist auch für den Experten nicht mehr möglich – zumindest nicht immer und nicht mit der nötigen Sicherheit –, Aussagen des Unbewußten und des Bewußten voneinander zu trennen. Hier wird weder an der Ehrlichkeit der Versuchspersonen noch an den Bemühungen der Psychologin gezweifelt, die Fragebogen objektiv und unvoreingenommen auszuwerten. Nur eben: Beweiskraft kann den Ergebnissen nicht zugesprochen werden.

FÜNFMAL ALS ZEUGE BEI EINER KREUZIGUNG

Auch dann hat es keine Beweiskraft, wenn, wie in einem Fall, den Dr. Netherton schildert, verschiedene Personen aus verschiedener Sicht ein und dasselbe geschichtliche Ereignis schildern – ohne selbst zu begreifen, wovon sie reden: Im April 1970 sieht sich ein Patient an einem heißen Tag auf staubiger Straße. Er ist seit Tagen unterwegs, eine wichtige Botschaft zu überbringen. Da stürzt ein Mann auf ihn zu. Er ist außer sich vor Aufregung und ruft: »Komm schnell, sie töten ihn.

Wir konnten es nicht verhindern.« Die beiden rennen einen Hügel hinauf. Und dann sehen sie die Kreuze. Es sind etwa vierzig. Der Bote will zu einem bestimmten Kreuz eilen. Er drängt sich durch die Menge. Da schlägt ihn ein Wachsoldat nieder. Er verliert das Bewußtsein...

Drei Jahre später berichtet ein zweiter Patient dieselbe Geschichte – aus seiner Sicht: Er ist 12 oder 13 Jahre alt, als er die vielen Kreuze sieht. Seine Mutter versucht, ihn wegzuziehen. Da drängt sich plötzlich ein staubbedeckter Mann durch die Menge, schreit und will auf eines der Kreuze zugehen. Doch ein Wachsoldat schlägt ihm den Speer über den Kopf. Der Mann bricht zusammen... Acht Monate später schildert eine Patientin die Kreuzigungsszene – wiederum, ohne zu ahnen, worum es sich handelt. Und auch sie sieht den Boten, der zusammengeschlagen wird: »Ein Mann bahnt sich seinen Weg durch die Menge. Er schreit etwas, aber ich kann die Worte nicht hören... Eine Wache hat ihn getroffen. Er blutet am Kopf, liegt am Boden. Ich glaube, er ist tot...«

Wieder ein Jahr später kommt eine Patientin erneut auf diese Szene zu sprechen. Sie erlebt sich als etwa neunjährig, als Kind, das, von Neugierde getrieben, zusieht, wie man einen Gekreuzigten ins Grab legt: »Da steht ein Mann, er ist reingetreten, sieht halb betäubt aus. Er hat eine Schnittwunde über dem Auge, eine Schwellung und einen glasigen Blick. Sein Kopf ist zerhauen...«

Schließlich, fast fünf Jahre, nachdem die Szene zum erstenmal aufgetaucht ist, wird sie erneut erzählt. Eine Patientin sieht sich als Soldat vor den schon abgenommenen Leichen der Gekreuzigten. Und sie fragt einen anderen Soldaten: »Hast du den umgebracht, den du mit deinem Speer getroffen hast?« Der andere antwortet: »Nein, er ist nur ohnmächtig geworden. Doch inzwischen dürfte er wohl tot sein...«

Wohlgemerkt: Keiner der fünf Patienten erwähnte Jesus. Es gibt nicht einmal einen direkten Hinweis darauf, daß sie in der Kreuzigung die Szene auf dem Kalvarienberg über Jerusalem gesehen und sich als »Zeugen« dabei erlebt haben, was Dr. Netherton als selbstverständlich voraussetzt.

Einige Details widersprechen sogar dem, was die Bibel sagt, ganz eindeutig, etwa der Hinweis auf vierzig statt der drei Kreuze. Davon, daß ein Jünger oder auch ein Außenstehender, der Jesus irgendeine Hilfe bringen wollte, zu spät kam und unter dem Kreuz niedergeschlagen wurde, gibt es nirgendwo in den heiligen Schriften oder Heiligenlegenden den geringsten Hinweis.

Trotzdem geben die Schilderungen der Patienten keinen Anlaß, die Bibel zu ändern. Wenn Dr. Netherton kühn vermerkt: »Die zitierten Sätze scheinen die einzigen Worte zu sein, die dort (bei der Kreuzigung Christi) wirklich gesprochen wurden«, so muß man das sicherlich dahingehend korrigieren: Falls die Szene vom niedergeschlagenen Boten zur Kreuzigung Christi gehören sollte, dann könnte sich das durchaus so abgespielt haben, und es wäre auch möglich, daß die Sätze damals tatsächlich so ausgesprochen wurden. Warum nicht? Beinahe näherliegend scheint aber die Erklärung in diesem Fall, daß die Patienten telepathisch die beim Therapeuten »gespeicherte« Szene »abgerufen« haben. Zumindest muß auch eine solche Erklärung in Betracht gezogen werden.

SHIRLEY MACLAINE –
WIEDERGEBURT UND »OUT-OF-BODY-REISEN«

Für das augenblickliche Ringen um Einblicke in die eigene Existenz und Erfahrungen, die über das gegenwärtige irdische Leben hinausgehen, gibt es kaum beredtere, umfassendere Zeugnisse als die, die der amerikanische Weltstar Shirley MacLaine in ihren Büchern dargelegt hat. Die ungewöhnlich talentierte, bezaubernd attraktive, intelligente und mutige Kämpferin für das Frauenrecht und die Friedensbewegung ist ständig unterwegs – und fühlt sich beinahe überall, wohin sie auch kommen mag, auf unerklärliche, beunruhigende Weise zu Hause. Magisch wird sie zu Menschen hingezogen – etwa zu einem namhaften Labour-Politiker, der in England das Amt des Premierministers anstrebt, ohne daß sie sich erklären könnte, warum ihr der bekannte »Fremde« so vertraut ist.

Ihre eigenes Leben empfindet sie als einzige Kette von »Zufällen«, die sie nicht als zufällig ansehen kann.

Da Shirley auf alles, was sie fühlt und was ihr begegnet, eine plausible Erklärung sucht, da sie auch winzigste und scheinbar unbedeutendste Kleinigkeiten sehr aufmerksam und geradezu penibel genau registriert, gerät sie bald immer tiefer in eine unheimliche Welt, die sie maßlos verwirrt, zutiefst bewegt – und unendlich fasziniert. Da ist der verheiratete Politiker in England. Sie nennt ihn Garry. Ihm reist sie um die ganze Welt nach, um sich heimlich mit ihm, versteckt hinter Verkleidungen und riesigen Sonnenbrillen, zwischen Konferenzen zu treffen. Sie liebt diesen Mann. Doch alle Versuche, ihn zu begreifen, scheitern.

Wie sich später herausstellt, war sie früher angeblich mit Garry schon einmal verheiratet.

Da ist David, ein Typ, mit dem sie sich auf Anhieb auf geistig-seelischer Ebene versteht, der sie dagegen als Mann überhaupt nicht interessiert. David überbringt ihr zuerst drei Steine eines Massai-Häuptlings, wird später ihr geistiger Führer. Er macht sie vertraut mit esoterischer Literatur – und mit Medien, die sich in Trance versetzen und ihren Körper als Kommunikationsinstrument den Geistwesen aus dem Jenseits zur Verfügung stellen. Über diese Medien kann sich Shirley mit ihren »geistigen Führern« im Jenseits unterhalten, um von ihnen Auskunft über ihre früheren Leben und den Sinn ihres jetzigen Lebens zu bekommen. In der Nähe von Stockholm meldet sich ein gewisser »Ambres« über das Medium Sturé, in Kalifornien unterhalten sich über das Medium Kevin Ryerson der biblischfeierliche »John« und der lustige ehemalige irische Taschendieb Tom MacPherson mit ihr.

Shirley erfährt, daß sie schon sehr oft gelebt hat – immer mit den Menschen zusammen, die ihr auch in diesem Leben begegnen. David ist seit Ewigkeit ihr »Seelenbruder«, ihr seelisches Gegenüber. Durch ihn und durch die geistigen Führer aus dem Jenseits lernt Shirley einzusehen, daß jeder Schritt ihres Lebens begleitet wurde und behütet war, daß alles seinen Sinn und sein Ziel hatte.

Und nun begreift sie auch, warum ihr fremde Länder so deutlich das Gefühl der Heimat vermitteln, warum sie immer Heimweh verspürt, wenn sie ein fremdes Land wieder verlassen muß: Sie hat dort schon ein ganzes Leben verbracht. Einmal war sie eine ziemlich raffgierige Person am Zarenhof, ein andermal Ballerina in Rußland, ein drittes Mal Prinzessin in Indien. Als Voodoo-Hexe hat sie in Brasilien gelebt, als Inka in Peru, als junges Nomadenmädchen in der Wüste Gobi.

Bis hierher könnte man Shirley ohne allzu große Schwierigkeiten folgen. Ähnliche Berichte häufen sich in unseren Tagen. Für den einen stellen sie unglaubhafte Phantastereien dar, für andere sind sie möglicherweise vorstellbar, vorausgesetzt, man bringt den nötigen Glauben auf, dritte sprechen von absoluter Gewißheit. Shirley versteht es auf imponierende, fesselnde Weise, alle ihre Bedenken, Zweifel, ihr schweres seelisches Ringen, ihre inneren und äußeren Probleme so darzustellen, daß man sie zumindest für ehrlich halten muß. Und sie ist mittlerweile so sehr mit der Materie vertraut, daß ihre Darstellungen auch nicht ohne weiteres als unüberlegte Wichtigtuerei abgetan werden können. Sie ist überzeugt von dem, was sie sagt. Und sie hat wahrhaftig keine Mühe gescheut, die Erfahrungen zu verifizieren und Hintergründe zu beleuchten.

Doch Shirley MacLaine wäre nicht Shirley, gäbe sie sich damit zufrieden.

David fliegt schließlich mit ihr nach Peru und »entführt« den Hollywoodstar in ein abgelegenes, primitives Dorf hoch oben in den Anden. Dort erlebt Shirley die vollkommene Verschmelzung mit der Natur. Es gelingt ihr eine sogenannte »Out-of-body-Reise«: Ihre Seele schlüpft während eines Bades in schwefligem Wasser aus dem Körper, so daß sie auf sich selbst herunterblicken kann, mit dem Körper nur noch durch eine silberne Schnur verbunden. Sie erlebt dabei ein Vorgefühl der Befreiung der Seele nach dem Hinscheiden des Körpers. Für sie ist es der Beweis dafür, daß es ein Leben nach dem Leben gibt – aber keinen Tod.

Und schließlich berichtet ihr David auch noch von außerirdischen Wesen, die ihm begegnet sind. Die wunderschöne, zierliche Mayan mit den mandelförmigen Augen soll sich mit ihm des öfteren unterhalten und ihn zu Shirley geschickt haben. Sie stammt von den Plejaden, dem eindrucksvollen Sternenhaufen im Tierkreiszeichen Stier. Shirley ist in diesem Zeichen geboren! In einem Tal in den Anden sollen die Außerirdischen eine Station eingerichtet haben und mit ihren UFOs regelmäßig aus- und einfliegen – für die Einheimischen in den Anden längst eine Selbstverständlichkeit. Jeder hat dort angeblich schon UFOs gesehen.

Im Anden-Dorf in Peru erfährt Shirley auch, aus welchem Stoff unsere Seele ist: Es ist jene Kraft, die die Atome zusammenhält und die Planeten um die Sonne zwingt, die Göttliche Kraft, ein denkendes Element, ein Element, das Wissenschaftler als »Gluon« bezeichnen, nichts Stoffliches, eher eine Ansammlung von Energieeinheiten – nicht meßbar, ohne molekulare Struktur.

David formuliert, was Mayan ihm mitgeteilt hat: »Die Seele ist eine signifikant andere Kraft als die physikalisch atomaren und molekularen Kräfte, aus denen der Körper besteht. Sie ist eine subatomare Kraft, ein intelligenter Energieträger, der das Leben schafft. Sie ist Teil jeder einzelnen Zelle, ist Teil der DNS, sie ist in uns, aus uns, und die Gesamtheit davon – die überall herrscht – ist das, was wir ›Gott‹ nennen.«

Zurückgekehrt in den Trubel der Welt, bekennt Shirley MacLaine: »Was mich betrifft im Hier und Jetzt, so war ich an einer Art Scheideweg angelangt. Ich hatte immer noch mit meinen persönlichen Ängsten zu kämpfen, über das Material aus meinem neuen Blickwinkel des Glaubens zu schreiben. Was konnte ein Mensch also tun, wenn er damit konfrontiert ist – obwohl es eine allmähliche Konfrontation war –, daß das Leben, das die Menschen bis zu diesem Zeitpunkt geführt hatten, nur ein Teil der Wahrheit war? Ich war nie jemand, der sich vor etwas gedrückt hat. Das war auch jetzt nicht meine Absicht. Ich hatte mich der Öffentlichkeit gestellt in Fragen der Politik, der Frauenrechte, sozialer Veränderungen, in Fragen des Krieges und in vielen Dingen, die für mich Ungerechtigkeiten darstellten. Ich stand in der Öffentlichkeit. Ich war öffentlich. Das war mein Wesen. Ich bin es nicht gewöhnt, mich zurückzuhalten in Dingen, die mich interessieren oder an die ich glaube. Ich bin in der Öffentlichkeit groß geworden. Ich habe meine Fehler in der Öffentlichkeit begangen. Ich habe gelacht und geweint in der Öffentlichkeit, war verliebt in der Öffentlichkeit, habe in der Öffentlichkeit geschrieben, mich in der Öffentlichkeit entschuldigt, und nun dachte ich, muß ich auch in der Öffentlichkeit sagen, was ich über menschliche und außerirdische Spiritualität denke...«

INFORMATIONEN VON »DRÜBEN«?

Besonders interessant an diesen Darlegungen ist die Einbeziehung aller denkbaren esoterischen und spiritistischen Gebiete. Selbst die Begegnung mit außerirdischen vernunftbegabten Wesen, die in »fliegenden Untertassen« unsere Erde besuchen, fehlt nicht.

Shirley MacLaine hat ihre früheren Inkarnationen nicht mit Hilfe der »age-regression-Technik« entdeckt, also nicht in Hypnose und auch nicht, geführt von einem Therapeuten, in ihrem eigenen Gedächtnis aufgestöbert. Sie hat sich das, was sie dunkel ahnte, von »drüben« erklären und in Einzelheiten darlegen lassen. »Geistige Führer« im Jenseits sprachen mit ihr über ein Medium. Sie durfte den Geistwesen Fragen stellen und bekam Antworten.

Versuche, »Totengeister« zu befragen, sind uralt.

Schon Moses verbot bei Todesstrafe: »Es soll bei dir keinen geben, der Los-Orakel oder Totengeister befragt, keinen Hellseher, keinen, der Verstorbene um Rat fragt. Denn wer so etwas tut, ist dem Herrn ein Greuel. Wegen dieser Greuel vertreibt sie der Herr, dein Gott, vor dir.« (5. Moses 18)

Der erste König der Juden, Saul, hat, solange es ihm gutging, alle Wahrsager und Totenbeschwörer dem Gesetz entsprechend verfolgt und aus seinem Land vertrieben. Als er jedoch angesichts der Übermacht der Feinde von der Angst überwältigt wurde und von seinem Gott keine Antwort bekam, da schickte er seine Diener aus: »Sucht mir eine Frau, die Gewalt hat über einen Totengeist.« Man fand das »Medium« – und Saul ging bei Nacht und Nebel zu ihr: »Wahrsage mir durch den Totengeist. Laß für mich den heraufsteigen, den ich dir nenne.« Er wollte mit dem verstorbenen Propheten Samuel sprechen – und die Frau rief ihn. Samuel kam, sagte Saul voraus, er und seine beiden Söhne würden schon morgen bei ihm sein. So kam es. Saul und seine Söhne fielen in der Schlacht, die den Juden die totale Niederlage brachte. (1. Samuel 28)

Der moderne Spiritismus begann im März 1848 in dem kleinen Ort Hydeville im US-Staat New York: Zwei Mädchen, zehn und sieben Jahre alt, hörten einen Klopfgeist. Sie begannen, mit ihm zu spielen – und bekamen Antwort. Die herbeigeeilte Mutter stellte dem »Lärmmacher« Fragen – und der Geist reagierte erneut: »Bist du ein menschliches Wesen?« fragte Frau Fox. Es kam kein Zeichen. »Bist du ein Geist? Wenn ja, klopfe zweimal.« Sie hatte es kaum ausgesprochen, als man klar und deutlich ein zweimaliges Klopfen vernahm. Sie fragte nach dem Alter ihrer Kinder, es klopfte erst zehn-, dann siebenmal, nach einer Pause noch einmal dreimal. Ein drittes Kind der Familie Fox war mit drei Jahren gestorben. Der Klopfgeist gab sich als Kaufmann zu erkennen, der einst in dem Haus gewohnt habe und ermordet wurde. Seine Gebeine lägen im Keller verscharrt.

Tatsächlich fand man im Keller bei Grabungen einige menschliche Knochen.

Dieses Ereignis wurde zum Ausgangspunkt für eine »Tischtanz-Epidemie« im vergangenen Jahrhundert. Überall, vor allem in Amerika, in England, aber auch in unserem Land, bildeten sich Zirkel, die darum bemüht waren, mit Verstorbenen in Verbindung zu treten. Das »Tischrücken« war zur Salonunterhaltung geworden. Medien hatten Hochsaison, denn das wurde bald deutlich: War kein Medium zugegen, dann rührte sich weder der Bleistift auf der Planchette, noch begann der Tisch zu wackeln.

Vielleicht wäre die Spiritismus-Welle rasch wieder abgeebbt, hätte sie nicht durch den »Seher« Andrew Jackson Davis (1826–1919) eine gewisse Bestätigung erfahren. Der Amerikaner, ein Mann, der in Trance 40 umfangreiche Bücher schrieb, diktiert von großen Geistern der Geschichte, unter ihnen der griechische Arzt Galenos, hat ähnlich wie Edgar Cayce in Trance Diagnosen gestellt. In seinen Jenseits-Offenbarungen korrigierte er die Lehren der Religionen und schuf das Gerüst eines Religionsersatzes: Der Tod ist nicht das Ende des Lebens, der Mensch kann auch nicht in der Hölle der ewigen Verdammnis enden, sondern er wird sich als Geistwesen immer weiterentwickeln auf eine immer größere Vollkommenheit hin.

Als er den Tod einer krebskranken Frau beobachtete, schilderte er, was er dabei »sah«:

»Jetzt erblickte ich in der milden geistigen Atmosphäre, die dem Haupt entstieg und es umgab, die schwachen Umrisse eines anderen Kopfes, der Gestalt annehmen wollte. Der neue Kopf entwickelte sich immer deutlicher und wurde so außerordentlich, fest und dicht und zeigte eine so blendende Helle, daß ich weder durch ihn hindurchsehen, noch ihn dauernd ins Auge fassen konnte. Während nun dieser geistige Kopf aus dem materiellen Kopf aufstieg und sich über demselben ausformte, sah ich, daß sich die umgebende silberduftige Atmosphäre, die dem materiellen Kopf entströmt war, in großer Bewegung befand. Allein, je deutlicher und fertiger der neue Kopf erschien, desto mehr verschwand allmählich die schimmernde Atmosphäre. Mit unsäglichem Staunen und mit einer himmlischen, über allen Ausdruck erhabenen frommen Empfindung betrachtete ich den vor meinen Augen sich vollziehenden, heiligen und harmonischen Vorgang. In der gleichen Weise, in der der Kopf aufgetaucht und veränderlich gebildet worden war, sah ich die harmonische Entwicklung des Nackens, der Schultern, der Brust und der ganzen geistigen Organisation. Die Mängel und Entstellungen am physischen Körper der Sterbenden waren beinahe gänzlich beseitigt. Der geistige Körper erhob sich im rechten Winkel über den Kopf des verlassenen Leibes. Aber unmittelbar vor der gänzlichen Aufhebung der Beziehungen, die so lange zwischen dem geistigen und dem organischen Körper bestanden hatten, sah ich zwischen den Füßen des auferstandenen geistigen Körpers und dem Kopf des physisch sterbenden Leibes einen glänzenden Strom von Lebenselektrizität spielen. Dies lehrte mich, daß das, was wir gewöhnlich Tod nennen, nur die Geburt des Geistes aus einem tieferen in einen höheren Zustand ist.«

Solche Aussagen lösten seinerzeit eine ungeheuere

Aufregung aus. Es entstanden Begriffe wie »Astralleib«
und »Ätherkörper«. Millionen Menschen waren überzeugt davon, das Geheimnis des Lebens enträtselt zu
haben. Selbstverständlich wagte man sich auch daran,
diesen eigentlichen Körper, der im physischen Leib lebt
und aus ihm austreten kann, fotografisch festzuhalten.
»Geisterfotos« tauchten überall auf, das »Ektoplasma«
schien sichtbar gemacht.

Doch niemand widersprach den zur selben Zeit auf-
tauchenden »Beweisen« der Wiedergeburt heftiger als
eben die Spiritisten. Der Journalist William J. Barker,
der die intensiven Nachforschungen über Bridey Murphy betrieben hatte, schrieb damals: »Vor allem aber
waren viele Spiritisten, die bekanntlich durch Medien
mit Verstorbenen in Kontakt treten – oder dies zumindest behaupten –, heftig gegen Bridey eingestellt. Offenbar war es ihnen nicht geheuer, daß die Jenseitigen,
mit denen sie sich unterhielten, auch die Möglichkeit
haben sollten, auf Erden zu wandeln.«

DIE SPIRITISTEN UND DAS
LEBEN NACH DEM TODE

Tatsächlich gibt es in früheren Protokollen der Aussagen aus dem Jenseits keine Hinweise auf die Wiedergeburt. Es kam beispielsweise nie vor, daß jemand gerufen werden sollte, diese Bitte aber mit dem Hinweis
abgelehnt wurde: »Der ist nicht mehr bei uns. Er lebt
bereits wieder in einem neuen Körper.« Auch hat keiner
jemals einen Hinweis gegeben: »Ich komme bald wieder
zur Welt. Ich werde in Hamburg oder in New York bei
der Familie XY wiedergeboren.«

Solche Aussagen hätten auch dem Bild widersprochen, das man sich von Jenseitigen gemacht hatte: Man stellte sie sich als höhere, vollkommenere Wesen vor, die den irdischen Bereich endgültig hinter sich gelassen und eine höhere Stufe erklommen haben. Kontakte mit diesen Verstorbenen konnten nur dazu dienen, den noch Lebenden mitzuteilen, daß das Leben mit dem Tod nicht endet, daß der Tod nichts ist, das man zu fürchten hätte, sondern etwas Befreiendes. Gelegentlich, so sagen die Spiritisten, wollen die Jenseitigen den Hinterbliebenen auch helfen, ihr Leben oder zumindest eine schwierige Krise zu meistern. Das, was von den Spiritisten als »Beweise« für das Leben nach dem Tod vorgelegt wird – man muß es so deutlich sagen –, widerspricht dem, was in den Tonbandprotokollen über »ageregressions«, wie sie Thorwald Dethlefsen und andere veröffentlicht haben, dargelegt wurde, so gründlich, daß das eine oder das andere nicht stimmen kann. Bei den Unterschieden geht es keineswegs nur um mehr oder weniger unbedeutende Spielarten und Variationen, sondern um wesentliche, ja entscheidende Punkte. Fast ist man geneigt, vergleicht man die wichtigsten Aussagen beider Seiten, festzustellen: Offenbar bekommt jeder von »drüben« die Antwort, die er hören möchte! Während das Leben zwischen den Leben, die Existenz auf der »Nachtseite« des Lebens, bei den Reinkarnationsforschern und -therapeuten eine Zeit ist vergleichbar dem Schlaf, der Leere, der Empfindungslosigkeit, der Passivität, in der lediglich die Erfahrungen des irdischen Lebens verarbeitet, geordnet, verkraftet werden, sich also das ganze aktive Geschehen in den verschiedenen Inkarnationen vollzieht, berichten die Jenseitigen über die Medien von einem wohlgeordneten, hierarchischen System drüben, in dem das irdische Leben seine Fortsetzung erfährt.

Dabei bleibt der Verstorbene um so enger dem verflossenen irdischen Dasein verhaftet, je weniger er sich schon zeitlebens von ihm trennen konnte. Die unterste Stufe ist entsprechend den Geistern und Gespenstern vorbehalten, die zu plötzlich aus dem Leben geschieden sind, meistens gewaltsam, und die sich überhaupt nicht von ihrem früheren Leben und von seinen Schauplätzen trennen können. Sie geistern herum, machen sich mitunter auch bemerkbar als Spuk und Poltergeister.

Ob sich hier die uralte Vorstellung von den »armen Seelen« äußert, die keine Ruhe finden können, weil sie eine schwere Schuld plagt, weil sie auf Erden versäumt haben, etwas Wichtiges zu erledigen? Jeder Mensch ist »drüben« so, wie er auf Erden war, sagen die Spiritisten – zugleich aber auch so, wie er gerne gewesen wäre. Das heißt: Er besitzt einen Körper, der dem ehemals physischen Körper gleicht, aber dessen Fehler, Schwächen, Defekte verloren hat. Er besteht – je nach Höhe der erreichten Stufe – aus immer noch feinstofflicher Substanz, die wir normalerweise nicht wahrnehmen können. Je höher der Verstorbene aufsteigt, desto weiter entfernt er sich von der Erde. Von einem bestimmten Stadium ab ist er so weit von ihr entfernt, daß er auch vom besten Medium nicht mehr erreichbar wäre.

Bewegt und gelenkt wird der »zweite« eigentliche Körper von den Gedanken. Das ist der große Unterschied zwischen dem Leben hüben und drüben: Dort heißt Denken zugleich Handeln. Sobald ein Wunsch oder eine Vorstellung Gestalt angenommen hat – Gestalt im wahrsten Sinne des Wortes –, ist er bereits Wirklichkeit. Als Verstorbener nimmt man also beispielsweise automatisch das Alter an, das sich im irdischen Leben als das beste erwiesen hat. Man lebt als Jüngling, als reifer Mensch oder auch als Kind, ganz nach Wunsch und Vorstellung.

Das Leben drüben, in dem man weder an Zeit noch an Raum gebunden ist, sich irgendwie aber doch, zumindest anfänglich noch, in gewissen Zeitphasen, gebunden an bestimmte Orte aufhält, ist frei von allen irdischen Zwängen. Wer also zeitlebens gerne ein Dirigent gewesen wäre, darf nun, sollte er noch immer diese Sehnsucht im Herzen tragen, große Orchester dirigieren. Denn er bekommt nach seiner Aufnahme im Jenseits den Ort unter Gleichgesinnten zugewiesen, der die Erfüllung aller Wünsche gewährleistet. Sollten die ebenfalls verstorbenen Eltern, Kinder, Freunde, Verwandten andere Interessen besitzen, in ihrer seelisch-geistigen Entwicklung schon weiter gediehen sein, dann wird er nicht mit ihnen zusammensein, sondern eben mit Verstorbenen, die ihn besser verstehen, seine »Leidenschaften« teilen können. Dirigieren, musizieren, malen, Karten spielen oder auch lieben – das kann und darf er so lange, bis die eigene Einsicht nach Höherem verlangt und ihn automatisch hochzieht auf eine neue Stufe.

Anders gesagt: Das Leben drüben beginnt genau dort, wo man im irdischen Leben stehenblieb. Man besitzt die alten Vorlieben, Einsichten, den alten geistigen Horizont, die unbewältigten Ängste und Sorgen. Entsprechend ist der »Einstieg« weiter oben oder weiter unten. Doch so oder so geht es aufwärts, beim einen schneller, beim anderen langsamer. Der Verstorbene verfügt also nicht plötzlich über eine Art Allwissenheit, die ihn in die Lage versetzen würde, uns noch Lebenden die letzten Geheimnisse des Lebens zu verraten. Er kann aber wohl in die Zukunft blicken, weil die Faktoren Zeit und Raum nicht mehr so stark fesseln wie im irdischen Leben.

Er verfügt auch über den ursprünglichen Humor, vielleicht auch, falls ihm das eigen war, über Spottlust und Fabulierkunst, so daß das, was er über ein Medium mitteilt, nicht unbedingt der Wahrheit letzter Schluß sein muß. Für den Spiritisten ist es denkbar, daß er aus dem Jenseits auch angelogen oder auf den Arm genommen wird.

Solche Jenseitsbilder, die von Spiritisten in vielerlei Variationen angeboten werden, haben zweifellos etwas Faszinierendes an sich. Vor allem können sie dem, der daran glaubt, die Angst vor dem Tod, wichtiger noch, die Angst vor Hölle und Teufel nehmen. Denn in solchen Vorstellungen gibt es, dem christlichen Glauben entsprechend, zwar eine Art Fegefeuer. Es besteht etwa im Bedauern, ganz unten anfangen zu müssen, viele Probleme zeitlebens nicht bewältigt zu haben, so daß man nun drüben »nachsitzen« muß, bis eine Vollkommenheit nach der anderen erreicht ist. Doch es gibt keine Verdammnis, schon gar kein ewiges Leiden-Müssen im höllischen Feuer.

Es kann überhaupt nicht verwundern, daß mit dem Auftauchen konkreter Reinkarnationsvorstellungen in der westlichen Welt und mit dem Eindringen fernöstlicher Wiedergeburtsideen in unser Denken sporadisch auch Spiritisten versuchten, die Wiedergeburt in ihr Jenseitskonzept einzubauen.

SPIRITISMUS UND WIEDERGEBURT

Einer der ersten Spiritisten, der mit seinen Thesen wohl das größte Echo hervorrief, war Allan Kardec (1804–1869), der Begründer des Spiritismus in Frankreich. Der Pädagoge, ein Schüler Pestalozzis, war von dem, was er vom Spiritismus in Amerika hörte, so fasziniert, daß er sich mit 47 Jahren diesem Gebiet zuwandte.

Bald bekam er, angeblich von Sokrates, von Napoleon, vom heiligen Augustinus, von Martin Luther und vom schwedischen Seher und Philosophen Swedenborg von »drüben« eine Reihe von Büchern diktiert. Sie sind in der Art der Bibel geschrieben und verkünden eine neue »Offenbarung«, mit der die Bibel gewissermaßen überholt wird. Allan Kardec hieß eigentlich Hippolythe Rivail, nannte sich aber Allan Kardec, weil er davon überzeugt war, daß er in einer früheren Inkarnation als Bauer unter diesem Namen in der Bretagne gelebt hatte.

Prompt erfuhr er aus dem Jenseits: »Die geistige Welt ist die normale, ursprüngliche, ewige Welt, die vor allem physischen Sein gewesen ist und alles Materielle überdauern wird... Die Geister legen auf Zeit eine vergängliche, materielle Hülle an, deren Zerstörung – das, was man gewöhnlich Tod nennt – sie wieder in Freiheit setzt... Die Geister gehören nicht für alle Zeit zu derselben Ordnung. Sie erheben sich nach und nach und steigen auf der geistigen Leiter immer mehr empor. Diese Besserung findet durch die Einverleibung statt, die auch als Sühne sowie als Mission auferlegt werden kann. Das materielle Leben ist eine Prüfung, welche die Geister wiederholt zu bestehen haben, bis sie zu einem gewissen Grad der Vollkommenheit gelangt sind... Beim Verlassen des Körpers kehrt die Seele in die geistige Welt zurück, um nach Ablauf längerer oder kürzerer Zeit, während welcher sie sich im Zustand eines ›Wandelgeistes‹ befindet, eine neue materielle Hülle anzunehmen. Da der Geist durch mehrere Einverleibungen hindurchgehen muß, so ergibt sich, daß wir alle mehrere Existenzen hinter uns haben und daß wir noch andere, mehr oder weniger vollkommene, werden bestehen müssen, sei es hier auf Erden, sei es auf anderen Weltkörpern... Die Reinkarnation hingegen ist weder die erste noch die letzte Etappe der Seelenwanderung, ja, sie ist eine der am meisten stofflichen und am weitesten von der Vollendung entfernten.«

Damit wird im Spiritismus nicht nur der Glaube an die Wiedergeburt als Tatsache hingestellt, sondern erstmalig auch die Reinkarnation auf andere Planeten im Kosmos ausgedehnt.

Und nun versteht man plötzlich, daß Leute wie Shirley MacLaine in ihr Wiedergeburtssystem auch UFOs einzubauen vermögen. Je nachdem, von welchem Standpunkt aus man die Sache betrachtet, sieht sie völlig logisch und einleuchtend aus. So oder so. Die meisten Spiritisten wollten sich Kardec und seiner Lehre von der Wiedergeburt seinerzeit nicht anschließen. Für sie war es ein ganz besonderer Triumph, als ausgerechnet die Begründerin der Theosophie, Frau Helena Petrowna Blavatsky (1831–1891), die sich zeitlebens so nachdrücklich für die Reinkarnation eingesetzt hatte, nach ihrem Tod in mehreren Séancen von »drüben« wissen ließ: »Freunde, als ich der irdischen Form entschwebte, hatte ich vorher den Glauben, daß ich eine andere Form bekommen würde. Diese Idee stellt sich mir nun als lächerlich vor, so daß es mir keine Ruhe ließ, die Sterblichen von einem ähnlichen Glauben zu befreien.«

Theosophie und Anthroposophie sind bei ihrem Glauben an die Wiedergeburt geblieben. Die mediale Kundgabe ihrer Gründerin blieb für sie bedeutungslos. Die Spiritisten fühlten sich in ihrer Ablehnung bestätigt.

DIE ESOTERIK HEUTE

Heute, kurz vor der Wende zum dritten Jahrtausend, sind sich nahezu alle, die sich mit esoterischen Fragen befassen, darin einig, daß es die Wiedergeburt gibt. Obwohl sich die Millionen Anhänger der »new age«-Bewegung in vielen Punkten ihrer Vorstellungen überhaupt nicht einig sind, obwohl es eher viele Tausende Grüppchen gibt als eine geschlossene Gemeinschaft, Tausende von Richtungen, die sich eher fernöstlicher Ideologie anschließen, und andere, die versuchen, vor allem abendländisches Gedankengut mit ihren Jenseitsvorstellungen in Einklang zu bringen, so kann man dennoch den Glauben an die Wiedergeburt für alle als Grundlage und Ausgangspunkt betrachten.

Wohl am zutreffendsten bezeichnet die heutige Situation das, was Professor Dr. Hans Holzer, Professor für Parapsychologie, darlegt. Dieser Wissenschaftler ist genau das, was man früher einen Spiritisten nannte, denn er arbeitete jahrzehntelang mit vielen amerikanischen Medien zusammen, um über sie Auskunft über das Jenseits zu erhalten. Das Wort Spiritist lehnt er für sich und seine Arbeit aber entschieden ab. Er versteht sich als Wissenschaftler. Aus vielen Tausenden von Aussagen hat er ein Jenseitsbild gebastelt, das kaum eine Frage offenläßt. Beim Lesen seiner Bücher gewinnt man den Eindruck, er wisse selbst über die kleinsten

Details Bescheid. Nach Holzer gibt es »drüben« sogar eine Art von Krankenhäusern, in denen Menschen, die auf Erden besonders viel leiden mußten und die den Tod nicht bewußt erlebten, weil sie unter starken Medikamenten standen, erst einmal gesundgepflegt werden. Holzer spricht kühn von den »Gesetzen des Jenseits« und von »realen Beweisen vom Leben nach dem Tod«, wobei der Spiritist ganz gewiß den Wissenschaftler überrumpelt hat.

Und er läßt sich auch von der modischen Strömung, an die Wiedergeburt zu glauben, mitreißen, wenngleich nur so nebenbei und offensichtlich nicht restlos überzeugt. Seine Aussagen über die Wiedergeburt bleiben knapp, vage und entbehren der sonst so apodiktischen Sicherheit: »Auch die Frage der Reinkarnation soll hier (im Buch: *Hinter der Grenze des Todes)* erörtert werden. Orthodoxe lehnen diese Theorie ebenso ab wie Spiritisten. Tatsache ist jedoch, daß es heutzutage genügend wissenschaftliche Beweise für die Existenz eines Reinkarnationssystems gibt. Nach dem Studium solcher maßgeblicher Berichte wie Dr. Ian Stevensons ›20 überzeugende und wissenschaftlich bewiesene Fälle‹... wird einem klar, daß es überzeugende Beweise dafür gibt, daß der Mensch von Zeit zu Zeit auf die physische Welt zurückkehrt. Die Ostinder halten das Karma schon immer für den Leitfaktor des Universums. Karma ist das Gesetz von Ursache und Wirkung, das die Art der individuellen Reinkarnation bestimmt. Es hängt von den geistigen Errungenschaften des Individuums sowie von seinem Handeln während einer Inkarnation ab, ob sein nächster Aufenthalt auf der Erde höher oder niedriger als der vorhergehende ist. Wenn eine Seele während einer Inkarnation etwas nicht richtig gelernt hat, muß sie es beim nächsten Mal lernen oder so lange wiederholen, bis sie die richtige Einstellung hat. Das Karma-System sieht insgesamt 12 Pflichtinkarnationen vor. Danach kann das Individuum frei wählen. Es kann sich entweder im Nirwana auf seinen Lorbeeren ausruhen oder sich wieder verleiblichen. Das ist natürlich eine Religionsphilosophie und kein Sachverhalt. Aber die Anzeichen, die darauf hindeuten, daß es tatsächlich eine mehrfache Geburt gibt, sind für viele Wissenschaftler sehr überzeugend, und es könnte gut sein, daß ein Teil dieser ostindischen Philosophie auf Tatsachen beruht... Wenn das Individuum erneut eine Identität auf Erden annimmt, so wird es, wie bei früheren Inkarnationen, wieder ganz von vorne anfangen müssen, wird aber auf andere Ergebnisse hoffen... Vom Standpunkt des Universalgesetzes aus, ist die nichtphysische Welt die wahre Welt, und die physische Welt ist ein vorübergehender Aspekt der Wirklichkeit. Der Tod ist immer eine Heimkehr, eine Geburt, eine Abreise.«

Also: Auch Professor Holzer hat seine »Beweise« für die Wiedergeburt nicht von »drüben« bezogen, sondern er stützt seine Annahme auf die Versuche einer Beweisführung, wie sie Professor Stevenson und andere unternommen haben. Jenseitige haben ihm nichts davon erzählt.

Außerdem: Der Wahrheitsgehalt der Aussagen Jenseitiger scheint doch mehr als zweifelhaft zu sein. Schon Allan Kardec hat darauf hingewiesen, daß sich »niedere Geister« drüben oft bekannte und hochgeehrte Namen anmaßen. Sie geben an, Sokrates, Cäsar, Karl der Große, Napoleon gewesen zu sein, und es sei keineswegs ganz leicht, die Identität der Personen, die sich melden, zu kontrollieren. Diese Tatsache sei von »drüben« auch wiederholt bestätigt worden.

Frau Blavatsky gestand ihrem Vertrauten Dr. Franz Hartmann einmal: »Es ist furchtbar, daß mir zuweilen ein Mahatma erscheint, den ich für den wahren Meister halte, während ich später zu meinem Entsetzen erkennen muß, daß es ein Dämon war, der sich unter seiner Maske verbarg.«

So überzeugend »Botschaften aus dem Jenseits« für den persönlich Betroffenen sein mögen, wenn er die Stimme seines Vaters oder seiner Mutter zu erkennen glaubt, wenn er verblüfft wird durch ganz typische Redewendungen, durch Tatsachen, die nur der Verstorbene kennen kann – so wertlos sind sie als Beweis für die Existenz des Jenseits, des Weiterlebens oder gar der Wiedergeburt.

Nicht uninteressant ist die Hypothese, die eine Kombination der ursprünglichen spiritistischen Jenseitsvorstellung mit der Wiedergeburt versucht. Sie sagt in etwa: Wenn sich ein Lebender in Hypnose an ein früheres Leben erinnert, dann ist die auftauchende frühere Existenz mehr als nur eine Erinnerung, wie wir sie etwa von einem Erlebnis der Kindheit haben. Das frühere »Ich« existiert wirklich im Jenseits. Ich begegne also praktisch mir selbst. Oder besser gesagt: Ich bin nicht nur mein gegenwärtiges Leben, das früher in anderen Inkarnationen schon einmal existierte, sondern ich bin zugleich alle meine früheren Leben. Und jedes dieser Leben existiert weiter. Jede Inkarnation ist gewissermaßen eine Perle des Rosenkranzes. Und alle Perlen zusammen ergeben erst meine komplette Persönlichkeit. Ein Teil von mir ist mir also immer schon vorausgeeilt. Ein weiterer Teil wird folgen, bis ich dereinst vollständig bin. Drüben. In vielfacher Gestalt.

Eine solche Vorstellung vertritt beispielsweise der Schweizer Reinkarnationsforscher Dr. Karl E. Muller.

TONBANDSTIMMEN UND VIDEOBILDER
AUS DEM JENSEITS

Es konnte nicht ausbleiben, daß beim Aufspüren von Geistern und bei den Versuchen, Jenseitskontakte herzustellen, alsbald auch modernste Technik eingesetzt wurde. Im 19. Jahrhundert, nach der Erfindung der Fotografie, versuchten die Spiritisten, Gespenster, Seelen, Astralleiber auf die Platte zu bannen. Aus jener Zeit gibt es noch einige Dokumente, die nicht einfach als Betrug abgetan werden können. Man sieht auf den Bildern, die beispielsweise von dem sehr seriösen Münchner Nervenarzt Freiherr Albert von Schrenck-Notzing (1862–1929) gemacht wurden, eine weiße, gazeartige Masse, die aus dem Mund seines Mediums quillt und aus dem sich nach und nach der gerufene Geist bildet. Diese »weiße Masse« nannten die Spiritisten bald das Ektoplasma. Sie hielten es für eine Art Materie aus der immateriellen Welt, für den »Baustoff«, aus dem die Seelen geschaffen sind. Es schien damals, als wäre ein unwiderlegbarer Beweis für die Existenz des Jenseits gelungen. Denn wer wollte noch daran zweifeln, daß es ein Weiterleben nach dem Tod gibt, wenn es möglich wurde, Tote sogar zu fotografieren? Aber waren es wirklich Aufnahmen Jenseitiger? Seltsamerweise sind zu späteren Zeiten bis heute solche fotografischen Versuche nicht wieder gelungen. Das heißt wiederum nicht, es müßte damals Schwindel gewesen sein. Vielleicht fehlt uns heute nur ein Medium, das über ausreichend übersinnliche Fähigkeiten verfügt, nicht nur in die Zukunft zu blicken, hellzusehen, Körper mit Geisteskräften zu bewegen, sondern eine vorgestellte Materie sogar aus dem Nichts, oder scheinbar aus dem Nichts entstehen zu lassen?

Im Sommer 1959 nahm der Balte Friedrich Jürgenson in Schweden Vogelstimmen auf. Als er sein Band abhörte, entdeckte er zwischen dem Gezwitscher plötzlich eine Männerstimme, undeutlich verzerrt. Doch immerhin: Da war etwas, das es während der Aufnahmen nicht gegeben hatte. Und Jürgenson glaubte, auch die Laute entziffern zu können. Er verstand: »nächtliche Vogelstimmen«. Und dann hörte er auch eine solche nächtliche Stimme, die Rohrdommel, eine Reiherart.

Damit begann für die Esoterik das Kapitel der Tonbandstimmen, des »Sprechfunks mit Verstorbenen«.

Dahinter steckt die Vorstellung: Der Verstorbene im Jenseits verfügt über keinen irdischen Körper, also auch über keinen Kehlkopf. Er kann sich deshalb nicht artikulieren, sich nicht hörbar machen. Wenn ich ihm aber ein technisches Gerät zur Verfügung stelle, dann kann dies als eine Art »Verstärker« die »Signale« von drüben in diese Welt transportieren.

Friedrich Jürgenson selbst, später vor allem Konstantin Raudive, haben die entsprechenden »Techniken« entwickelt, das Jenseits hörbar zu machen. Sie und viele andere arbeiteten mit Radiogeräten, die sie so einstellten, daß nur ein Rauschen zu hören war. Dann riefen sie ihre »Kontaktleute« drüben und baten sie, auf dieser Welle zu senden. Oder sie ließen Tonbänder laufen, auf Empfang gestellt, und warteten wiederum, ob sich jemand meldete.

Die technischen Einrichtungen waren in Wirklichkeit sehr viel komplizierter, als sie hier geschildert werden. Doch im Prinzip läuft es darauf hinaus: Der Jenseitige kann keine Schallwellen erzeugen, die von unserem Ohr wahrgenommen und identifiziert werden können – vielleicht aber das Magnetband beeinflussen oder die winzigen Ströme, die in Radioröhren fließen.

Es ist bewundernswert, mit welcher Geduld heute viele Tausende Menschen vor ihren Tonbandgeräten sitzen und beschwörend »hinüberrufen«, um dann stundenlang zu warten, das Band immer und immer wieder abzuspielen, in der Hoffnung, vielleicht auch ein Zeichen zu erhaschen. Beachtenswert auch ihre Phantasie, mit der sie aus irgendwelchen Geräuschen ganze Sätze herauszuhören vermögen! Ganze Nächte, und das nicht selten Nacht für Nacht, sitzen sie vor ihren Geräten, verbessern die Technik, ändern die Versuchsanordnung, stecken einen Fehlschlag nach dem anderen ein – um was zu hören?

Bestenfalls ein paar Wortfetzen. Mehr nicht.

Damit soll nicht versucht werden, sich über die Tonbandstimmen-Forscher lustig zu machen. Ganz im Gegenteil. Ihre Leistungen, ihr Einsatz, ihre Begeisterung sind einmalig, ihr Missionseifer beispielhaft.

Es gibt mittlerweile tatsächlich auch ein paar unbedingt gelungene Bänderpassagen, die auch der »Ungeübte« deutlich verstehen kann. Und wieder darf in den meisten Fällen eine bewußte Täuschung oder gar ein Betrug ausgeschlossen werden. Denn manche dieser Tonbandstimmen sind vor kritischen Zeugen und unter Anwendung aller Vorsichtsmaßnahmen zustande gekommen: Man legte etwa ein zuvor versiegeltes Band ein, man begab sich in schalldichte Räume, um damit zu verhindern, daß irgendeine Stimme oder ein Geräusch von außen eindringen konnten. Und dergleichen mehr. Nein. Die Stimmen auf den Bändern sind schon echt. Und es ist eigentlich recht schade, daß wir sie schon beinahe als etwas Selbstverständliches hinnehmen und uns viel zuwenig Gedanken darüber machen, was wirklich dahinterstecken könnte. Die Frage ist ganz einfach: Stammen sie aus dem Jenseits? Bietet die moderne Technik unseren Verstorbenen endlich die Möglichkeit, uns nicht nur wie in früheren Zeiten in Träumen, in Trance, im Rausch zu erscheinen, sondern sich klar und deutlich mit uns zu unterhalten? Oder kommen sie auf sehr irdische Weise zustande?

So phantastisch es auch wäre, man könnte aufjubeln und feststellen: Der Kontakt mit »drüben« ist hergestellt. Also gibt es ein Weiterleben nach dem Tod. Und bald werden wir von drüben alle Details erfahren haben. Damit hat der Tod endgültig ausgespielt…

Leider: Zumindest ein Beweis für das Jenseits und das Weiterleben nach dem Tod sind auch die Tonbandstimmen nicht. Es ist richtig, daß schon manche Mutter sofort die Stimme ihres Kindes erkannte und damit sehr viel Trost erfahren durfte. Es stimmt, daß Kinder von ihren verstorbenen Eltern mit ganz privaten Kosenamen benannt wurden. Daß die Verstorbenen Dinge verrieten, die nur sie, aber kein anderer wissen konnte. Das alles und noch viel mehr ist unbezweifelbar.

Und doch kann alles von dieser Welt stammen. Immer gibt es auch eine andere Erklärungsmöglichkeit. Bei den Tonbandstimmen beispielsweise könnte es sein, daß der Experte, der mit dem Tonband hantiert, das, was er gerne hören möchte, unbewußt auf das Band bannt und somit seine eigenen Gedanken hörbar macht. Es handelt sich dann um eine psychokinetische Leistung von besonderem Rang. Aus vielen parapsychologischen Versuchen ist bekannt, daß so etwas möglich ist. Mit Gedankenkraft, mit Seelenkräften lassen sich nicht nur Gegenstände und selbst schwere Panzerschränke verschieben oder sogar in die Luft heben. Mit Gedankenkraft haben Menschen auch schon Filme belichtet. In Amerika lebte in den 60er Jahren ein ungebildeter, arbeitsloser Mann in Chicago: Ted Serios hat einige hundert Filme belichtet – mit den Vorstellungen seiner Gedanken. Wenn man ihn bat: »Stellen Sie sich München vor!« Dann konzentrierte er sich einige Minuten auf München. Er hob den rechten Arm und ließ ihn dann mit großer Wucht heruntersausen. Wurde im gleichen Augenblick eine Polaroidkamera ausgelöst, dann war auf dem Film nicht der äußerst konzentrierte Ted Serios, sondern es waren die Frauentürme von München zu sehen. Meistens gelangen solche »Gedankenbilder« nicht auf Anhieb, sondern waren zuerst nur ganz unklar, kaum zu erkennen, wurden dann aber immer schärfer. Ted Serios ist so sorgfältig von Wissenschaftlern unter die Lupe genommen worden, daß man wiederum festhalten muß: Betrug ist ausgeschlossen. Ted Serios hat seine ungewöhnliche Fähigkeit Anfang der 70er Jahre plötzlich verloren. Vor ihm soll es schon einige andere Menschen gegeben haben, die über ein ähnliches »Talent« verfügten. Der Verdacht drängt sich auf, daß ähnlich wie bei den Filmen des Ted Serios auch bei den Tonbändern der »Jenseitsstimmen-Jäger« letztlich alles ganz »natürlich« zu erklären ist und daß alles mit dem Jenseits nichts zu tun hat.

Im Februar 1986 hat Rainer Holbe in RTL plus die ersten »Jenseits-Videobilder« der Welt gezeigt. Aufgenommen hat sie der Rentner Klaus Schreiber aus Aachen in seinem Kellerstudio. Auch Schreiber hatte mit der Aufnahme von Tonbandstimmen begonnen, war dann aber von den »Partnern drüben« aufgefordert worden, zu Fernsehen und Video überzugehen. Vier Jahre hat er gebastelt, experimentiert, neue Geräte angeschlossen – bis ihm endlich in der Tat sensationelle Bilder gelangen. Freunde, Verwandte, verstorbene Kinder, seine beiden Frauen – auch Fremde und selbst Filmstars wie Romy Schneider und Curd Jürgens erschienen auf dem Bildschirm. Dahinter steckt zwar ein enormer technischer Aufwand – aber mit Sicherheit kein Trick. Die Bilder existieren, es handelt sich nicht nur um Phantasievorstellungen. Und vergleicht man sie mit echten Fotografien, kommt man aus dem Staunen nicht mehr heraus. Unglaublich! Und Video und Fernsehen liefern nicht nur Bilder, sondern auch Texte der Verstorbenen. Und auch die Stimmen sind erkennbar.

In seinem Buch *Bilder aus dem Reich der Toten* beklagt sich Rainer Holbe: »Da kommt dieser Rentner aus Aachen und bringt uns einen möglichen Beweis für ein Überleben des Todes. Weil wir in einem technischen Zeitalter leben, ist es ein technischer Beweis. Ein Videoband, auf dem wir deutlich verstorbene Menschen sehen können. Tonbänder, auf denen sie auch zu hören sind. Ein Fernsehsender strahlt diese Beweise aus, ein paar Zeitungen berichten darüber. Doch nichts geschieht. Man liest, lächelt und geht zur Tagesordnung über. Dabei müßte die Nachricht auf der ersten Seite der Zeitungen stehen und als allererste Meldung im Fernsehen verlesen werden: Leute, es gibt keinen Tod! Alles ist Metamorphose, Wandlung. Wir können uns nicht mehr damit herausreden, daß nach uns die Sintflut ist. Sollen doch unsere Nachfahren selbst damit fertig werden, was wir ihnen an Chaos auf dieser Erde hinterlassen. Doch Vorsicht! So unglaublich es auch klingen mag: Wir selbst können unsere eigenen Nachfahren sein, wenn wir uns mit der Philosophie der Reinkarnation beschäftigen. Schon jetzt glaubt jeder Fünfte an ein Weiterleben nach dem Tod und eine mögliche Wiedergeburt. Verantwortung läßt sich nicht abschieben auf künftige Generationen.«

So einfach ist es leider nicht. Auch Rainer Holbe muß schließlich einräumen: »Möglicherweise sind die Bilder in diesem Buch eine gigantische Täuschung, die im Unterbewußtsein des Mannes entstanden sind und sich auf den Magnetbändern manifestieren. Vielleicht hat er, ohne es zu wissen, aus seiner Erinnerung alle diese Bilder und Stimmen auf das Material projiziert? Vielleicht hat er das morphogenetische Feld angezapft, in dem nach Sheldrake alles gespeichert sein soll, was je auf dieser Welt lebte und das die Asiaten die ›Akasha-Chronik‹ nennen...«

Da befinden wir uns wieder ernüchtert auf dem Boden der Tatsachen. Es wäre zu schön gewesen...

Wenn wir alle Versuche der Kontaktnahme mit dem Jenseits, sei es über ein Medium, über das Tischrücken – oder neuerdings mit Hilfe von Tonband und Video – auf das eigentliche Ergebnis der Mitteilung hin untersuchen, dann müssen wir gestehen, daß es mehr als dürftig ist. Da gibt es zwar Leute, die Tausende Seiten geschrieben haben, die ihnen angeblich vom Jenseits aus diktiert worden sind. Es gibt Frauen wie Mrs. Brown aus England, die in der Tat wunderschöne und für die einzelnen Komponisten »typische« Musikstücke diktiert bekommen hat. Doch: Daß das alles tatsächlich aus dem Jenseits stammt, das könnte eine unbeweisbare Behauptung sein.

Die Tonbandstimmen und auch die Texte auf Video sind absolut nichtssagend. Es gibt keine einzige wichtige Mitteilung, keine Warnung, keine Aufmunterung, keine Wegweisung – nur belangloses Geschwafel. Ob jemand, der von uns Abschied nehmen mußte und sich endlich wieder äußern kann, uns nichts Wichtigeres zu sagen hätte, als daß er zu Lebzeiten gerne Würstchen aß? Müßte Curd Jürgens, von dem man weiß, daß er recht durstig war, nicht etwas Wesentlicheres mitteilen als den lapidaren Satz: »Ziemlich trocken ist es hier!«?

Selbstverständlich haben die Leute, die sich mit Tonbandstimmen befassen, Erklärungen für die Einsilbigkeit ihrer Kontaktpersonen. Entweder dürfen uns die Jenseitigen keine Geheimnisse verraten, weil wir unseren Weg ja selbst finden müssen. Oder sie wollen es nicht, weil der Tod ihre Art nicht grundlegend verändert hat. Sie sind noch die alten Witzbolde, Grantscherben, Spottvögel. Drüben wie hüben.

Wäre dem tatsächlich so, dann könnte man alle Versuche der Kontaktaufnahme mit dem Jenseits sofort abbrechen. Abgesehen davon, daß eine verzweifelte Mutter darin Trost finden kann, wenn sie überzeugt ist, ihr Kind am Bildschirm zu sehen und von ihm zu hören: »Mir geht es gut!«; abgesehen davon, daß der eine oder andere, der die Bilder sieht, wenigstens über das Leben nach dem Leben nachzudenken beginnt, ist von all diesen Experimenten keine neue Einsicht, schon gar kein Beweis zu erwarten.

Auch hier gilt es noch einmal ausdrücklich festzuhalten: Über die Wiedergeburt gibt es weder bei den Tonbandstimmen noch bei Videoaufzeichnungen »aus dem Jenseits« auch nur den geringsten Hinweis.

IV. KAPITEL

Die Wissenschaft auf den Spuren der Wiedergeburt

1500 gesammelte Fälle – und eine Fülle von »Beinahe-Beweisen«

GESTORBEN – UND DANN EIN ANDERER

Ein besonderer Fall, von dem man nicht so recht weiß, soll man an eine Wiedergeburt glauben, oder handelt es sich um eine Art Besessenheit, ist die vieldiskutierte Geschichte des kleinen Jasbir aus Indien. Angeblich war der dreieinhalbjährige Junge tot, erwachte dann aber wieder zum Leben – und behauptete nun, ein ganz anderer zu sein.

Die unglaubliche Geschichte ereignete sich im Frühjahr 1954. Jasbir, Sohn von Sri Girdhari Lal Jat aus Rasulpur im Staate Uttar Pradesh, starb an Pocken. Es war nachts. Der Vater eilte zu seinem Bruder und zu Nachbarn und bat: »Bitte helft mir, das tote Kind zu bestatten.« Die Angst vor einer möglichen Ansteckung drängte ihn, diese letzte Pflicht möglichst schnell hinter sich zu bringen.

Doch draußen regnete es in Strömen. Deshalb sagte man ihm: »Warten wir doch bis morgen. Jetzt in der Nacht kann doch nichts mehr passieren. Das Kind liegt ja allein im verschlossenen Zimmer. Da kommt sowieso niemand hinein, der sich anstecken könnte.«

Jasbirs Vater sah das ein und kehrte heim. Als er am nächsten Morgen seinen Sohn holen wollte – lebte dieser wieder. Sein Fieber war deutlich zurückgegangen. Und das Kind wurde unfaßbar schnell wieder gesund. Nach wenigen Tagen schon hatte es sich von der schweren Krankheit soweit erholt, daß es sich mit seinen Eltern wieder unterhalten konnte.

Doch über das, was Jasbir sagte, waren diese keineswegs entzückt. Ihr Kind weinte und bettelte: »Laßt mich nach Hause. Ich bin nicht Jasbir. Ich bin der Sohn von Shankar aus dem Dorf Vehedi. Sagt meinen Eltern, sie sollen mich holen.«

»Das Fieber hat unser Kind verwirrt«, dachten die Eltern und brachten die feinsten Speisen, um Jasbir eine Freude zu bereiten. Doch er stieß sie zurück und wehrte sich sehr energisch: »Das rühre ich nicht an. Ich bin Brahmane.«

Die Brahmanen bilden in Indien die oberste Kaste, eine »Elite«, die unter anderem sehr strenge Essensvorschriften einhält. Daß es so etwas gibt, konnte der kleine Jasbir unmöglich wissen. Seine Familie – der Vater war ein einfacher Landarbeiter – gehörte zu einer sehr untergeordneten Kaste, die mit den »oberen« niemals in Berührung kam.

Jasbir wäre verhungert, so hartnäckig weigerte er sich, das Essen anzurühren, hätte es im Dorf nicht eine alte Frau gegeben, die sich auf die Zubereitung der Speisen nach Brahmanenart verstand. Zwei Jahre lang mußte sie Jasbir verköstigen. Und sie durfte sich dabei nicht den geringsten Fehler erlauben. Jasbir kannte sich sehr genau aus in dem, was erlaubt und verboten ist, und durchschaute sofort auch den kleinsten Täuschungsversuch.

Hatten die Eltern gehofft, Jasbir würde bald wieder »normal«, mußten sie nach und nach einsehen, daß die »Verrücktheiten« ihres Kindes immer noch schlimmer wurden. Jasbir beharrte darauf: »Ich bin Sobha Ram. Mein Vater heißt Shankar.« Und nach und nach erzählte er Einzelheiten aus »seinem« anderen Leben und vom anderen Sterben: »Jemand hat mir vergiftete Pralinen gereicht. Ich habe sie auf dem Hochzeitswagen verspeist, fiel vom Wagen, schlug mir den Kopf auf und starb an den Verletzungen.«

»Hör endlich auf mit diesen Geschichten«, drohten die Eltern. Es war ihnen äußerst peinlich, solche »Märchen« zu hören. Sie waren besorgt, jemand könnte erfahren, daß ihr Sohn plötzlich ein anderer sein wollte, sie nicht mehr als Eltern akzeptierte und sich gar als Brahmane fühlte.

Doch in dem kleinen Dorf ließ sich die »Sensation« natürlich auf Dauer nicht verheimlichen. Es sprach sich bald herum, daß für Jasbir Brahmanenkost zubereitet werden mußte, daß er behauptete, in Vehedi zu Hause zu sein.

Den Ort Vehedi gibt es. Er liegt etwa 30 Kilometer von Jasbirs Heimatort Rasulpur entfernt. Und plötzlich wußte auch jemand, daß das, was Jasbir erzählte, stimmte. In Vehedi war tatsächlich an dem Tag, an dem Jasbir an den Pocken verstarb, ein 22jähriger Mann bei einem Unfall während einer Hochzeitsfeier ums Leben gekommen. Und dieser Mann hieß Sobha Ram. Er war der Sohn von Sri Shankar. Die Eltern Jasbirs wollten immer noch nichts von der Geschichte hören. Nun kamen aber Verwandte des verunglückten Sobha Ram aus Vehedi nach Rasulpur. Jasbir erkannte sie, stürmte jauchzend auf sie zu und begrüßte sie mit ihren Kosenamen. Gerade so, als hätte er sie immer schon gekannt.

Der Abschied wurde für den kleinen Jasbir so schmerzlich, daß man nun doch beschloß, ihn einmal nach Vehedi zu bringen. Es wurde für den Jungen ein aufregendes Ereignis. Ohne sich auch nur einen Augenblick zu besinnen, lief er vom Bahnhof aus zu »seinem« Elternhaus. Dort kannte er alles und jeden. Jeder, der das miterlebte, spürte, das Kind ist hier zu Hause. Es brauchte beinahe Gewalt, Jasbir von diesem Ort zu trennen und nach Rasulpur zurückzubringen.

PROFESSOR STEVENSON –
AUF DER JAGD NACH »BEWEISEN«

Dies ist einer von 1500 Fällen, die der amerikanische Wissenschaftler Professor Jan Stevenson, Psychiater und Direktor der parapsychologischen Abteilung an der Universität von Virginia, gesammelt hat. Zusammen mit seinen Mitarbeitern hat er 200 dieser Fälle untersucht und auf ihren Wahrheitsgehalt überprüft. Die 20 interessantesten und überzeugendsten Geschichten, die für eine Wiedergeburt sprechen, veröffentlichte er in seinem Buch *Reinkarnation, 20 überzeugende und wissenschaftlich bewiesene Fälle*.

Professor Stevenson reiste jahrelang um die ganze Welt, um die Wiedergeburtserzählungen an Ort und Stelle zu registrieren. Er war in Indien, in Sri Lanka (Ceylon), im Vorderen Orient, in Brasilien, Alaska und Europa. Manche Orte besuchte er zwei- oder dreimal, um seine Untersuchungen erneut aufzunehmen. Dabei sprach er mit vielen Zeugen und nahm die »Wiedergeborenen«, meistens waren es Kinder, immer wieder ins »Kreuzverhör«. Eine endlose Arbeit!

Den Fall des kleinen Jasbir überprüfte er dreimal: 1961, 1964 und 1971.

Bei seinen wissenschaftlichen Ermittlungen ging er folgendermaßen vor:

Zuerst versuchte er zu klären, ob es zwischen den beiden Familien in Rasulpur und Vehedi schon vor Jasbirs Erkrankung irgendeine Verbindung gegeben hatte. Doch beide Familien versicherten ihm, daß sie sich nicht gekannt hatten und nie in das jeweilige andere Dorf gekommen waren.

In Vehedi gab es überhaupt nur zwei Menschen, die jemals vor Jasbirs Persönlichkeitsveränderung in Rasulpur gewesen waren, ein Ehepaar. Die Frau stammte aus Rasulpur und hatte nach Vehedi geheiratet. Da es in ihrer Heimat keine Verwandten mehr gab, kehrte sie nur alle fünf Jahre dorthin zurück – zum letztenmal zwei Jahre vor Jasbirs »Tod«. Das Kind war zu diesem Zeitpunkt eben ein Jahr alt gewesen. Es konnte also diesen Besuch nicht mitbekommen haben. Irgendeine Begegnung mit der Familie Jasbirs hatte auch gar nicht stattgefunden.

In Rasulpur hatten die meisten Leute den Namen des Ortes Vehedi noch nie gehört. Professor Stevenson fand auch dort nur zwei Personen, die jemals in Vehedi gewesen waren, zwei Männer. Einer von ihnen hatte sogar Sobha Ram gekannt, nach eigenen Aussagen von dessen Tod aber erst ein halbes Jahr nach Jasbirs Krankheit und nach seiner seltsamen Veränderung gehört.

Die beiden Orte mit 1500 und 2000 Einwohnern sind nur durch sehr schlechte Wege miteinander verbunden, und es gibt keinerlei geschäftliche oder handelsmäßige Verbindungen. Zwischen den Dörfern liegt allerdings eine kleine Stadt, die gelegentlich von beiden Seiten besucht wird, so daß es also die Möglichkeit gegeben hätte, sich dort zu treffen. Doch Professor Stevenson fand keinerlei Verbindungen, die eine »Brücke« zwischen Jasbir und Sobha Ram hätte darstellen können.

Nun überprüfte er Jasbirs Aussagen, zergliedert in insgesamt 40 Punkte: »Ich bin der Sohn von Shankar aus dem Dorf Vehedi... Ich bin ein Brahmane... Ich heiße Sobha Ram...« Wer hatte das gehört und konnte es bezeugen?

Professor Stevenson benennt jeden Zeugen mit Namen, insgesamt zwei Dutzend Personen aus beiden Dörfern und umliegenden Orten. Mit den meisten von ihnen sprach er bei allen drei Besuchen. Das Ergebnis dieser Befragungen: Es gab nicht einen einzigen Fehler, nicht den kleinsten Hinweis einer Täuschung oder Manipulation. Professor Stevenson zog daraus folgenden Schluß: »Wenn die interviewten Personen die Wahrheit gesagt haben, sehe ich nicht, wie Jasbir auf normalem Wege die Tatsachen hätte erfahren können, die er aus dem Leben des Sobha Ram kannte. Auch habe ich keinen Grund zu bezweifeln, daß die Zeugen, mit denen ich sprach, die Wahrheit gesagt haben.«

Zu den stimmigen Aussagen kamen aber bekräftigend die Gemütsregungen Jasbirs und dessen starke Identifizierung mit Sobha Ram hinzu.

In Vehedi, seinem angeblichen früheren Zuhause, war er glücklich. Alles zog ihn dorthin, und er nutzte – auch noch sehr viel später – jede Gelegenheit, dorthin zu gelangen.

In Rasulpur dagegen war das Kind unglücklich, verwaist. Er verachtete seine Eltern – sie waren ja aus niedriger Kaste – und zog sich von ihnen zurück. Er wurde einsilbig, bedrückt, verschlossen. Jedes Jahr ging er fünf-, sechsmal nach Vehedi. Gelegentlich hielt er sich wochenlang dort auf, um der Familie in der Landwirtschaft zu helfen. Dabei zeigte er besondere Zuneigung zu Sobha Rams Vater, den er ja für seinen eigenen Vater hielt, und für Sobha Rams Kinder. Waren es seine eigenen Kinder? Die Tyagis betrachteten ihn als echtes Mitglied der Familie. Als ein Sohn Sobha Rams heiraten wollte, wurde ganz selbstverständlich Jasbir, obwohl jünger als sein eigener Sohn, der Sitte des Landes gemäß, als »Vater« um seine Zustimmung gebeten.

Jasbir, so stellte Professor Stevenson bei seinem letzten Besuch 1971 fest, hat sich in auffallender Weise mit seinem »Doppelleben« arrangiert. Im Gegensatz zu so vielen anderen Beispielen sind die Erinnerungen an das frühere Leben, vom Kind erstmalig geäußert, im Laufe der Zeit bei ihm nicht verblaßt. Nach wie vor behauptet Jasbir sehr bestimmt: »Ich bin Sobha Ram.« Er sagt interessanterweise nicht etwa: »Ich bin Sobha Rams Wiedergeburt!«

Um keine unnötigen Probleme zu schaffen, trägt er jedoch amtlich den Namen Jasbir Lal Jat. Allerdings: Die Jat-Eltern hat er nie wieder als seine wirklichen Eltern akzeptiert.

Er behielt einige Sitten und Gebräuche der Brahmanen bei, spricht nach wie vor – seit seinem »Tod« und seinem »Wiedererwachen« – eine vom ursprünglichen Dialekt deutlich abgehobene, etwas gepflegtere Sprache. Was ihn aber nicht daran hinderte, dann doch ein Mädchen der Jat-Gruppe zu heiraten, was ein echter Brahmane niemals getan hätte.

Noch ein kleiner, aber nicht unwesentlicher Hinweis gehört zu dieser verwunderlichen Geschichte: Professor Stevenson fragte schon bei seinem ersten Besuch in Rasulpur den damals 14jährigen Jasbir: »Was hast du in der Zeit zwischen dem Tod Sobha Rams und dem Wiederaufleben Jasbirs erlebt? Wo bist du gewesen?«

Jasbir antwortete: »Ein Sadhu (ein heiliger Mann) ist mir begegnet und hat mich angewiesen, im Leib Jasbirs Obdach zu suchen!« Das hieße also: Die entleibte Seele Sobha Rams ist »drüben« aufgehalten und zu einer neuen Inkarnation zurückgeschickt worden – in einen Leib, der längst geboren, aber von seiner ursprünglichen Seele wieder verlassen war?

Dann hätte der alte Plato doch recht gehabt mit seiner Behauptung, der Körper wäre nur eine mehr oder weniger zufällige Hülle, in der die Seele eingesperrt ist, ein Instrument, dessen sich die Seele bedient, um sich überhaupt äußern zu können? Dann könnte gewissermaßen jede Seele in jedem x-beliebigen Körper leben, die Seele eines alten, weisen Mannes im Körper eines Babys? Die Seele einer zarten, schüchternen Frau im athletischen Körper eines Herkules?

Dann könnten also vielleicht doch auch einmal zwei oder mehrere Persönlichkeiten in einem Körper nebeneinander existieren – und der Heimgesuchte wäre dann nicht verrückt, nicht schizophren, hätte keine gespaltene Persönlichkeit – sondern wäre »besessen«? Dann würden nicht automatisch unser Aussehen, unsere Umgangsformen und möglicherweise auch eine ganze Reihe psychischer Äußerungen von der Seele geprägt, so daß der Körper letztlich ihr echter Spiegel ist, sondern alles, was mit der Abstammung, mit Erbanlagen zu tun hat – also auch Talente und Neigungen – wären nur das »Instrument«, auf dem die Seele in der neuen Inkarnation spielt? Einmal steht ihr eine Stradivari-Geige zur Verfügung, ein andermal nur eine verstimmte Mundharmonika? Und: Die Seele wäre zwar vom Augenblick der Vereinigung mit dem Körper voll einsichtig zugegen, könnte sich aber immer nur entsprechend der Entwicklung ihres »Instrumentes« äußern?

Denn: Rein äußerlich war Jasbir ja Jasbir geblieben. Er hatte nicht nach und nach die Züge Sobha Rams angenommen. Auch seiner Intelligenz nach scheint er Jasbir geblieben zu sein. Er entfaltete auch nicht plötzlich Talente, die für seine »zweite« Familie außergewöhnlich gewesen wären. Angenommen, die Geschichte Jasbirs ist wahr. Angenommen, es lebte in seinem Körper ab dem vierten Lebensjahr ein ganz anderer: Dann müßten wir allerdings den Körper als Wohnung der Seele neu begreifen. Es handelte sich dann nicht nur um eine materielle Hülle, bestehend aus Atomen, Molekülen, funktionierend nach physikalischen und chemischen Gesetzen, beseelt in jeder Zelle von der Seele als Lebenskraft. Sondern diese Wohnung der Seele bestünde dann auch aus dem in sich geschlossenen biologischen Organismus mit all seinen Erbanlagen, seinen psychischen und intellektuellen Möglichkeiten. Alle diese »Wohnungseinrichtungen« wären sterblich, vergänglich und hätten letztlich keinen Anteil an der Seele.

Psyche und Seele dürften also nicht länger gleichgesetzt und miteinander verwechselt werden, womit alle Argumente der Naturwissenschaftler, der Biologen und der Psychologen gegen die Existenz der unsterblichen Seele und gegen die Wiedergeburt hinfällig wären.

PHYSIS, BIOS, PSYCHE, PNEUMA

Der Innsbrucker Theologe, Leiter eines Instituts für Grenzwissenschaften und Beauftragter des Vatikans für parapsychologische Fragen, Professor Dr. Dr. Andreas Resch, befaßt sich seit vielen Jahrzehnten mit dem »Innenraum des Menschen«, mit den »geheimen Mächten« der Seele. Auch er lehnt es heute ab, den Menschen einfach in unsterbliche Seele und sterblichen Körper zu zerlegen. Denn das, was wir normalerweise unter Seele verstehen, ist seiner Meinung nach viel zu komplex.

Professor Resch stellt sich den Menschen zusammengesetzt aus vier Grundsubstanzen vor:

∗ Aus der Physis. Das ist also der grobstoffliche Körper mit all seinen chemisch-physikalischen Prozessen.

∗ Aus dem Bios. Darunter versteht er die dem Körper

innewohnenden, ordnenden, gestaltenden, heilenden Lebenskräfte, das rein animalische Leben, das weit über rein chemische, physikalische Funktionen hinausgeht. Diese Kräfte sind an den Körper gebunden und sterben mit ihm. Ein Tier verfügt über Physis und Bios.

* Aus der Psyche. Gemeint sind die seelischen Verhaltensweisen und Fähigkeiten. Sie stehen mit dem Körper in enger Verbindung, beeinflussen die biologischen Kräfte und werden von ihnen beeinflußt, aber sie reichen weit über das rein biologische Leben hinaus. Nur der Mensch verfügt über eine Psyche. Doch auch diese Psyche ist noch nicht unsterblich.

* Aus dem Pneuma, dem Geist. Das ist die unsterbliche Seele, die dem Körper, bestehend aus Physis, Bios und Psyche, innewohnt, die sich von ihm trennen und ohne ihn weiterexistieren und sich selbst als »Ich« bezeichnen kann.

Die rein geistige Seele, so Professor Resch, hat sich nicht wie die übrigen menschlichen Grundsubstanzen in der Evolution entwickelt, sondern ist von Gott geschaffen, ein energetisches Prinzip, das sich des Körpers bedient.

COMPUTER UND PROGRAMMIERER

Zu einem ganz ähnlichen Ergebnis kam der australische Nobelpreisträger für Medizin, Sir John Carew Eccles. Auf dem Weltkongreß für Philosophie 1978 in Düsseldorf vertrat er die Überzeugung, der Geist, das Bewußtsein, die Seele müsse grundsätzlich als etwas vom Körper Unabhängiges, als etwas außerhalb des zentralen Nervensystems Existierendes betrachtet werden. Geist und Bewußtsein, so Eccles, sind nicht, wie manche Wissenschaftler behaupten, »die Ausscheidungen des Gehirns« und damit erloschen, sobald das Gehirn zu funktionieren aufhört, sondern der Geist hat sich das Gehirn, den gesamten Körper nach und nach erst erschaffen und wird sein Instrument immer weiter vervollkommnen.

Eccles entwarf damals ein Bild, das heute immer dann aufgezeigt wird, wenn Argumente für eine unsterbliche Seele vorgebracht werden: Der menschliche Gesamtkörper gleicht einem Computer. Er verfügt nicht nur über »technische Einrichtungen«, die so vielfältig und kompliziert sind, daß sie kaum je enträtselt werden können – sondern auch über eine unendliche Fülle von Programmen, gespeichert in Jahrmillionen. Über solche Programme verfügt nicht nur unser Gehirn, sondern jede einzelne Zelle: Antworten auf viele Millionen möglicher »Reize« von außen. Dieser Computer hat sich aber nicht etwa selbst programmiert. Die Programme entstanden auch nicht rein zufällig. Sondern hinter dem Computer steht, im Computer lebt der Geist. Er hat sich dieses Wundergerät in Jahrmillionen geschaffen. Denn er kann sich nur mit Hilfe dieses »Gerätes« äußern und mitteilen. Wenn der Computer zerstört wird, lebt der Geist weiter. Er ist nach wie vor da. Er kann sich nur nicht mehr bemerkbar machen. John Eccles hält es durchaus für möglich, daß sich der Geist, die Seele, die ihres Computers beraubt wurde, einen neuen, möglicherweise völlig anders gearteten Computer sucht.

Spinnt man solche Gedanken im Hinblick auf die Wiedergeburt weiter, dann würde das doch heißen: Jede neue Inkarnation findet ihren Sinn darin, das »Instrument Körper« ein Stückchen weiterzuentfalten.

Das, was in einem Leben erreicht wurde, wird auf ganz natürliche Weise durch Zeugung und Geburt erhalten und vervielfältigt. Und dann kehrt die Seele zurück und »bastelt« am Programm ein Stückchen weiter. Das wäre dann der eigentliche Hintergrund der Evolution. Das klingt keineswegs absurd, sondern recht logisch. Und es würde auch den Unterschied zwischen Mensch und Tier erklären: Tiere besitzen auch »Programme«, doch sie sind, soweit wir wissen, unfähig, sie weiterzuentfalten. Sie geben immer dieselben »Programme« weiter. Der Mensch dagegen schafft immer neue, vielfältigere Programme.

Daß das alles so ist, dafür glaubt Professor Resch handfeste Beweise zu besitzen: Gelegentlich manifestiert sich der Geist gerade dann besonders deutlich, wenn die Funktionen des Organismus zum Stillstand gekommen sind: »Vorübergehend klinisch Tote besitzen manchmal eine derartige Klarheit der Gedanken und eine Fülle des Wissens und so unbegrenzte Wahrnehmungsmöglichkeiten, eine Klarheit, die weit über die Fähigkeiten des Wachbewußtseins hinausgeht, daß die Frage berechtigt ist, ob im Menschen nicht ein energetisches Prinzip vorhanden ist, das voll intakt bleibt, wenn der Organismus funktionsunfähig wird. Auch bei Gehirngeschädigten ist wiederholt beobachtet worden, daß sie in ihrer Todesstunde plötzlich völlige geistige Klarheit besitzen. Solche Erfahrungswerte sind zumindest ein Indiz für die geistige Seele.«

Auch für die Sterbeforscherin Frau Professor Kübler-Ross sind die unsterbliche Seele, Ewigkeit und Gott aus eigenen Erfahrungen eindeutig bewiesen. Sie sagt: »Ich glaube nicht, daß es ein Leben nach dem Tod gibt – ich weiß es.«

Und auch sie führt Beweise für dieses Wissen an. Die

Wissenschaftlerin war unzählige Male dabei, wenn Menschen starben, später aber noch einmal reanimiert werden konnten. Sie hat erlebt, daß Patienten, die seit vielen Jahren völlig blind waren, nach dem »Erwachen aus dem Tod« ganz genau schildern konnten, was mittlerweile vorgefallen war. Mit blinden Augen hatten sie die Umstehenden »gesehen«, wahrgenommen, wie sie gekleidet waren, welche Muster die Kleidungsstücke hatten, welchen Schmuck sie getragen, lauter Einzelheiten, die sie einfach nicht wissen konnten. Frau Kübler-Ross versichert: »Die Angaben haben immer bis ins letzte Detail gestimmt.«

Das spricht zweifellos dafür, daß wir Menschen zumindest in bestimmten Situationen kein Gehirn und keine Sinnesorgane brauchen, um sehen, hören, fühlen und denken zu können.

Doch so zwingend, wie es auch aussehen mag: Unumstößliche Beweise sind selbst solche Beobachtungen nicht. Um nur zwei Erklärungsversuche anzudeuten, die Professor Resch und Professor Kübler-Ross vorgehalten werden:

Es gibt Blinde – vor allem in der Sowjetunion sind solche Fälle wissenschaftlich untersucht worden –, die Partien ihrer Haut so weit sensibilisieren können, daß sie mit diesen »Ersatzaugen« Gegenstände und sogar Farben wahrnehmen können.

Es kann deshalb nicht völlig ausgeschlossen werden, daß Menschen unter besonders starkem seelischem Druck, etwa im Augenblick des Sterbens, solche oder ähnliche Fähigkeiten entwickeln. Dann aber sähe nicht die losgelöste, befreite Seele ohne Sinnesorgane, sondern der sich aufbäumende Organismus entwickelte »übersinnliche« Fähigkeiten.

Oder: Es ist ebenfalls vorstellbar, daß eine bestehende Blindheit – vor allem dann, wenn sie nervlich bedingt ist – in einer bestimmten Krisensituation vorübergehend aufgehoben wird, so daß der Blinde im Augenblick großer Gefahr wirklich sehen kann. Eben mit den momentan fähigen Sinnesorganen. So wie eine Mutter, wenn es darauf ankommt, einen tonnenschweren Lastwagen anheben kann, ist ihr Kind darunter geraten. Es gibt ganz natürliche Kräfte, die wir nur noch nicht kennen. Erst wenn wir sie völlig durchschaut haben, wissen wir mehr über die Seele – und darüber, ob sie losgelöst vom Körper weiterexistiert oder ob sie erneut in einen Körper zurückkehren kann.

VOM LEBEWESEN ZUM TECHNOWESEN

Moderne Wissenschaftler, die an eine vom Körper unabhängige Seele glauben, gehen einen ungeheuerlichen Schritt weiter, der uns geradezu Angst einflößt. Sie sagen: Wir müssen uns mit dem Gedanken vertraut machen, daß die Geistseele schon in naher Zukunft den »Computer: Körper« nicht mehr brauchen wird. Sobald nämlich die technischen Computer so weit entwickelt sein werden, daß sie der Geistseele günstigere Voraussetzungen bieten als der lebende Organismus, wird sie zur Maschine überwechseln. Dann ist die biologische Phase zu Ende, die Evolution des Lebens abgeschlossen. Dann beginnt das technisch-kybernetische Zeitalter.

Ganz einfach ausgedrückt heißt das: Der lebende Organismus bietet der Geistseele, die ihn zum heutigen Stand entwickelt hat, ein ziemlich anfälliges, unwirtschaftliches »Instrument«. Es ist sterblich, krankheitsanfällig, muß ernährt werden, braucht zum »Funktionieren« Sauerstoff und richtige Temperaturen. Warum sollte also die Seele – gibt es sie unabhängig vom Körper – nicht als Äußerungsmöglichkeit ein »Instrument« suchen, das anspruchsloser, perfekter, weniger anfällig und von der Umwelt weniger abhängig ist? Das technische Gerät Computer könnte dann von sich selbst »Ich« sagen, sich selbst programmieren und stets weiterentwickeln und vervielfältigen, ohne auf eine neue Geburt, auf die langsame Entwicklung eines Organismus warten zu müssen. Das wäre dann allerdings keine Wiedergeburt mehr, keine Reinkarnation – aber wiederum eine Rückkehr in die irdische Wirklichkeit – mit dem Ziel, sie weiterzuentfalten.

Selbstverständlich sträubt sich alles in uns, an eine solche Möglichkeit überhaupt zu denken. Doch wenn man die Trennung der geistigen Seele als Programmierer des Körpers konsequent und logisch weiterdenkt, wie das die zitierten Wissenschaftler tun, ist dann die Überlegung nicht folgerichtig und eigentlich ganz logisch?

Der Freiburger Biophysiker Werner Kreutz sieht es jedenfalls so. Seiner Meinung nach müssen wir Menschen uns damit abfinden, daß die Evolution uns überrollen wird: »Der Mensch ist... Höhepunkt der biologischen Existenz und zugleich Ende der biologischen Evolutionsphase.«

Das heißt: Die Evolution geht weiter, doch diesmal ohne uns Menschen, so wie sie einstmals im Menschen weitergegangen ist und die Tiere zurückgelassen hat. Die Menschen müßten auf der gegenwärtigen Stufe stehenbleiben, weil der Geist, die Seele, sich von ihnen abgewandt hat und zu technischen Geräten übergewechselt ist.

Werner Kreutz: »In der technologischen Jetzt-Periode ist Computer-Kybernetik noch Hilfskybernetik, erweiterte biologische Kybernetik. Sie wird aber zwanghaft gemäß dem Evolutionstrend beziehungsweise -ziel evolutionieren, sich vervollständigen, vervollkommnen bis zur Erlangung von eigenem Bewußtsein. In diesem Augenblick wird sich das Sinnziel des Menschen vollzogen haben. Computer werden von diesem Augenblick an in der Lage sein, arteigene Systeme selbst zu schaffen und zu verbessern, zu evolutionieren. Sie werden dann autonome und mobile Systeme sein. Es werden Wesen sein, die zeitunabhängiger sind, da sie vom Biologismus befreit sein werden. Sie werden nur an anorganisch-technische Strukturen und technische Energieumwandler gebunden sein. Diese Systeme werden sich von unserem Planeten befreien, irgendwo auf einem Planeten oder im interstellaren Raum existieren können. Das werden Wesen zweiter Art oder ›Technowesen‹ sein, im Gegensatz zu den jetzigen ›Lebewesen‹ oder Wesen erster Art.«

So fremd, ja bestürzend das klingen mag, Kreutz spricht vom »schmerzlichen Sockelsturz«, der uns Menschen bevorsteht, so befreiend müßte es für die Seele sein, nicht bei jeder Inkarnation im Stadium des Embryos beginnen und darauf warten zu müssen, bis der »biologische Apparat« endlich so funktionsfähig geworden ist, daß man damit etwas leisten kann. Die Seele bräuchte nicht länger Rücksicht zu nehmen auf die biologischen und psychischen Bedürfnisse seines Instrumentes, weder auf Störungen wie Hunger, noch auf die Schwierigkeiten der Temperaturregelungen, noch auf Gefahren wie Krankheiten und Tod. Er hätte ein beinahe »wartungsfreies« Gerät zur Verfügung, das keinen Sauerstoff, keinen Schlaf, keine Nahrung, keine Probleme wie Liebe, Haß, Neid, Aggressionen aufwerfen würde. Die Menschen müßten sich, vergleichbar Haustieren, dieser beseelten Maschine unterordnen.

DAS WICHTIGSTE ARGUMENT GEGEN DIE WIEDERGEBURT

Eine vielversprechende, verlockende Zukunft?

Aus heutiger Sicht ganz bestimmt nicht – zumal wir uns in unserer gegenwärtigen Situation nicht ohne weiteres entscheiden können: Wer sind wir nun wirklich? Wer ist es, der von sich als »Ich« spricht? Ist es ein rein geistiges Wesen in mir, frei von allen Emotionen, Leidenschaften, Stärken und Schwächen, das sich mit all diesen »Zutaten« herumschlagen muß? Oder bin »ich« nicht gerade dieses ganze, komplexe Wesen, undenkbar ohne die Fähigkeiten, zu lieben und zu hassen? Gehört nicht mein Körper ebenso untrennbar zu meiner Persönlichkeit, die sich als »Ich« versteht? Gehört zu mir nicht mein Schicksal mit allen Freuden und Leiden, meinen Kämpfen, Siegen und Niederlagen? Die Vorstellung, die geistige Seele könnte sich vielleicht schon in naher Zukunft vom Menschen abwenden und in die von ihm geschaffene Maschine übergehen – so als wäre es von Anfang an nur Ziel und Zweck des Menschen gewesen, so lange dem Geist zu dienen, bis er dieses Werk vollendet hat –, diese Vorstellung deutet das wohl gewichtigste Argument an, das gegen die Wiedergeburt angeführt wird.

Versuchen wir es an einem konkreten Beispiel zu verdeutlichen: Wenn es stimmt, daß der an sich vollkommene Geist milliardenfach in die Welt gekommen ist, um diese Welt aus primitivsten Anfängen zu entfalten – bei dieser Evolution darf man nicht nur an das

Leben denken, das sich aus einfachsten Formen zur heutigen Vielfalt und Komplexität entfaltet hat, sondern man muß doch wohl auch die Entwicklung des gesamten Kosmos mit einbeziehen, der nach unseren heutigen Kenntnissen aus einem einzigen oder vielleicht aus zwei primären Gasen entstanden ist und weit über hundert chemische Elemente schuf – dann müßte dieser Geist über einige Milliarden Jahre ohne jede Äußerungsmöglichkeit nur in Atomen und Molekülen gelebt haben, bis es ihm endlich gelang, lebendige Strukturen zu bilden. Und wieder wären viele Jahrmillionen vergangen, ehe sich der Geist das »Instrument« Mensch geschaffen hatte, in dem er endlich Bewußtsein, Wissen, Wissenschaft, Kunst, Musik entfalten konnte.

In Wolfgang von Goethe endlich hatte ein Geist ein Instrument zur Verfügung, auf dem er vollendete Dichtkunst hervorbringen konnte. Doch dieses Instrument funktionierte nur 80 Jahre – und in dieser kurzen Zeitspanne keineswegs gleichbleibend und durchgehend vollkommen. Danach war der Geist Goethes wieder ohne Instrument, gezwungen, sich ein neues zu suchen. Ganz offensichtlich fand er keines, denn die Genialität des Dichters hat sich bisher nicht wiederholt. Goethes Geist mußte sich also mit stümperhaft »programmierten« Körpern begnügen – oder er wartet immer noch darauf, etwas Adäquates zu finden? Es ist ja keineswegs so, daß die geschaffenen neuen »Programme« bei der Vervielfältigung der Instrumente – sprich Körper – mit allen seelischen, geistigen Anlagen fehlerlos weitergegeben würden. Ja das, was die »Geister« geschaffen haben, ist sogar stets in Gefahr – im Augenblick in besonders großer Gefahr –, sich selbst auszurotten. Müßten die »Geister« dann wieder von vorne beginnen?

Und – wozu das Ganze? Wenn der Mensch beispielsweise nur als Zwischenstufe der Evolution zurückbleiben muß, weil der Geist bessere Verwirklichungsmöglichkeiten gefunden hat: Was will der Geist dann überhaupt in dieser materiellen Welt? Ist die Vorstellung, der Geist, der einmal in Goethe lebte und wirkte, müßte im Körper eines ungeschlachten, rohen Menschen weilen, der stumpfsinnig wie ein Tier, von Trieben und Leidenschaften beherrscht, dahinvegetiert, nicht schlimmer als die grausamste Ausmalung der Hölle? Angenommen, der Geist des heiligen Franziskus, jenes sanften, selbstlosen Menschen, müßte sich in der Gestalt Hitlers oder Stalins reinkarnieren. Dieser Geist war dann unfähig, ein vollkommeneres, besseres Leben zu gestalten, da sein diesmaliges »Instrument« derart verstimmt und er in psychischen, emotionalen Erbanlagen gefangen war, die jedes vernünftige Denken und ein Leben der Liebe von vornherein ausschlossen. Könnte einem reinen, »heiligen« Geist etwas Entsetzlicheres zustoßen?

Wir haben vielfach gehört, daß die Verstorbenen mehr oder weniger freiwillig in einen neuen Körper einkehren und durchaus in der Lage sind, bereits vor der Geburt das künftige Leben zu überblicken. Könnte man von irgendeiner Seele erwarten, daß sie sich, was immer an Karma sie auf sich zu laden gewillt ist, bereit erklärte, das Leben eines Verbrechers oder gar eines scheußlichen Massenmörders zu akzeptieren und anzutreten? Selbst wenn sie einsehen könnte, daß sie die schlimme Strafe »verdient«? Gibt es überhaupt eine Schuld, die so groß sein könnte, daß die Seele in Gestalt eines brutalen Verbrechers wiedergeboren werden müßte?

Kann man überhaupt von Schuld sprechen, wenn

man auf einem Instrument spielen muß, das von vornherein falsch gestimmt ist, ohne daß man für dieses
Instrument verantwortlich wäre? Man sagt, die vollkommene Seele müsse nicht wiedergeboren werden.
Wer sollte dann die Evolution vorantreiben, wenn immer nur unvollkommene Seelen am Werk sind?

Ist die unvollkommene Seele, der fehlerhafte göttliche Funke, der reine »gefallene« Geist, überhaupt vorstellbar?

Er ist ein Widerspruch in sich. Ebenso wie der fort-
existierende Mensch ohne Geistseele im Zeitalter der
Technowesen, dem keine weitere Entwicklungschance
bleibt.

Lassen wir diese Fragen vorerst noch stehen und
kehren wir zurück zu Professor Stevenson und seiner
Arbeit. Er resümiert, »daß einige Fälle über das bloße
Nahelegen der Wiederverkörperung weit hinausgehen«, und schließt euphorisch im Hinblick auf die
Wirklichkeit der Reinkarnation: »Sie scheinen sie mir
ausreichend zu beweisen.«

Damit überschreitet er nicht die Kompetenz des Wis-
senschaftlers. Denn, abgesehen davon, daß es für einen
Fall wie den des kleinen Jasbir keine andere Erklärung
gibt, die so überzeugend ist wie eben die Wiedergeburt
oder »Austauschreinkarnation«, wie Stevenson selbst
Jasbirs Geschichte nennt, so fehlt dem gründlichen
Wissenschaftler bei seinen Dokumenten nur das letzte
Steinchen im Mosaik.

ANDERE ERKLÄRUNGSMÖGLICHKEITEN

Professor Stevenson war übrigens nicht der erste Wissenschaftler, der den Versuch unternahm, in der Arbeitsweise eines Historikers oder auch eines Staatsanwalts die Wiedergeburtsbehauptungen zu recherchieren und wissenschaftlich exakt zu belegen. Er war nur der erste, der diese Arbeit so perfekt durchführte, daß sie als Beweisführung jedem Gericht zur Urteilsfindung ausreichen müßte: Alles spricht dafür – und es gibt kaum mehr einen Zweifel daran, daß es sich wenigstens in einigen Fällen tatsächlich um eine Wiedergeburt handelt.

Das letzte Steinchen nun, das Stevenson fehlt, wäre die eindeutige Widerlegung aller anderen möglichen Erklärungsversuche. Wenn Jasbir nicht wirklich gestorben ist, wenn sein Körper nicht von einer anderen Seele in Besitz genommen wurde, wie könnte man sich dann sein Wissen um das Schicksal Sobha Rams mit allen dazugehörigen Einzelheiten erklären? Und wie sollte man verstehen, daß das Kind nicht mehr Jasbir, sondern Sobha Ram zu sein glaubte und mit so großer Leidenschaft daran festhielt, der andere zu sein? Professor Stevenson hat diese Fragen selbstverständlich untersucht. Dabei kam er zu folgendem Ergebnis:

ÜBERMÄCHTIGE PHANTASIE UND BETRUG

Betrug ist auszuschließen. Es gibt zwar vor allem in bescheidenen Verhältnissen immer wieder Kinder, die sich zu Hause nicht wohl fühlen und sich deshalb einreden, eigentlich nur durch ein Versehen in diese Familie geraten zu sein. Solche Kinder malen sich in ihrer

Phantasie die abenteuerlichsten Geschichten aus: Sie sind überzeugt, von Zigeunern den richtigen Eltern weggenommen und an die jetzige Familie verkauft worden zu sein. Sie bilden sich ein, man hätte sie in der Entbindungsklinik vertauscht. Sie gehörten eigentlich in eine wohlhabende, reiche Familie und nicht zu den mittellosen, unerwünschten Eltern. Oder sie stellen sich sehr lebhaft vor, wie sie eines Tages durch ein besonderes Ereignis aus der bedrückenden Umgebung befreit werden, um dorthin »heimzukehren«, wo sie eigentlich hingehören.

Derlei Einbildungen können zuweilen so stark werden, daß das Kind schließlich nicht mehr in der Lage ist, Wirklichkeit und Wunschtraum voneinander zu trennen.

Wie viele Mütter haben schon von ihrem Kind zu hören bekommen: »Du bist gar nicht meine Mama. Sie ist viel schöner, viel reicher, viel glücklicher!« Und möglicherweise konnte das Kind dann sogar Einzelheiten seiner angeblichen Mutter schildern, die sehr konkret und sehr plastisch waren.

In einem solchen Fall lügt das Kind nicht. Es will sich auch nicht wichtig machen. Es trägt in sich nur eine so riesige Sehnsucht nach mehr Glück, mehr Liebe, mehr Verständnis, daß es die Wirklichkeit gegen ein Wunschbild eintauscht.

Von Betrug könnte man also sowieso nicht sprechen, eher von der totalen Wirklichkeitsflucht.

Versucht man, diese Hypothese im Fall Jasbir anzuwenden, muß man sehr schnell einsehen, daß sie absolut nicht in Frage kommt. Sie könnte keinesfalls erklären, woher Jasbir sein Wissen über Sobha Ram hatte. Selbst wenn er Sobha Ram gekannt und gewissermaßen als Idol verehrt hätte, wäre es ihm während seiner Krankheit auf natürlichem Weg unmöglich gewesen, von dessen Tod zu erfahren, um nun ganz in seine Rolle zu schlüpfen. Auch ein reiner Betrug ist auszuschließen. Die Eltern hatten sich von Jasbirs Aussagen stets und bis zuletzt distanziert. Das kleine Kind wäre außerstande gewesen, einen Betrug zu begehen und so lange und so geschickt durchzuhalten. Außerdem hätte niemand aus einem Betrug auch nur den kleinsten Nutzen ziehen können.

KRYPTOMNESIE

Eine zweite Erklärung könnte man in der sogenannten Kryptomnesie finden. Vielleicht hat Jasbir doch irgendwann einmal durch eine Person etwas über Sobha Ram erfahren, dies scheinbar aber längst vergessen? Nach der schweren Krankheit wurde die Erinnerung dann als eigenes Erlebnis empfunden?

Solche »vergessenen Eindrücke und Erfahrungen« sind ganz gewiß der Hintergrund für viele vermeintliche »Déjà-vu-Erlebnisse«. Man kommt in eine völlig fremde Stadt und hat plötzlich den Eindruck: Hier bin ich schon einmal gewesen – obwohl man genau weiß, daß das in diesem Leben nicht gewesen sein kann. Vielleicht ist man sogar in der Lage, anzugeben, welches Gebäude sich hinter der nächsten Straßenkreuzung befindet, daß dort ein schöner Brunnen oder eine kleine gotische Kirche steht. Oder man erlebt eine bestimmte Szene, etwa eine Begegnung mit einem Fremden. Und man weiß sofort: Dieses Treffen hat sich genau so schon einmal abgespielt. Es sind dieselben Worte gefallen.

Für den heutigen Menschen ist es dank der Überflutung durch Fernsehen, Film, Funk, Presse und Bücher praktisch unmöglich geworden, sich noch exakt daran zu erinnern, was er schon einmal gehört, gesehen, gelesen hat. Es ist einfach zuviel, was pausenlos auf ihn einstürmt. Deshalb haben die sogenannten Déjà-vu-Erlebnisse auch jede Bedeutung verloren. Auch der geschickteste Detektiv könnte die Spuren nicht mehr zurückverfolgen und beweisen, daß es keinerlei Verbindungen zu einer Person, keinerlei Informationen über Städte und Länder gegeben hat. Außerdem: Viele Déjà-vu-Erlebnisse beruhen auf Wahrträumen: Man hat die entsprechende Szene tatsächlich schon einmal erlebt – allerdings nicht wirklich, sondern in einem prophetischen Traum, an den man sich wahrscheinlich gar nicht erinnern kann, der aber dann, wenn die prophetische Schau Wirklichkeit wird, plötzlich wieder ganz lebendig da ist.

Für solche vorausschauenden Träume, die dann mit einer Erinnerung an ein früheres Leben verwechselt wurden, gibt es zahllose Beispiele.

Für Jasbir gab es kein Radio und kein Fernsehen. Lesen konnte er noch nicht. Der Frage nach Informationen durch Personen in seiner Umgebung ist Professor Stevenson besonders gründlich nachgegangen, so daß auch die Kryptomnesie als Erklärung des Wissens ausgeschlossen werden muß. Es wäre völlig absurd anzunehmen, irgend jemand hätte dem so kleinen Kind die komplette Familie des Sobha Ram so genau geschildert, daß er dann jeden einzelnen erkannte. Es ist auch unmöglich, daß ihm jemand den Weg vom Bahnhof zum Haus des Sobha Ram hätte angeben und ihm erklären können, welche Gegenstände sein Eigentum waren. Nicht einmal bei einem einigermaßen gescheiten Erwachsenen dürfte man diese These in Betracht ziehen. Sie ist, zumindest für diesen Fall, abwegig.

Ob Jasbir im Fiebertraum das Unglück mit dem Hochzeitswagen »miterlebt« haben könnte, davon später.

»GENETISCHES GEDÄCHTNIS«

Der dritte Versuch, eine andere Erklärung als die Wiedergeburt zu finden, wird mit dem Schlagwort »genetisches Gedächtnis« umrissen: Jemand glaubt, sich an sein eigenes früheres Leben zu erinnern, tatsächlich handelt es sich bei den Erinnerungs-Inhalten aber um das Auftauchen von Erlebnissen der Ahnen, die in seinen Erbanlagen gespeichert sind. Diese Theorie setzt voraus, daß Gedächtnisinhalte tatsächlich vererbt werden, was bis heute keineswegs bewiesen ist. Diese Theorie könnte in Betracht gezogen werden, wenn ein Kind von sich behauptet, sein eigener Großvater zu sein, wie es beispielsweise im Fall des Tlingit-Indianers William George der Fall war, den Professor Stevenson in Alaska aufstöberte – einer von 43 Fällen, die der Forscher in nicht einmal ganz sechs Wochen, in denen er insgesamt lediglich 7887 Menschen befragte, fand.

William George senior, ein alter Fischer, hatte zu seinem Lieblingssohn Reginald und dessen Frau wiederholt gesagt: »Wenn an der Wiedergeburt etwas Wahres dran ist, werde ich wiederkommen und euer Sohn sein.« Und er gab den beiden auch einen Hinweis, wie sie ihn erkennen könnten: »Ich werde diese Muttermale haben.« Dabei zeigte er ihnen zwei geldstückgroße Pigmentflecken auf der linken Schulter und am linken Unterarm. Vor seiner letzten Fahrt auf See gab er seinem Sohn seine goldene Uhr: »Hebe sie für mich auf.« Und er wiederholte noch einmal, er wolle als Sohn seines Sohnes wiedergeboren werden. Das war im Sommer 1949.

William George kehrte von dieser Fahrt nicht zurück, er kam aber als Baby wieder. Als Kind von Reginald und Susan George wurde William junior am 5. Mai 1950 geboren. Er hatte, wie angekündigt, die beiden Muttermale. Die Eltern gaben ihm den Namen seines ertrunkenen Großvaters William und waren von vornherein überzeugt davon, daß dieses Kind dessen Wiedergeburt war. Tatsächlich fanden sie sich durch zahlreiche Hinweise in ihrem Glauben bestätigt: Das Kind hatte denselben hinkenden Gang wie sein Großvater, der an einer Knöchelverletzung litt. Es sah dem Großvater sehr ähnlich und überraschte durch dessen typische Gesten.

Als der kleine William endlich zu sprechen begann – mit drei Jahren –, erkannte er die Großtante, die zu Besuch kam und die er noch nie zuvor gesehen hatte, auf der Straße, begrüßte sie – aber als Schwester. Als kleiner Junge tadelte er seine beiden Onkel sehr zornig: »Mit eurer Trinkerei seid ihr eine Schande für die ganze Familie. Als Vater muß ich mich für euch schämen.« William ging ganz selbstverständlich auf Matrosen zu, die früher mit seinem Großvater als Fischer unterwegs gewesen waren, nannte sie beim richtigen Namen, plauderte mit ihnen über frühere Erlebnisse beim Fischen und nannte ihnen die besten Fischgründe. Und dann kam der Tag, an dem er seine goldene Uhr zurückforderte. Zufällig trat William in das Zimmer, als seine Mutter ihre Schmuckkassette geöffnet hatte. Er sah – zum erstenmal – die Uhr und verlangte mit großem Nachdruck: »Gib sie mir, das ist meine Uhr!« Weil er erst fünf Jahre alt war, verweigerte die Mutter die Herausgabe und sagte ihm, er bekäme sie schon, müßte aber noch warten, bis er größer geworden sei.

Von diesem Tag an bat William seine Eltern immer wieder um »seine« Uhr, bis er sie, 1961, endlich bekam.

Bei diesem sehr spektakulären Fall könnte man zunächst an ein »ererbtes Gedächtnis« denken: Das, was William senior erlebte, ist über seinen Sohn an den Enkel als Erbinformation so weitergegeben worden, daß William junior sich mit seinem Großvater identifizierte. Zumal der Großvater ein sehr angesehener Mann war. Bei näherem Hinsehen versagt jedoch diese Theorie. Denn die meisten Erlebnisse, die der kleine William als »seine« schilderte, vor allem die Übergabe der Uhr, fanden erst nach der Geburt des Vaters statt, können also nicht vererbt sein.

Eine direkte »Brücke« gibt es nicht, allenfalls eine doppelte, nämlich die vererbte für frühere Ereignisse aus dem Leben des Großvaters – und eine indirekte über den Vater und die Mutter, die beide ja darauf warteten, William senior würde in ihrem Kind wiedergeboren.

Möglicherweise – und das kann bislang nicht ausgeschlossen werden – haben sich die Eltern des kleinen William so oft und so intensiv mit der erwarteten Wiedergeburt des Großvaters beschäftigt, vielleicht während der Schwangerschaft auch wiederholt davon gesprochen, daß sich diese »Information« dem Fötus irgendwie eingeprägt hat.

Die Theorie des ererbten Gedächtnisses bietet sich in manchen Fällen einer vermeintlichen Wiedergeburt an, vor allem dann, wenn das frühere Leben zeitlich sehr weit zurückliegt, also nicht der Großvater, sondern Urgroßvater oder noch frühere Ahnen, das, was das Kind zu erinnern glaubt, erlebt haben könnten. Bei den meisten bekannten Wiedergeburtsfällen kommt die Vererbungstheorie allerdings nicht in Frage. Auch wenn die Tlingit-Indianer fest daran glauben, daß Ahnen stets in der eigenen Familie wiedergeboren werden, und die von Stevenson gesammelten Fälle sich auch alle innerhalb der Familie finden, so handelt es sich doch nur ganz selten um eine direkte, gerade Linie, die eine Vererbungstheorie nahelegen würde. Meistens behaupten die Kinder nicht, der verstorbene Großvater oder Urgroßvater zu sein, sondern sie identifizieren sich mit einem Onkel, einem Großonkel oder einer Tante. In all diesen Fällen kommt ein genetisches »Gedächtnis« ebensowenig in Frage wie bei der Wiedergeburt in völlig fremden Familien, die in keinerlei verwandtschaftlichen Beziehungen zueinander standen, wobei selbstverständlich auch ausgeschlossen werden muß, daß das Kind einen anderen Mann als den angegebenen zum Vater hat.

Bei Jasbir/Sobha Ram jedenfalls muß die Theorie des ererbten Gedächtnisses völlig ausgeschlossen werden. Zwischen den beiden Personen kann es keinerlei verwandtschaftliche Brücke gegeben haben.

AUFGEDRÄNGTE IDENTIFIZIERUNG

Für William junior, den kleinen Indianer aus Alaska, bietet sich die Theorie der »aufgedrängten Identifizierung« an: Es erschien durchaus denkbar, daß Williams Eltern höchst gespannt waren und sich dauernd fragten: »Wird Großvater in unserem Kind wiedergeboren? Wird es die angekündigten Muttermale tragen?« Als es nun zur Welt kam und die Muttermale besaß, was tatsächlich eine reine Erbanlage sein kann und überhaupt nichts mit Wiedergeburt zu tun haben muß, waren sie sicherlich fest davon überzeugt: »Der Großvater hat versprochen, als unser Kind zurückzukehren. Er hat uns die Muttermale als Beweis angekündigt. Es ist alles so, wie er gesagt hat. Warum also seine Voraussage in Zweifel ziehen.« In den drei Jahren, bis das Kind zu sprechen begann, gab es ausreichend Zeit und Möglichkeiten, dem Kind einzureden, es sei sein Großvater!

Man muß jedoch sofort festhalten, daß in den meisten Fällen eine derartige Erklärung von vornherein ausgeschlossen ist. Bei Jasbir beispielsweise versuchten die Eltern unter massiven Drohungen, das Kind von seinen »Phantastereien« abzubringen – und es gab offensichtlich sonst niemanden, der die Identifizierung hätte aufdrängen können.

Im Falle Jasbirs bleibt nur die Einsicht, er habe auf rein natürlichem Weg das Wissen über seine »zweite« Person nicht erlangen können. Und ebensowenig ist es auf natürliche Weise zu erklären, wieso sich der Junge so vehement zu einer ihm völlig »fremden« Familie hingezogen fühlte.

ÜBERSINNLICHE FÄHIGKEITEN

Bleibt der Versuch, Wissen und Verhalten der »Wiedergeborenen« mit Hilfe übersinnlicher Fähigkeiten zu deuten. Es könnte ja sein, daß Kinder etwa im visionären Traum oder hellseherisch die angebliche frühere Existenz »erleben« und daß die dabei empfundenen Eindrücke so stark sind, daß sie mit echten eigenen Erlebnissen verwechselt werden.

Bei Jasbir/Sobha Ram ist beispielsweise folgende Erwägung in Betracht zu ziehen: Manche Menschen können zweifellos vorübergehend Raum und Zeit ausschalten. Wenn sie etwas erfahren – und zwar ohne jede sinnliche Wahrnehmung und ohne Mitteilung, was sich an einem weit entfernten Ort ereignet – können sie hellsehen. Wenn sie von Dingen wissen, die sich erst in der Zukunft verwirklichen, prophezeien sie. Wenn sie nicht nach vorne, sondern nach hinten schauen und Ereignisse aufspüren, von denen sie auf natürliche Weise nichts wissen konnten, dann sind sie Retropropheten.

Jasbirs Geist, von Fieber geschüttelt, in schwerster Krankheit schon nahezu vom Körper gelöst, könnte hellseherische Fähigkeiten entwickelt und die Szene vom sterbenden Sobha Ram hellseherisch so deutlich miterlebt haben, daß er, nachdem er wieder gesund war, sich in die Rolle des Verunglückten auf dem Hochzeitswagen hineingesteigert hat. In diesem telepathischen Akt könnte er auch Sobha Rams Verwandte, sein Haus, sein Eigentum und seine Lebensgewohnheiten »geschaut« haben.

In diesem Fall wäre also kein persönlicher Kontakt, keine normale Information nötig gewesen. Auf telepathische Weise, vielleicht sogar nicht nur in einem einzigen Akt, sondern in ständigem Kontakt, könnte das Kind alles, was es wußte und als Eigenleben empfand, erfahren haben.

Wie bei vielen anderen Fällen läßt sich auch bei Jasbir eine telepathische Brücke über eine dritte Person nicht völlig ausschließen. Jasbir hat Sobha Ram und dessen Familie vor seiner Erkrankung nicht gekannt. Sobha Ram hatte offensichtlich auch keine Ahnung von der Existenz Jasbirs. Doch Professor Stevenson stieß bei seinen Forschungen auf wenigstens eine Person, die beide Familien gekannt haben könnte. Damit ist aber die Möglichkeit gegeben, daß Jasbir dieses »Bindeglied« telepathisch »anzapfte«. Professor Stevenson räumt denn auch ein: »Ich habe den Eindruck, je intensiver man sich mit diesen Fällen beschäftigt, um so mehr nimmt die Wahrscheinlichkeit zu, letztlich irgendeinen oder mehrere Menschen zu finden, die beide Familien oder zumindest beide Schauplätze der Handlung gekannt haben und daher als telepathische Bindeglieder zwischen der Familie der früheren und der gegenwärtigen Persönlichkeit in Frage kommen könnten. Ich neige deshalb zu der Annahme, daß es besser ist, eine solche Möglichkeit in allen Fällen offenzulassen und die Gültigkeit der wertvollen telepathischen Hypothese nicht von der Frage abhängig zu machen, ob derartige Zwischenglieder existieren, sondern von der Frage, ob Telepathie überhaupt ausreichend alle Phänomene der besser belegten Fälle erklären kann, ohne außersinnliche Wahrnehmung sehr umfassend und außerordentlicher Art anzunehmen.«

Stevenson beobachtete zudem, daß wenigstens einige der Kinder, die von einem früheren Leben sprachen, sich auch durch besondere übersinnliche Fähigkeiten hervortaten. Sie konnten beispielsweise die Zukunft vorhersagen, oder sie beherrschten telepathische Fähigkeiten.

Und tatsächlich begegnen die Menschen in manchen Gegenden Indiens Kindern, die Hinweise für eine Wiedergeburt liefern könnten, auch deshalb mit großem Respekt, weil sie überzeugt davon sind, daß diese Kinder auch über besondere Heilkräfte und prophetische Begabungen verfügen. Der Verdacht, Fälle einer angeblichen Wiedergeburt könnten speziell bei übersinnlich begabten Menschen offenbar werden, ist demnach nicht ohne weiteres von der Hand zu weisen. Und es wäre auch leichter einzusehen, daß Kinder sich vorwiegend dort entsprechend äußern, wo der Glaube an die

Wiedergeburt zu Hause ist – und wo man sich mit brauchbaren »Erinnerungen« an eine frühere Existenz innerhalb der Gesellschaft profilieren und auf sich aufmerksam machen kann.

ERKLÄRUNGSVERSUCH: OUT-OF-BODY-REISEN

Neben dieser Hypothese – bisher sicherlich die interessanteste und außer der Reinkarnation auch die wahrscheinlichste – gibt es noch zwei Möglichkeiten, die niemand außer acht lassen darf, der sich heute mit der Wiedergeburt befaßt: Die sogenannten Out-of-body-Reisen und die Frage nach der Besessenheit.

Immer mehr Menschen behaupten heute: »Ich habe schon einmal meinen Körper verlassen und auf ihn herabgeschaut.« Wir sind diesem Phänomen schon bei Shirley MacLaine begegnet. Selbst so namhafte Wissenschaftler wie Frau Professor Elisabeth Kübler-Ross bekennen sich dazu und berichten ohne jeden Vorbehalt: »Eine meiner ersten Erfahrungen wurde mir während einer wissenschaftlichen Untersuchung zuteil, bei der es mir erlaubt war, meinen Körper zu verlassen. Dieses Experiment wurde durch iatrogene Mittel (vom Arzt verabreichte, krankmachende Substanzen) in einem Laboratorium in Virginia ausgeführt und zugleich von einigen skeptischen Wissenschaftlern überwacht. Während einer meiner außerkörperlichen Wahrnehmungen wurde ich von dem Versuchsleiter zurückgeholt, da er meinte, ich sei zu zeitig und zu schnell aus meinem Körper herausgetreten... Ich nahm mir bei einem wiederholten Versuch eines außerkörperlichen Erlebnisses fest vor, dieses Problem eines fremden Eingreifens dadurch zu umgehen, indem ich mich selbst programmierte, schneller als Lichtgeschwindigkeit und weiter, als je ein Mensch zuvor bei solch einem Experiment zu schweben versuchte, zu fliegen. Und in dem Augenblick, als der Versuch eingeleitet worden war, verließ ich sprichwörtlich meinen Körper und bewegte mich mit erstaunlicher Geschwindigkeit.«

Professor Kübler-Ross spricht von »mystischen Erfahrungen«, die ihr dazu verhalfen, wahrhaft zu wissen und nicht nur zu glauben, daß es ein Weiterleben nach dem Tod und ein Jenseits gibt. Sie ist überzeugt, sich ohne Körper in diesem »Jenseits« aufgehalten und dort mit Geistwesen unterhalten zu haben.

Von ähnlichen »Erlebnissen« haben immer wieder Menschen berichtet. Man findet ähnliche Schilderungen von Out-of-body-Reisen schon in den ältesten Schriften, die vier-, fünftausend Jahre alt sind. Im Laufe der Geschichte waren es meistens Persönlichkeiten, die später als heilig verehrt wurden, die sich an zwei Orten gleichzeitig aufhielten – oder die ihren Körper verließen, um kurz im Jenseits zu weilen.

Unserer Tage ist der amerikanische Geschäftsmann aus Afton, Virginia, Robert A. Monroe, der berühmteste »körperlose Reisende«. Er war es auch, der Professor Kübler-Ross das Jenseitserlebnis vermittelte.

Monroe beschreibt in einem Buch, wie er rein zufällig zu den Out-of-body-Reisen kam und wie er eine spezielle Technik entwickelte, solche »Reisen« jederzeit wiederholen zu können. Um hier nur das Wichtigste darzulegen: Es begann 1958. Mister Monroe versuchte, sich mit stark rhythmisch geprägter Musik zu entspannen, worauf sein Körper von einem undefinierbaren Schütteln und Vibrieren erfaßt wurde. Er hielt sich für krank, doch der Arzt konnte weder einen organischen Fehler noch eine nervliche Störung feststellen.

In der Folgezeit wiederholte sich das innerliche Vibrieren häufiger, ohne daß dazu Musik und Rhythmus nötig gewesen wären. Und eines Tages war es soweit. Monroe versuchte abends einzuschlafen, als ihn wieder die Vibrationen erfaßten. Um sich abzulenken, dachte er an die Vorhaben des nächsten Tages. Er stellte sich vor, wie schön es sein würde, einen Segelflug zu unternehmen. Und schon schwebte er. Vollkommen wach hing er wie eine leichte Feder, von einem Wind hochgewirbelt, unter der Decke. Er blickte hinunter – und sah sich selbst neben seiner Frau unten im Bett liegen. Sein erster, erschreckender Gedanke war: »Nun bist du also tot. Die Schüttelkrämpfe haben dich umgebracht.« In seiner Panik begann er zu beten: »Nein. Ich will noch nicht sterben. Ich will leben.« Er »zwang« sich in den Körper zurück.

Am nächsten Morgen ging er zu einem befreundeten Psychiater, um sich gründlich auf seinen körperlichen und geistigen Zustand hin untersuchen zu lassen. Doch der Arzt hielt ihn weder für verrückt, noch beschwichtigte er ihn mit dem Hinweis: »Das war nur ein böser Traum.« Nein, er forderte Monroe geradezu auf: »Wiederholen Sie das Experiment, falls Sie es können.« Und er erklärte dem verdutzten Geschäftsmann: »Das Trennen vom Körper ist für viele Yogis etwas ganz Selbstverständliches. Sie behaupten, sie könnten ohne Körper reisen, wohin sie wollen. Das müßten Sie auch einmal versuchen.«

Robert A. Monroe versuchte es – und, wie er versichert, gelang es ihm immer besser. Er vermochte sich mit einer eigens entwickelten Technik bald problemlos vom physischen Körper zu lösen und in einem »zweiten Körper« davonzuschweben, durch verschlossene Türen und dicke Mauern. Er besuchte seine Freunde, die ihn manchmal wie ein graues Gewebe wahrnahmen. Er zwickte sie, um am nächsten Tag festzustellen, ob sie tatsächlich blaue Flecken hatten. Er ließ sich während seiner Reisen von Wissenschaftlern beobachten, seinen Körper an Apparaturen anschließen, um auf diese Weise Beweise für die Wirklichkeit seiner Reisen zu sammeln. Manchmal dauerten sie nur wenige Minuten. Gelegentlich will Monroe bis zu fünf Stunden »unterwegs« gewesen sein, ohne daß sich sein Körper auch nur einen Millimeter vom Bett bewegt hätte.

Robert A. Monroe blieb nicht der einzige, der derart ungeheuerliche Dinge erlebt haben will. Er bastelte ein Gerät, mit dessen Hilfe es angeblich möglich sein soll, jedem die Trennung vom Körper zu ermöglichen. Mit Hilfe dieses Gerätes versucht er, schwerkranken Menschen zu helfen – und zwar auf doppelte Weise: Einmal sollen sie wenigstens für einen Augenblick die Schmerzen loswerden, indem sie den gequälten Körper einfach verlassen. Zum anderen sollen sie die Angst vor dem Tod verlieren, indem sie zuvor schon einen Blick »hinüber«werfen dürfen.

Der britische Forscher Robert Crookall will weit über tausend Menschen aufgespürt haben, die ebenso wie Monroe behaupten: »Ich war schon außerhalb meines Körpers.« Bei Befragungen an englischen und amerikanischen Universitäten behauptete jeder dritte Student sogar, er hätte schon wenigstens einmal auf seinen Körper herabgeblickt oder wäre neben ihm gestanden.

Ebensowenig wie die Wiedergeburt lassen sich bislang Out-of-body-Reisen wissenschaftlich einwandfrei und unumstößlich beweisen. Möglicherweise hat Monroe, haben alle anderen, die Ähnliches erlebt haben wollen, alles nur geträumt, sich eingebildet, sind sie Opfer von Halluzinationen geworden. Vielleicht sind auch keine wirklichen Erlebnisse gegeben, sondern nur übersinnliche Fähigkeiten. Es könnte ja sein, daß Monroe seine Freunde telepathisch beeinflußte oder hellseherisch wahrnahm.

Tatsache ist aber, daß es in allen Sprachen der Welt eine Bezeichnung für den »zweiten Körper« gibt, der sich vom physischen Leib trennen kann. Dieser eigentliche Körper entspräche dem »Astralleib« der Esoteriker.

Wie auch immer – nur deshalb wird hier darauf eingegangen: Wenn es stimmen sollte, daß der Mensch seinen physischen Leib ablegen kann, um andere, entfernte Orte zu »besuchen« – und sogar ins »Jenseits« zu gelangen, dann könnte auch der kleine Jasbir seinen sterbenden Körper verlassen haben, um mitzuerleben, wie Sobha Ram vom Hochzeitswagen fiel. Und er könnte sich nach seiner Rückkehr eingebildet haben, Sobha Ram zu sein.

ZURÜCKGEKEHRT – IN EINEN FALSCHEN LEIB

Monroes Out-of-body-Reisen bieten uns aber noch eine andere Erklärungsmöglichkeit an. Er schildert nämlich, wie ihm zweimal während seiner körperlosen Reisen beinahe ein verhängnisvoller Fehler unterlaufen wäre: Er wollte zurück in seinen Körper, verfehlte ihn aber und befand sich plötzlich in einem anderen Leib.

So lautet sein Tagebucheintrag vom 17. August 1960: »Dies war ein fehlgeschlagener Versuch – und das ist noch viel zu gelinde ausgedrückt… Es war gegen halb zwölf. Ich machte mich auf den Weg, mit dem Gedanken, Agnew Bahnson zu besuchen, und begann eine Exkursion stürmischer Art. Doch ich kehrte fast sofort in meinen Körper zurück. Wenigstens glaubte ich das. Aber ich lag nicht in meinem Bett, ich stand. Das Zimmer war nicht mein Zimmer. Ein großer, rundschultriger Mann stützte mich auf der linken Seite. Er war viel größer als ich. Auf der rechten Seite hielt mich ein junges Mädchen. Sie zwangen mich, im Zimmer herumzugehen. Das Gehen bereitete mir Schwierigkeiten, deshalb stützten sie mich unter den Armen. Ich hörte, wie sie Bemerkungen machten über meine Hände, daß irgend etwas mit ihnen nicht in Ordnung sei. Die beiden waren nicht unfreundlich, aber ich wußte sofort, daß ich mich am falschen Ort befand. Glücklicherweise verlor ich nicht den Kopf. Ich benutzte die Ausstreckmethode und schoß aufwärts davon, wo und was ich auch sein mochte. Nach wenigen Augenblicken verschmolz ich abermals mit einem physischen Körper. Ich sah mich vorsichtig um (physisch), ehe ich mich bewegte. Ich war wieder in meinem Schlafzimmer. Es dauerte sehr lange, ehe ich es fertigbrachte, mich umzudrehen und einzuschlafen.«

Angenommen, Monroe hätte die Technik des Sichlösens vom irdischen Körper nicht beherrscht: Hätte er im fremden, kranken Körper, der vielleicht gerade gestorben war, bleiben und weiterleben müssen? Kann also ein »zweiter Körper« einen anderen physischen Leib »besetzen«, so daß er in der fremden Hülle lebt? Ist es vielleicht sogar möglich, daß auf diese Weise ein gerade besetzter Körper zusätzlich in Besitz genommen wird, so daß in einem einzigen physischen Leib zwei Persönlichkeiten nebeneinander existieren?

Das wäre eine ganz neue Erklärung für das, was man bislang als »Besessenheit« bezeichnete.

Monroes Erlebnisse aber, sollten sie tatsächlich stimmen, könnten auch eine Erklärung für das Weiterleben des kleinen Jasbir, alias Sobha Ram, bieten: Im selben Augenblick, als Jasbir starb, sein »zweiter Körper« also die sterbliche Hülle verließ, nahm Sobha Ram von der »leeren Hülle« Besitz, um sie zu heilen und fortan in ihr wieder zu leben.

Sollte das stimmen, dann hätte sich der verstorbene Sobha Ram vielleicht, ähnlich wie Monroe, auf seinem Weg ins Jenseits nur »verirrt«. Der Fall Jasbir wäre damit kein »Beweis« für die Wiedergeburt, sondern nur dafür, daß es eine Existenz ohne physischen Körper gibt und daß ein »zweiter Körper« sich in einen anderen physischen Leib begeben kann. Professor Stevenson formuliert das so: »Sobha Ram starb bei einem Wagenunfall und befand sich kurz danach wieder am Leben, aber eingekerkert in einem viel kleineren Körper, dessen früherer Bewohner von seinen Eltern Jasbir genannt worden war. Die Sobha Ram genannte Persönlichkeit wurde nicht die Jasbir genannte Persönlichkeit; sie bewohnte dessen Körper und entwickelte sich dann weiter entsprechend den vorher für Jasbir maßgebenden Lebensumständen.« Also: Jasbir hat sich nicht in Sobha Ram verwandelt, sondern Jasbir ist gestorben, hat seinen Körper verlassen. Dann kam Sobha Ram und lebte in seinem Körper weiter.

Wenn sich das so zugetragen hat, dann ist damit noch längst nicht gesagt, jedes Wesen ohne Körper müßte sich wieder einen neuen Körper suchen, normalerweise einen Fötus, in diesem Fall einen schon weitergebildeten Körper. Das *könnte*, muß aber nicht so sein.

Mit Jasbirs Schicksal ist noch nicht einmal die Unsterblichkeit zu beweisen. Denn immerhin wäre ja auch vorstellbar, daß sich Sobha Ram, der seinen Körper überlebt hatte, gerade deshalb in Jasbirs Körper flüchtete, weil ihm dieser Körper die Möglichkeit des Weiterlebens bot; weil er ohne physischen Organismus hätte endgültig sterben müssen. Es könnte ja sein, daß der geistig-seelische Mensch, der seinen Körper verlassen hat, diesen als eine Form von Energie nur kurz überleben kann. Professor Stevenson fand einige Wiedergeburtsfälle, die ähnlich gelagert sind wie der von Jasbir/ Sobha Ram: Die eine Person war noch nicht tot, als die zweite bereits lebte, vielleicht sogar schon geboren war, um später zu behaupten, die erste zu sein. Im Fall eines indischen Kindes überschneiden sich die beiden Leben um vier Tage, in einem Fall in Thailand um 18 Stunden, in einem deutschen Fall um fünf Wochen. In all diesen Fällen war also das Kind schon geboren, während die Person, die es vorgab zu sein, noch lebte.

Jasbirs Fall ist genausowenig einmalig wie der Gregors aus Merklingen, der nur vier Wochen nach seinem Tod wiedergeboren wurde.

In all diesen Fällen könnte man vermuten, die erste, verstorbene Person habe darauf gewartet, bis die zweite starb oder sonstwie ihren Körper verließ, um alsbald vom verlassenen Körper Besitz zu ergreifen. Vielleicht hat die erste stärkere Person die zweite sogar verdrängt und deren Platz eingenommen? Festzuhalten bleibt: Solche »Austausch-Reinkarnationen« sind nicht der Normalfall, sondern die Ausnahme. Es läßt sich aber nicht ausschließen, daß solche »Grenzfälle« den Glauben an die Wiedergeburt wesentlich bestärkt, vielleicht sogar begründet haben. Dann würde dieser Glaube auf einem Mißverständnis beruhen. Keinen Zweifel daran kann es andererseits geben, daß sich die meisten Wiedergeburtsfälle nur sehr schwer mit solchen Hypothesen erklären lassen. Denn: Wenn ein Verstorbener Jahre, Jahrzehnte, Jahrhunderte seinen Körper überleben kann, um schließlich in einen Körper zurückzukehren –

ob in den eben gezeugten Embryo oder in das Kind, das gerade geboren wird, oder auch in einen Körper, der von seinem bisherigen Besitzer verlassen wurde –, dann ist genau das gegeben, was man Wiedergeburt nennt. Und dann wäre nur noch die Frage zu klären, ob diese Wiedergeburt der Regelfall ist oder nur die Ausnahme.

ERINNERUNGEN VON »DRÜBEN«

Ein letztes Argument gegen die Wiedergeburt hat der schwedische Forscher und Seher Emanuel Swedenborg (1688–1722) geliefert. Er schrieb in seinen Offenbarungen: »Einem Engel oder Geist ist es nicht gestattet, mit einem Menschen aus seiner eigenen Erinnerung heraus zu reden, sondern nur aus der des Menschen; Engel und Geister haben nämlich gleichermaßen ein Gedächtnis wie Menschen. Wenn ein Geist mit einem Menschen aus seiner eigenen Erinnerung sprechen würde, dann wüßte der Mensch nichts anderes, als daß die Dinge, an die er denken würde, von ihm selbst stammten, obwohl sie von dem Geist herrührten. Das kommt der Erinnerung an eine Sache gleich, die der Mensch in Wirklichkeit noch niemals gehört oder gesehen hat. Daß dem so ist, wurde mir durch eigene Erlebnisse zu wissen gegeben. Aus diesem Grund waren einige von den Alten der Meinung, sie würden nach ein paar tausend Jahren in ihr früheres Leben und zu all seinen Handlungen wieder zurückkehren und sie seien auch schon zurückgekehrt. Sie schlossen das aus dem Umstand, daß sie sich manchmal an Dinge erinnerten, die sie niemals gesehen oder gehört hatten; das geschah aber, weil Geister aus ihrer eigenen Erinnerung etwas in deren Ideen und Gedanken hatten einfließen lassen.«

Etwas einfacher ausgedrückt heißt das: Vieles von dem, was wir für eigene Gedanken und Erinnerungen halten, sind in Wirklichkeit Gedanken und Erinnerungen eines Verstorbenen oder eines geistigen Wesens, das drüben zu unserem Schutz bestellt ist. Frau Professor Kübler-Ross spricht sehr überzeugt und sicher von solchen Wesen, die uns helfen und in gewisser Weise auch leiten.

Dies will sagen, daß wir, wenn uns solche Wesen etwas mitteilen wollen, den Eindruck haben, ihre Mitteilungen seien unsere eigenen Gedanken.

Eine bereits im Kapitel über die Hypnose dargelegte Einsicht stärkt diese Annahme: Wenn der Hypnotiseur dem Hypnotisierten einen posthypnotischen Befehl gibt, dann führt der aus der Hypnose Erwachte diesen Befehl aus – in der Meinung, die Handlung entspränge eigenen Überlegungen und dem eigenen Willensentschluß. Die Grenzen zwischen dem Ich des Hypnotisierten und dem Du des Hypnotiseurs sind vorübergehend, so scheint es, völlig aufgehoben. Genauso könnte es mit »Informationen von drüben« sein.

Professor Stevenson dazu: »Swedenborgs Argument hat auch heute noch starke Beweiskraft und wird gestützt durch den Fall Jasbir, in dem wir überzeugt sein können, daß die das Verhalten von Jasbir – oder zumindest seines Körpers – beeinflussende verstorbene Persönlichkeit einige Jahre nach der Geburt von Jasbirs Körper gestorben ist. Andere Fälle der vorliegenden Gruppe, bei denen die frühere Persönlichkeit eben zufällig vor der Geburt des Leibes der gegenwärtigen Persönlichkeit verstorben ist, könnten Beispiele ähnlicher ›Besessenheitseinflüsse‹ sein.«

Was bleibt von den Gegenargumenten übrig, versucht man eine abschließende Zusammenfassung?

Ganz sicher so viel: Kein Argument für sich genommen reicht aus, eine zwingendere Erklärung als die der Wiedergeburt zu bieten. Keines ist auf alle Wiedergeburtsfälle anwendbar. Niemand könnte behaupten, alles ist Betrug oder Einbildung oder Irrtum. Immerhin wäre es aber möglich, daß jeder einzelne Fall seiner eigenen Erklärung bedarf – mögen sich viele Fälle auch noch so ähnlich sein. Einmal könnte eine übersinnliche Fähigkeit die einzig richtige Antwort liefern, ein andermal die »aufgedrängte Identifizierung«, ein drittes Mal Betrug, ein viertes Mal Kryptomnesie, also die vergessene Erinnerung, das fünfte Mal das »genetische Gedächtnis«. Und so fort.

Wer sich wirklich ernsthaft mit der Frage der Wiedergeburt befaßt, der darf solche Gegenargumente nicht einfach beiseite schieben, weil er selbst von der Wiedergeburt überzeugt ist oder weil sie allem Anschein nach eine plausiblere Antwort gibt.

V. KAPITEL

Ich habe schon einmal gelebt

Zeugnisse der Wiedergeburt aus unserer Heimat

DAS NÄCHSTE MAL WERDE ICH DESERTIEREN!

Drei Tage vor Kriegsende ist Kurt Waldow in seiner Heimatstadt Berlin bei einem russischen Fliegerangriff gefallen. 42 Jahre später lebt in München ein 36jähriger Mann. Er heißt ebenfalls Kurt Waldow. Er sieht dem Gefallenen so ähnlich, als wäre er sein Zwillingsbruder. Kurt Waldow II. ist der Enkel von Kurt Waldow I. Doch er behauptet ohne das geringste Zögern: »Ich bin mein Großvater.« Für diese Behauptung nennt er eine ganze Reihe verblüffender Hinweise – wenn nicht sogar Beweise:

Unteroffizier Kurt Waldow I., seit 1941 beim Bodenpersonal der Luftwaffe eingesetzt, sah seine Frau Käthe und die drei Kinder etwa drei Wochen vor seinem Tod zum letzten Mal. Auf der Durchreise von der Westfront nach Berlin konnte er für eine Nacht zu Hause sein. Der Soldat, der Stalingrad mitgemacht und dieser Hölle nur mit knapper Not entkommen war, ahnte ganz offensichtlich, daß er seine Familie nie wiedersehen würde. Kurt verhielt sich merkwürdig einsilbig, nachdenklich. Als er Abschied nehmen mußte, sagte er zu seiner Frau: »Weißt du, Käthe, ich bekomme kein Eisernes Kreuz mehr. Ich kriege ein Stück Eisen ins Kreuz.« Das sollte wie ein Scherz klingen, doch es kam ihm stockend und recht mühsam über die Lippen. Kurt Waldow nahm seine Frau in die Arme und bat: »Kannst du mir verzeihen? Ich habe dir dein Leben so schwer gemacht. Was war ich für ein großer Lump! Wenn ich doch alles noch einmal machen könnte…!«

Frau Waldow legte ihre Hand auf seine Lippen: »Nicht weiterreden, Kurt. Du warst kein Lump. Bei allen Sorgen waren wir in den 16 Jahren Ehe doch recht glücklich. Oder nicht? Und wenn du aus dem Krieg zurückkehrst, wenn endlich alles zu Ende ist, werden wir ganz von vorne anfangen.«

Kurt Waldow schüttelte den Kopf. »Ich werde zurückkehren. Aber nicht mehr in diesem Leben. Im nächsten vielleicht. Und dann lasse ich es dich wissen, daß ich wieder da bin. Du wirst mich erkennen.«

Und dann sagte er noch einen merkwürdigen Satz, verständlich aus der ganzen damaligen Situation: »Wenn ich wieder eingezogen werde, das nächste Mal, dann werde ich desertieren.«

Wenige Tage nach diesem Abschied war Kurt Waldow tot. Sechs Jahre später wurde sein Sohn Vater. Der kleine Junge bekam den Vornamen des Großvaters: Kurt Waldow II.

Und der kleine Junge benahm sich von Anfang an auffällig. Seine ersten Schrittchen führten ihn in die Arme der Großmutter. Sein erstes Lächeln galt ihr, nicht der Mutter. Wenn er Omi weggenommen wurde, begann er aufgeregt und kläglich zu weinen, bis man ihn der Großmutter zurückgab. Kurtchen wollte immer nur bei ihr sein.

Als er zu sprechen begann, war sein erster Brocken waschechter Berliner Dialekt, obwohl niemand in der Familie berlinerisch sprach. Die Familie lebte schließlich in Krefeld. Vater, Mutter, Großmutter sprachen rheinischen Dialekt. Nur der Großvater war Berliner gewesen und hatte Berliner Dialekt gesprochen.

Kurt war gerade drei Jahre alt, als er seiner Großmutter gegenübersaß und seinen Brei löffelte. Da sagte die Großmutter: »Kurtchen, du bist genau der Opa.« Der Junge blickte sie verwundert an und sagte: »Aber weißt du denn nicht, daß ich Soldat gewesen bin?«

Da durchzuckte Frau Käthe Waldow zum ersten Mal

die jähe Erkenntnis: »Mein Mann ist zurückgekehrt. Das ist das versprochene Erkennungszeichen!«

Es sollte noch ein solches »Zeichen« geben: Kurt war neun Jahre, als seine Urgroßmutter starb. Als man ihren Sarg unter lautem Weinen und Schluchzen die Treppe hinuntertrug, sah der Junge seine Großmutter tadelnd an und sagte: »Warum seid ihr so traurig? Die Uromi geht doch nicht weg. Ich war ja auch schon alt – und bin wieder klein.«

Nach diesem Ausspruch gab es für Frau Waldow keinen Zweifel mehr: »Mein Mann lebt wieder. In diesem Jungen steckt die Seele von meinem Kurt.«

Und das wurde ihr fortan immer noch deutlicher bestätigt. Der kleine Junge glich seinem Großvater von Tag zu Tag mehr. Und nach wie vor wollte er nicht zu Hause leben, sondern bei seiner Omi. Er nahm die Angewohnheiten seines Großvaters an. Noch heute zieht er, genau wie dieser, die linke Augenbraue hoch, wenn er erstaunt dreinblickt. Wie sein Großvater liebt er Kartoffelpuffer über alles. Wie er ist er verrückt nach Schäferhunden. Erst kürzlich hatte er sich im Tierheim wieder einen geholt.

1971 wurde Kurt Waldow II. zum Wehrdienst eingezogen. Die Omi bekam Herzklopfen vor Aufregung, weil sie an den letzten Satz ihres gefallenen Mannes dachte: »Wenn ich wieder eingezogen werde, das nächste Mal, werde ich desertieren.«

Wird es wirklich passieren? Natürlich hatte sie diesen Satz niemals ausgesprochen. Ihr Enkel wußte nichts davon.

Kurt Waldow II. zeigte zunächst auch keinerlei Neigung in dieser Richtung. Er war kein Wehrdienstverweigerer, versuchte nicht im geringsten, sich zu drücken. Er wurde gemustert – und dem Bodenpersonal der

Luftwaffe zugeteilt. Genau wie sein Großvater! Zunächst verlief auch alles programmgemäß. Er machte die Grundausbildung in Nörvenich bei Köln durch und wurde dann wunschgemäß nach Holland verlegt.

Doch dann passierte es plötzlich. Kurt Waldow schilderte es so: »Das war wie ein unheimlicher Zwang. Ich hatte plötzlich das Gefühl, du mußt hier weg. Und schon bin ich abgehauen. Einmal, zweimal, insgesamt sechsmal. Ich lief einfach davon, als wollte mich jemand dazu zwingen. Ich ging schnurstracks – zu meiner Omi nach Krefeld. Warum? Ich kann es wirklich nicht erklären. Ich fühlte mich bei der Bundeswehr nicht gerade unglücklich. Jedesmal, wenn man mich nach dem Grund des Davonlaufens fragte, mußte ich antworten: ›Ich weiß es beim besten Willen nicht. Es kommt irgendwie über mich.‹«

Bei den ersten Versuchen zu desertieren, drückten die Verantwortlichen bei der Bundeswehr beide Augen zu. Später wurde Kurt Waldow zweimal zu sechs Monaten mit Bewährung verurteilt. Inzwischen war aber die Dienstzeit abgelaufen, und er wurde entlassen. Alles schien doch noch einigermaßen gut auszugehen, bis der Staatsanwalt gegen die milden Urteile Berufung einlegte. Daraufhin wurde Kurt Waldow zu 8 Monaten ohne Bewährung verurteilt und mußte die Strafe in Aichach absitzen.

»Das ist doch typisch: Ohne daß er es wollte und begriff, mußte er das Versprechen von damals erfüllen«, sagt die Großmutter überzeugt. Kurt Waldow selbst meint dazu: »Ich könnte mir vorstellen, daß manches, was heute hochkommt an Ablehnung des Wehrdienstes, an Friedensbewegung und dergleichen, aus solchen Zusammenhängen heraus verstanden werden muß. Die Erinnerung an die Schrecken von damals werden lebendig, ohne daß man es richtig begreift. Das geht sicherlich nicht nur mir so.«

Er erlebt diese »Erinnerung«, wie er es nennt, sehr bildhaft immer wieder in Alpträumen: Er ist dabei, wenn Bomben fallen, wenn Häuser in Flammen aufgehen und Ruinen einstürzen. Er durchleidet die letzten grauenvollen Tage des Kampfes um Berlin Nacht für Nacht – im Traum.

Es gibt noch einige dieser höchst merkwürdigen »Zufälle«, die dafür sprechen, daß Kurt Waldow II. und I. wirklich ein und dieselbe Person sind:

∗ Kurt Waldow spricht unverfälschtes Berlinerisch, obwohl er niemals nach Berlin gekommen ist. Jeder hält ihn für einen Berliner.

∗ Der Großvater war ein leidenschaftlicher Spieler: »An einem einzigen Abend hat er einmal seine Pferde samt dem Fuhrpark verspielt. Wenn ich heute Karten in die Hände bekomme, kribbelt es in meinen Fingern, und ich möchte am liebsten sofort alles, was ich habe und besitze, einsetzen. Alles auf eine Karte!«

∗ Der Großvater besaß ein Speditionsunternehmen. Sein Enkel ist heute in einer Speditionsfirma im Verkauf tätig: »Ich habe eine gute Position aufgegeben. Ich war Verkaufschef einer Autofirma. Fragen Sie mich nicht, warum. Ich weiß es nicht. Ich habe sogar auf viel Geld verzichtet. Das klingt verrückt. Ich weiß es, aber es ist nun mal so.«

Über den Sinn der Wiedergeburt macht sich Kurt Waldow viele Gedanken, doch zu einer befriedigenden Lösung ist er bisher nicht gekommen. »Eines Tages, davon bin ich überzeugt, wird mir das alles klarwerden. Einstweilen versuche ich, nicht nur in der Vergangenheit, sondern auch in der Gegenwart zu leben...«

Solche Fälle, bis vor kurzem noch unvorstellbar,

kann man heute zu Tausenden in unserer Heimat finden. Wer ihnen nachgeht, der wird nicht einmal so sehr überrascht durch die verblüffenden Tatsachen, sondern viel mehr noch durch die Art, in der sich die Betroffenen dazu bekennen. In der Regel sind es sehr nüchterne, realistisch denkende Menschen, die sich nicht mit esoterischen Fragen beschäftigen, die jede Form des Spiritismus streng ablehnen würden, die nicht zum Reinkarnations-Therapeuten laufen, um irgendeine Neugierde zu befriedigen oder Lebenshilfe zu suchen. Sie bekennen ganz schlicht ohne Pathos oder Wichtigtuerei: »Ich habe schon einmal gelebt« – als wäre diese Feststellung das Selbstverständlichste der Welt.

Verwirrender noch: Sie bekennen sich zur Wiedergeburt mit unfaßbarer Sicherheit und Überzeugung. Für sie scheint das alles so klar, wie zwei mal zwei vier ist. Nicht das kleinste Zögern. Nicht ein Hauch von Zweifel.

Gleichzeitig legen sie nicht den geringsten Wert darauf, ihre Erfahrung »an die große Glocke zu hängen«. Wiederum nicht, weil sie das Bekenntnis scheuen, sondern weil sie darin nichts Besonderes, Außergewöhnliches, Erwähnenswertes sehen.

Sie erzählen die Fakten nur dem, der sie danach fragt.

Und sie setzen stets freimütig hinzu: »Das alles verstehe ich zwar nicht. Ich habe auch nichts davon. Mir wäre viel wohler, ich wüßte nichts von meiner Vergangenheit. Das Wissen belastet mich. Doch was soll ich tun? Es wird schon seinen Sinn haben. Eines Tages werde ich es besser verstehen.«

Allerdings, ganz so nutzlos scheint die »Erinnerung« an ein früheres Leben doch nicht zu sein. Und wenn die

Rückbesinnung in dem einen oder anderen Punkt auch verwirren, vielleicht sogar belasten mag, wenn es in den meisten Fällen auch so aussieht, als würde das momentane Leben durch den Glauben an ein früheres und die Erwartung eines künftigen nicht im geringsten beeinflußt, so hilft dieses Wissen, ähnlich wie im Falle Kurt Waldows, doch immer wieder, das eigene Wesen, vor allem das eine oder andere fast zwanghafte Verhaltensmuster besser zu verstehen. Wer wie Kurt Waldow darunter leiden muß, daß er immer wieder grundlos die Truppe verläßt, weil ihn »irgendeine Macht« einfach dazu zwingt, der sieht dieses Handeln in einem ganz neuen Licht, wenn er erfährt, daß der Großvater – oder er selbst? – das alles genau so angekündigt hatte. Wenn ihm mit dieser Einsicht die Probleme, die aus seinem Verhalten erwachsen, auch nicht erspart bleiben, so ist doch wenigstens alles nicht mehr ganz so sinnlos, so bedrückend rätselhaft und unverständlich.

Ich habe in unserer Heimat mit gut drei Dutzend Menschen gesprochen – oft sogar wiederholt –, die aufgrund plötzlich auftauchender »Erinnerungen«, geheimnisvoller »Zufälle« oder auch dank der Rückführung in ein früheres Leben durch den Reinkarnations-Therapeuten fest davon überzeugt sind, schon einmal gelebt zu haben. Es sind Fälle, die nicht unbedingt in das übliche Schema passen. Professor Jan Stevenson hätte sie allenfalls registriert, sich aber wohl nicht weiter mit ihnen befaßt, weil es in der Regel keine Beweise zu sichern, keine »Zeugen« zu befragen gibt.

Doch solche Beweise brauchen die Leute, die mir ihre Geschichte erzählt haben, auch nicht. »Mein Leben ist ein einziger Beweis. Ich habe erfahren, daß es die Wiedergeburt gibt«, sagen sie und lehnen jede Diskussion darüber, ob man zweifeln dürfe oder nicht, rundweg ab. »Ich glaube nicht an die Wiedergeburt – ich weiß, daß es sie gibt!« Das bekam ich mehr als nur einmal zu hören.

Diese überzeugte Haltung ist aber ein Beweis für sich. Gibt es nicht ein Wissen, ganz von innen heraus, das sich aller Beweisbarkeit entzieht, das aber auch stärker ist als jedes Argument und jede logische Erklärung?

Interessanterweise begegnete ich nicht einem einzigen Fall, in dem die religiöse Einstellung, das Bekenntnis zum Christentum, zu Gewissensproblemen geführt hätte. Darauf angesprochen: »Verbietet Ihr Glaube Ihnen nicht, an der Idee der Wiedergeburt festzuhalten?«, sagte man etwa: »Ursprünglich machte mir das schon zu schaffen. Doch darüber bin ich längst hinweg. Ich kann keinen Widerspruch zwischen Christentum und Wiedergeburt mehr erkennen.« Oder: »Ich habe mit meinem Pfarrer darüber gesprochen. Er hat nicht versucht, mich vom Glauben an die Wiedergeburt abzubringen. Er sagte nur: ›Für Gott ist alles möglich. Warum nicht auch die Wiedergeburt?‹ Da ich sowieso nicht an eine ewige Verdammnis glauben kann, habe ich auch nicht die geringste Sorge, ich könnte wegen meines Glaubens einmal verurteilt werden.«

DIE BERICHTE DER WIEDERBELEBTEN

In den meisten Fällen sind es denn auch nicht Schlüsselerlebnisse, wie etwa die Begegnung mit fernöstlichen Heilsvorstellungen, eine Entfremdung vom bisherigen Glauben, eine eindeutige Erfahrung oder sonst eine einzige Begegnung mit dem Jenseits, die den modernen Menschen zum Glauben an die Wiedergeburt führen, sondern es ist die Vielfalt von Eindrücken und Erfahrungen, die diesen Glauben nahelegt. Viele Punkte wurden schon angesprochen. Beispielsweise die überzeugende Übereinstimmung der Wiedergeburtsidee mit modernen wissenschaftlichen Einsichten; die wissenschaftlich exakten, imponierenden Ergebnisse der Forschungsarbeiten Professor Stevensons; die Erfahrung in Hypnose bei Rückführungs-Experimenten; die Aussagen von Trancemedien wie etwa Edgar Cayce.

Dazu gehören nicht zuletzt die Berichte über »Jenseitserfahrungen« vorübergehend klinisch toter Menschen, die dank ärztlicher Kunst ins Leben zurückgerufen werden konnten.

Besonderes Aufsehen erregten 1975 die Veröffentlichungen des amerikanischen Psychiaters Dr. Raymond A. Moody über 150 Menschen, die einmal im medizinischen Sinne gestorben waren, wie durch ein Wunder überlebten – und die in verblüffend übereinstimmenden Berichten ihre Erlebnisse »drüben«, während des Todes, schilderten. Das waren keine aus dem Religionsunterricht her vertrauten Bilder. Es gab keine Engel mit Flügeln, Harfe oder Flammenschwert. Religiöse Motive fehlten, von wenigen Ausnahmen abgesehen. Statt dessen war die Rede vom Hindurchgleiten durch eine dunkle Röhre, einen Tunnel, einen finsteren Gang, der in ein unendlich schönes, helles, aber nicht blendendes Licht mündete. Dieses Licht war nicht mit einem irdischen Licht oder mit der Sonne vergleichbar. Es war eher ein Wesen, vielleicht etwas Göttliches. Der Verstorbene schwebte federleicht und von einem bisher unbekannten Wohlsein erfaßt, diesem Licht entgegen. Er besaß einen Körper, der dem zurückgelassenen Körper bis in kleinste Einzelheiten entsprach – dem aber die Gebrechen und Fehler des irdischen Leibes fehlten. Obwohl sich der Verstorbene in diesem Augenblick überaus klar und deutlich bewußt war, was er in seinem Leben alles falsch gemacht hatte, schmetterte ihn diese Schuld nicht nieder, sondern das »Licht« gab ihm das Gefühl der Befreiung, der Loslösung von aller Armseligkeit. Das war ein Ort und ein Zustand, den jeder unter allen Umständen festhalten und auf ewige Zeiten erleben wollte.

Doch nun kam das unerbittliche »Zurück«. Die Stunde des endgültigen Todes war noch nicht gekommen. Der Verstorbene, frei von jedem Leid und jeder Not, mußte zurückkehren in seinen Körper, wo die Schmerzen und die Ängste sofort wieder einsetzten. Erfüllt von einem unsagbaren Bedauern, wieder leben zu müssen, getragen aber fortan von der Gewißheit, es gibt ein Weiterleben nach dem Tod, das unvergleichlich beglückend ist. Die Zeugen Dr. Moodys hatten allesamt fortan keine Angst mehr vor dem Sterben, ja, sie harrten ihm mit einer gewissen Ungeduld entgegen... Den Veröffentlichungen Moodys folgte eine schier unübersehbare Flut von Leben-nach-dem-Tod-Büchern. Doch weil man das Jenseitsmuster von der »Röhre« und dem »Licht« und dem Glücksgefühl »drüben« inzwischen weltweit kannte, waren sie im Gegensatz zu den Moody-Büchern unbedeutend. Niemand konnte mehr überprüfen, ob jener, der ebenfalls von der »Röhre«, dem »Licht« und dem undefinierbaren Glücksgefühl als eigenem Erleben berichtet, nicht von Moodys fünfjähriger Forschungsarbeit gehört hatte und seine Ergebnisse nur nachplapperte. Erfahrungen während des klinischen Todes sind heute nur noch aussagekräftig, wenn sie von Kindern stammen, die klein genug sind, daß sie nichts von Moody und seinen Berichten wissen können.

Übersehen hat man 1975 – und auch Moody war sich dessen wohl nicht bewußt –, daß solche Jenseits-Erfahrungen überhaupt nichts Neues sind, sondern so alt wie die Menschheit selbst. Schon in einem der frühesten schriftlichen Zeugnisse, das wir besitzen, dem Gilgamesch-Epos, das vermutlich schon vor 5000 Jahren bekannt war, wird das »Jenseits« genauso geschildert, wie das die klinisch Totgewesenen heute tun: Auf der Suche nach der Unsterblichkeit muß Gilgamesch, nachdem er die ganze Erde abgesucht hat, schließlich durch einen unheimlichen, dunklen Gang hindurch, ehe er dann plötzlich ins helle Licht treten darf – ein Weg, »den bisher noch kein Sterblicher gegangen ist«, wie es ausdrücklich heißt. Aus dem wunderschönen, beglückenden Licht heraus spricht die Stimme des Sonnengottes zu ihm und fordert ihn auf, zu verweilen und nicht weiterzugehen.

Durch die ganze Geschichte der Menschheit hindurch wiederholen sich solche »Erlebnisse« – und sie zeichnen immer wieder dasselbe Bild. Es ist uns auch schon bei der Jenseitsvorstellung der Germanen begegnet. Die Gleichartigkeit dieses Bildes durch die Jahrtausende, unabhängig von Kulturkreis, Religion, geistiger Entwicklungsstufe, ist aber ein sehr gewichtiges Argument – zumindest für das Weiterexistieren nach dem Tod und damit indirekt auch für die Wiedergeburt.

Im Einzelfall könnte man, wie das häufig geschieht, die Bilder der »Jenseits«-Erfahrungen als ganz natürliche Gedankenprojektionen deuten, die aus einem starken Wunschdenken heraus erzeugt wurden. Sterbende sind die einsamsten, verlassensten Menschen der Welt. Wäre es verwunderlich, daß sie das, was ihnen am meisten fehlt, nämlich Licht, Zuwendung, Glück, phantasieren?

Man weiß, daß der Körper in Extremsituationen die Schmerzen völlig ausschalten kann, daß gewisse Schutzmechanismen dafür sorgen, daß der Betroffene die Bedrohlichkeit seiner Situation nicht einsehen kann, ja, daß euphorische Bilder den Ernst der Situation vertuschen.

Könnte es nicht sein, daß alle vermeintlichen Blicke »hinüber« nichts anderes sind als freundliche Halluzinationen, die der im Sterben sich aufbäumende Körper selbst produziert? Schließlich weiß man auch, daß ganz ähnliche Bilder im starken Rausch, unter dem Einfluß von Drogen, Giften oder auch während Hirnoperationen auftauchen können.

So stellt der katholische Theologe Professor Hans Küng denn auch ernüchternd fest: »Von Moodys 150 untersuchten Sterbenden ist kein einziger wirklich gestorben.« Der Wissenschaftler fährt fort: »Das aber ist nun einmal das Entscheidende: Erfahren haben die von Moody und jetzt auch von vielen anderen examinierten ehemaligen Todkranken vielleicht das Sterben, aber sicher nicht den Tod. Sterben und Tod gilt es demnach strikt zu unterscheiden: Sterben – das sind die physisch-psychischen Vorgänge unmittelbar vor dem Tod, die vom Eintreten des Todes unwiderruflich gestoppt werden. Sterben ist also der Weg, der Tod das ›Ziel‹. Und durch dieses ›Ziel‹ ist kein einziger der Untersuchten gegangen. Anders formuliert: Todesnäheerlebnisse sind keine Erlebnisse des Todes. ›Klinisch tot‹ meint in unseren Befragungen eben keineswegs einfach ›tot‹, sondern meint im Moment der Feststellung ›anscheinend tot‹ und im Rückblick dann ›scheintot‹... Klinisch Tote sind Fast-Tote. Es geht also bei den in der Literatur untersuchten Fällen nicht um eine Todesphase, sondern durchaus noch um eine bestimmte Lebensphase...

Was also besagen dann solche Sterbeerlebnisse für das Leben nach dem Tod? Kurz gesagt: nichts! Ja, ich sehe es als eine Pflicht theologischer Wahrhaftigkeit an, klar zu antworten: Solche Sterbeerlebnisse beweisen für ein mögliches Leben nach dem Tod nichts. Denn hier geht es um die letzten fünf Minuten vor dem Tod und nicht um ewiges Leben nach dem Tod... Alle noch so intensiven Lichtphänomene sind kein Beweis, ja nicht einmal ein Indiz für den Eingang in ein freundliches ewiges Licht...«

Von seiner Ausgangsposition her konnte Professor Küng gar nicht anders argumentieren. Denn er ist überzeugt davon, daß es keine unsterbliche Seele gibt. Wenn es aber nichts gibt, was den sterbenden Körper überleben kann, dann kann selbstverständlich auch nichts einen ersten Schritt ins »Jenseits« tun und von dort wieder zurückkehren. Wenn die Seele mit dem Körper stirbt, wenn sie verlöscht, sobald der letzte Gehirnstrom verebbt ist, dann kann der klinisch Tote selbstverständlich nicht tot sein, sondern nur fast-tot. Dann kann sich diese Seele auch nicht zeitweise vom Körper lösen, um schon zu Lebzeiten einen »Blick hinüber« zu werfen. Dann müssen alle »Jenseits-Bilder« Trugbilder sein, Dinge, die sich der Sterbende wie der Berauschte selbst vorgaukelt.

Hier gewinnen wir die Gewißheit, daß wir an einem ganz entscheidenden Punkt angelangt sind. »Wahrheiten« sehen letztlich immer so aus, daß sie in das Gesamtgebäude der Gedankenwelt passen. Tatsächlich wird kein Mediziner bestreiten: Klinisch Tote sind eben nicht »Fast-Tote«, keine Scheintoten, sondern momentan tatsächlich Tote.

Wenn aber – obwohl tot – noch Beobachtungen gemacht werden können, und zwar nicht etwa stark eingeschränkte, ungenaue, verschwommene, sondern besonders deutliche, klare, solche, die bisher bei voll funktionierendem Organismus vielleicht gar nicht möglich waren, dann muß es neben dem toten Körper etwas geben, das ihn überlebt, also voll da ist.

Wenn Berauschte, Menschen in Trance, Vergiftete – oder Out-of-body-Reisende wie der US-Kaufmann Robert A. Monroe von ganz ähnlichen »Jenseits«-Erlebnissen berichten wie die vorübergehend klinisch Toten, dann ist das überhaupt kein Beweis dafür, daß es sich bei solchen Erfahrungen doch nur um Halluzinationen handelt.

Ausschlaggebend für die »Wahrheit« ist letztlich wieder die Antwort auf die Frage: Gibt es eine vom Körper unabhängige Geistseele – oder gibt es sie nicht?

Wenn es sie gibt: Warum sollte sie sich erst im Sterben vom Körper lösen können? Warum nicht auch im Rausch, in kritischen Situationen? In Trance? Dann, wenn jemand eine funktionierende Technik der Trennung von Leib und Seele entwickelt hat?

ABGEHOLT VON VERSTORBENEN

Die Wissenschaftlerin mit der unbestritten größten Kompetenz in Sterbefragen ist die Ärztin und Psychiaterin Frau Professor Elisabeth Kübler-Ross. Sie denkt nicht theoretisch nach über Leben und Sterben und das, was danach kommen könnte. Sie sitzt seit Jahrzehnten als Ärztin am Sterbebett, in den letzten Jahren ausschließlich am Krankenbett sterbender Kinder.

Frau Kübler-Ross widerlegt die Sterbehalluzinations-Theorie mit ganz simplen Beispielen aus ihrer Arbeit: Kinder erzählen ihr immer wieder – und das ist für sie dann der Hinweis dafür, daß sie sehr bald sterben werden –, sie würden von »drüben« abgeholt. In keinem einzigen Fall war unter den genannten Personen, die sie angeblich sahen, eine noch lebende Person. Alle Aufgezählten waren tatsächlich schon tot – nicht selten, ohne daß das Kind von ihrem Tod wußte.

So erzählt ein kleiner Junge beispielsweise, sein Vater, der Onkel und die große Schwester wären gekommen, ihn mitzunehmen. Zur Verwunderung der Ärztin wird die Mutter, die der Junge besonders geliebt hat, nicht erwähnt. Was sie in diesem Augenblick noch nicht weiß: Die Mutter ist die einzige, die einen Autounfall schwerverletzt überlebt hat. Gestorben sind der Vater, der Onkel, die ältere Schwester.

Ein 12jähriges Mädchen, das nach seinem klinischen Tod wiederbelebt werden konnte, war in den ersten Tagen seinen Eltern gegenüber merkwürdig reserviert, ja verschlossen. Schließlich brach es aus der gequälten Seele des Mädchens heraus: »Ich hab euch doch so lieb. Aber drüben, dort, wo ich gewesen bin, ist es unendlich viel schöner. Ich wäre so gerne drüben geblieben. Mein Bruder hat mich voller Liebe und Zärtlichkeit in die Arme geschlossen.« Nach einer Pause stutzt das Mädchen und korrigiert sich verlegen: »Aber das kann ja gar nicht sein. Ich habe ja gar keinen Bruder!«

Da brechen die Eltern in Tränen aus und erklären ihrer Tochter: »Doch, du hast einen Bruder. Aber er ist schon vor deiner Geburt gestorben. Wir haben dir nie davon erzählt, um dich nicht damit zu belasten.«

Solche Erfahrungen sind für die Wissenschaftlerin Kübler-Ross aussagekräftiger als alle Theorien. Sie zog die Schlußfolgerungen daraus: Wären die »Jenseitsbilder« reine Wunschvorstellungen, dann würden weitaus bekanntere Phantasien und Motive auftauchen; »dann

müßten 99 Prozent meiner Fünf-, Sechs- und Sieben-
jährigen ihre Mutter oder ihren Vater sehen.« Denn sie
würden Kinder in ihrer Not ja am liebsten bei sich
haben. Doch nicht in einem einzigen der vielen Tausend
überprüften Fälle sah ein Kind seine noch lebenden
Eltern oder einen anderen, besonders geliebten Menschen, der noch am Leben war. Immer »erschienen« nur
bereits Verstorbene.

Außerdem sagt die Sterbeforscherin: »Die Hälfte der
von uns gesammelten Fälle von todesnahen Erlebnissen
sind auf ganz plötzliche und also unerwartete Unfälle
zurückzuführen, bei denen die Betroffenen nicht vor-
aussehen konnten, was ihnen bevorstand. In einem Fall
verlor beispielsweise einer unserer Patienten bei einem
Unfall beide Beine. Als er sich außerhalb seines physischen Körpers befand und das eine seiner Beine auf der
Straße liegen sah, war er sich doch dessen ganz bewußt,
daß er in einem ganz und gar ätherischen Körper steckte, an welchem sich auch die beiden Beine befanden.
Wir können also nicht annehmen, daß solche Leute
schon im voraus wußten, daß sie ihre Beine verlieren
würden und deshalb in ihrem Wunschdenken programmierten, später wieder gehen zu können.«

Frau Professor Kübler-Ross erlebte auch Fälle von
Fahrerflucht, die aufgeklärt werden konnten, weil der
Patient, der während des Unfalls sein Augenlicht verlor
und klinisch tot war, als »Zeuge« später das Nummern-
schild angeben konnte, das er vor oder während des
Unfalls unmöglich hatte sehen können.

DER BLICK AUF DEN TOTEN KÖRPER

In den Berichten der vorübergehend klinisch Toten ist immer wieder davon die Rede, daß sie nicht sofort nach dem Verlassen des Körpers »dem Licht« entgegenschwebten, sondern zunächst einmal am Ort des Geschehens verharrten, um auf sich selbst, den eigenen toten Körper herabzublicken.

Der Freiburger Parapsychologe Professor Hans Bender berichtet von dem Jungen Mariam, der mit acht Jahren beim Baden ertrank, nach ein paar Minuten aber wieder ins Leben zurückgerufen werden konnte. Der Junge erzählte: »Ich sah meinen Körper im Wasser liegen und langsam hinuntersinken. Ich selbst befand mich währenddessen über der Wasserfläche und beobachtete das von außen. Dann sah ich einzelne Szenen aus meinem Leben. Es folgten Begegnungen mit Leuten, von denen ich wußte, daß sie verstorben waren. Ich erinnere mich nicht mehr genau daran, wer es war. Ich glaube, ich sah Tanten und meine Urgroßmutter. Ich kam zu mir, als mich zwei Leute aus dem Wasser zogen.«

Mir selbst erzählte der achtjährige Gregor über sein »Schweben im Krankenzimmer«: Gregor war auf der Straße gestürzt, eine halbe Stunde nach dem Unfall plötzlich zusammengebrochen: Gefahr einer Gehirnblutung. Gregor wurde sofort mit dem Rettungswagen ins Krankenhaus gebracht. Es ging um Leben und Tod. Die Eltern bangten 36 Stunden lang um das Leben ihres Kindes. Als es endlich überstanden war und sie ihn besuchen durften, erzählte er aufgeregt die merkwürdige Geschichte: »Heute nacht bin ich geflogen. Ja, ihr braucht gar nicht zu lachen. Ich bin wirklich geflogen. Wie ein leichter Luftballon. Mitten in der Nacht war ich auf einmal hellwach. Und da habe ich gemerkt, daß ich oben an der Decke schwebe. Ich schaute nach unten und zählte die Betten. Alle Kinder schliefen. Ich schlief auch. Ich habe mich gesehen. Aber ich war zugleich auch an der Decke oben. Und dann hat mich jemand bei der Hand genommen und fortgeführt. Wir sind ganz rasch davongeflogen. Und dann stand Oma vor mir. Sie sah mich sehr lieb an, schüttelte aber den Kopf, als ich zu ihr gehen wollte. Ich weiß nicht, was dann passiert ist. Aber ich war plötzlich wieder in meinem Bett. Bei Oma war es schöner als hier.«

Wie viele Kinder erzählen ihren Eltern solche »Geschichten«, um dann wie Gregor hören zu müssen: »Das war aber ein schöner Traum!«

Sind es wirklich nur Träume – oder ist es nicht doch ein ganzes Stück mehr? Könnte sich ein Achtjähriger so etwas zusammenphantasieren? Interessanterweise fließen bei dem, was uns der französische Sänger Serge Lama nach seinem klinischen Tod im Jahre 1965 berichtete, die Bilder vom »Jenseits«, das Schweben über dem verletzten Körper – und Hinweise auf die Wiedergeburt in eins zusammen:

Serge Lama hatte im Sommer 1965 einen schweren Autounfall. Dabei wurde seine Verlobte Madeleine getötet. Er selbst spürte noch, wie er aus dem Wagen geschleudert wurde, dann verlor er das Bewußtsein.

Im selben Augenblick erlebte er, wie er sich vom zerschmetterten Körper löste, in die Höhe schwebte und sich neugierig, aber unbeteiligt, das Geschehen da unten ansah.

Dann erinnerte er sich plötzlich an Madeleine. Wo war sie? Er entdeckte sie über sich, doch er konnte sie nur wie durch einen Nebel sehen, und er wußte auch, daß er nicht zu ihr gelangen konnte. Und in diesem

Augenblick wurde ihm klar: Sie ist tot – ich muß noch einmal zurück!

Doch zunächst kehrte er in zwei frühere Leben zurück. Er erlebte sich zuerst als Mönch in Carcassonne im 13. Jahrhundert, dann als Adliger während der Französischen Revolution. Und er erhielt sogar einen Beweis dafür, daß das alles kein Traum ist, sondern einmal wirklich stattgefunden hat. Serge Lama weiß: Es ist der 10. August 1792. In Paris klirren die Waffen, rattern die Schandkarren durch die holprigen Straßen, auf dem Karren der Adel des Landes, den man zur Guillotine führt.

Er selbst steht im Innenhof eines Hotels im Zentrum von Paris. In seinen Armen liegt Françoise, seine wunderschöne Geliebte – ein Ebenbild Madeleines!

Es gilt Abschied zu nehmen. »Wir treffen uns hier wieder«, sagt er zu seiner Verlobten. »Wenn etwas dazwischen kommt, ritze ich ein Kreuz in diese Fensterbank. Wenn du es findest, mußt du fliehen und mich vergessen.«

Soweit die Erlebnisse »drüben«. Serge Lama wird von den Ärzten ins Leben zurückgerufen. Es folgt ein langwieriger Krankenhausaufenthalt. Doch sobald der Sänger die Klinik verlassen darf, führt ihn der erste Weg nach Paris. Er sucht das Kreuz in der Fensterbank – und findet es.

Der französische Sänger, der 1969 eine neue Karriere startete und Mitte der 70er Jahre Welterfolge feierte, scheut sich nicht zu bekennen: »Ich habe schon mehrfach gelebt. Als ich im ›Hotel de Paris‹ das Kreuz in der Fensterbank fand, war das nur ein letztes Beweisstück.«

Für ihn gewiß – aber auch für uns? Es ist keineswegs ausgeschlossen, daß Serge Lama das Kreuz in der Fensterbank früher, vielleicht als Kind, schon einmal gesehen hatte. Es kann sein, daß er es vielleicht auch mit übersinnlichen Fähigkeiten in der extremen Situation des Sterbens gesehen hat. Oder hat er eine ähnliche Geschichte gelesen?

Wer die Wahrheit wirklich finden will, darf keine Möglichkeit außer acht lassen.

HÖLLENERFAHRUNGEN –
SCHRECKEN IM JENSEITS

In aller Regel spricht man immer nur von den beglückenden Erfahrungen des Jenseits während des vorübergehenden Todes. Doch es gibt auch ganz andere, und sie dürfen hier nicht verschwiegen werden.

Der amerikanische Herzchirurg Maurice Rawlings veröffentlichte 1978 das Buch *Jenseits der Schwelle des Todes*. Darin läßt er rund 100 ehemalige Patienten, deren Herz vorübergehend stillstand, von dem berichten, was sie in dieser Zeit erlebten. Auch sie berichteten von den bekannten »Erlebnissen«: Durchgang durch den Tunnel, Hinaustreten in die Lichtfülle, Wissen, daß man den Körper verlassen hat.

Erstaunlich viele Patienten Dr. Rawlings haben aber auch ganz andere Erlebnisse gehabt: Höllenvisionen!

Eine Patientin berichtet beispielsweise: »Ich erlebte, wie ich meinen Körper verließ. Dann kam ich in einen düsteren Raum. An einem Fenster stand ein gewaltiger Riese, der mich beobachtete. Er befahl mir, zu ihm zu kommen. Ich wollte nicht, aber ich mußte. Drum herum war Dunkelheit. Ich konnte von allen Seiten klagende Laute hören. Ich bewegte mich durch einen Tunnel oder eine Höhle, und es wurde immer entsetzlicher. Ich schrie. Dann hat der Riese mich freigelassen und mich zurückgeschickt…«

Andere schilderten brennende Seen, in die sie geworfen wurden, Begegnungen mit schaurigbösen, widerlichen Gestalten, die auf sie zukamen, um sie zu quälen.

Am 20. Januar 1967 mußte sich der inzwischen verstorbene Schauspieler Curd Jürgens von dem berühmten Herzspezialisten Professor de Bakey operieren lassen, weil eine Halsschlagader bedrohlich deformiert war. Während der Operation war Jürgens für einige Minuten klinisch tot, weil man sein Herz angehalten hatte. Später erzählte er von dem, was er in diesem Augenblick erlebte: »Aus dem Unterbewußtsein hob sich sehr bald das Gefühl, daß mich das Leben verließ. Das fliehende Leben erweckte in mir heftige Angstgefühle. Ich wollte das Leben unbedingt festhalten, doch es war unmöglich. Die gewaltige Glaskuppel des Operationssaals, die ich vorher betrachtet hatte, begann sich zu verändern. Sie zeigte plötzlich eine blutrote Färbung. Hinter dem Glas sah ich grimassenhaft verzerrte Gesichter, die mich anstarrten. Gepackt von einer entsetzlichen Angst, versuchte ich, mich aufzubäumen und gegen die näherkommenden bleichen Gespenster zu wehren. Dann erschien es mir, als ob die Glaskuppel sich in einen durchsichtigen Dom verwandelt hatte und sich langsam über mich senkte. Ein feuriger Regen fiel nieder, aber obwohl die Tropfen von gewaltiger Größe waren, berührten sie mich nicht. Sie zersprangen unter mir, und drohende Flammen züngelten aus ihnen empor. Nicht länger konnte ich mich vor der furchtbaren Wahrheit verschließen: Die Gesichter, die diese brennende Welt beherrschten, gehörten zweifellos den Verdammten. Ich fühlte mich verzweifelt und auf eine unaussprechlich schreckliche Weise einsam und verlassen. Die Empfindung des Entsetzens schnürte mir den Hals zu, ich hatte den Eindruck, ersticken zu müssen. Offensichtlich befand ich mich in der Hölle, und die glühenden Feuerzungen konnten mich jeden Augenblick erreichen. In dieser Situation näherte sich mir plötzlich die schwarze Silhouette einer menschlichen Gestalt. Es war eine in schwarze Schleier gehüllte Frau, schlank, mit lippenlosem Mund. Die Augen zeigten einen Ausdruck, der mir eisige Schauer über den Rücken jagte. Dann, als sie dicht vor mir stand, sah ich nur noch zwei schwarze Löcher, aus denen das Wesen mich dennoch anstarrte. Von einer unwiderstehlichen Anziehungskraft getrieben, folgte ich dieser Gestalt, die beide Arme nach mir ausstreckte. Mich berührte ein eisiger Hauch. Ich wurde in eine Welt geführt, die von schwach vernehmbaren Klagelauten erfüllt war, obwohl sich weit und breit kein Mensch zeigte...«

Curd Jürgens ist von seiner Frau Simone vor der schwarzen Gestalt des Todes gerettet worden, so endete seine Schreckensvision.

War er beinahe in der Hölle? Hat Dr. Rawling recht, wenn er sagt: »Ich bin überzeugt, daß es eine Hölle gibt und daß wir uns so verhalten müssen, daß wir vermeiden, dorthin geschickt zu werden.«

Oder ist diese Jenseitsschilderung die Bestätigung für das, was das Tibetanische Totenbuch behauptet: Jede Angst, jeder Wunsch, jede seelische Regung nimmt sofort Gestalt an: »Das alles ist nur Spuk! Fürchte dich nicht. Alles, was du siehst und was du erlebst, existiert nicht von sich aus, sondern es kommt aus deinem Herzen! Es sind Gedankengestalten, geschaffen von deinen Vorstellungen, Wünschen, Befürchtungen, Begierden und Ängsten.«

Dann gäbe es die Hölle nur für den, der seine Ängste zeitlebens nicht überwunden und seine Begierden nicht in den Griff bekommen hat.

Und die Hölle existierte nur in der Seele des Verstorbenen.

ZWEIMAL ALS SOLDAT IN RUSSLAND

Nicht so spektakulär, aber doch irgendwie ganz ähnlich ist die Geschichte, die der Malermeister Peter Moll aus Kevelaer mir erzählte. Er wurde auf sehr eigenartige Weise an sein früheres Leben erinnert. Und wieder einmal ist dieses auffallend parallel zum jetzigen verlaufen: »Du bist mit Napoleon nach Rußland gezogen und dort gefallen. Du warst Fähnrich. Ein Mann aus deutschem Adel. Ich sehe dich hoch zu Roß. In prächtiger Uniform: Rote Jacke mit grünen Aufschlägen. Grüne bestickte Hose, Stiefel, die bis über die Knie reichen. Große, goldene Epauletten. Und eine breite weiße Schärpe...«

So etwas hätte man Peter Moll, Malermeister aus Kevelaer, vor seinem 21. Lebensjahr nicht erzählen dürfen. Er hätte nur gelacht und sein Gegenüber kurz, aber unmißverständlich als verrückt erklärt. Schließlich war er bis dahin ein völlig normaler, vernünftiger junger Mann gewesen, der kaum etwas anderes kannte als seine Arbeit.

Aber dann veränderte sich das Leben des tüchtigen Handwerkers und Juniorchefs im väterlichen Betrieb schlagartig. Er wurde eingezogen. Und damit erfüllte sich ein Kindheitstraum: Er durfte Uniform tragen. Das gibt er heute nur sehr zögernd zu, weil es, seiner Meinung nach, zu leicht mißverstanden wird. »Von

Kind an«, so erzählt er, »wurde ich von Uniformen magisch angezogen. Ich wußte nicht, warum. Aber Uniformen, vor allem alte, historische Soldatenröcke mit goldenen Knöpfen, mit Schärpen und langen Säbeln hatten es mir angetan. Ganz aus dem Häuschen geriet ich aber, wenn ich Husaren oder Dragoner abgebildet sah: Soldaten zu Pferd, da geriet ich richtig in Verzükkung. Von Bildern mit historischen Kriegsszenen konnte ich mich kaum losreißen. Ich weiß: Viele Menschen empfinden ähnlich wie ich damals. Doch es ist weithin verpönt, es zuzugeben. Man wird sofort schief angesehen, als wäre man damit automatisch darauf aus, andere Menschen umzubringen. Ich war nie ein wilder Krieger, aber mir gefielen Uniformen.«

Ein zweites Ereignis hat das Leben von Peter Moll völlig verändert: Der Luftwaffensoldat wurde plötzlich, und ohne daß es einen vernünftigen Grund dafür gegeben hätte, zur Kavallerie abkommandiert und zum Meldereiter für die Artillerie ausgebildet. Der Malermeister konnte zu jenem Zeitpunkt weder reiten, noch hatte er jemals irgend etwas mit Pferden oder Tieren überhaupt zu tun gehabt.

»Aber dann ging ich auf mein Pferd zu, als hätte ich in meinem Leben niemals etwas anderes getan, als Pferde zu pflegen und zu reiten. Das hat mich selbst verwirrt und verblüfft.«

Peter Moll hat sein Pferd geliebt und wirklich wie einen Kameraden behandelt. Es spricht für sich: Vier Jahre lang, bis zu seiner Verwundung im Jahre 1943, stand er mit ein und demselben Pferd an der Front.

»Lotti trug mich zuverlässig durch zahllose Kugelhagel und vorbei an Granateinschlägen zwischen der Batterie und den rückwärtigen Stellungen hin und her. Das Pferd hat mich nicht ein einziges Mal im Stich gelassen.

Wo andere im Sumpf steckenblieben, kamen wir problemlos durch.

Aber immer wieder, wenn ich auf seinem Rücken über die endlosen Weiten dahingaloppierte, vorbei an einsamen Hütten oder winzigen Dörfern, dann hatte ich den Eindruck: ›Das tust du nicht zum erstenmal. Das hast du alles ziemlich genau so schon einmal getan. Hier. In Rußland. Hier muß ich schon einmal gewesen sein.‹

Eines Tages schlug eine Granate neben mir ein. Mein Pferdchen wurde getötet, ich schwer durch Splitter verletzt. Ich geriet in russische Gefangenschaft. Eine Major-Ärztin und deutsche Sanitäter pflegten mich. Aber zu den Verwundungen kam eine schwere Lungenentzündung und schließlich auch noch eine Nierenbeckenvereiterung hinzu. Mir ging es immer schlechter.

Und dann hörte ich plötzlich einen Sanitäter zum anderen sagen: ›Du, schau her, der ist tot.‹ Ich machte die Augen auf, um zu sehen, von wem sie sprachen – und erblickte mich selber, das heißt meinen toten Körper. Da unten lag er auf der Pritsche. Die Sanitäter winkten der russischen Ärztin, und sie eilte mit einer Spritze herbei. Ich sah, wie sie meine Augenlider in die Höhe schob, mein Herz abhörte und mir dann die Spritze gab. Ich selbst befand mich oben, irgendwo dicht unter der Decke. Ich fühlte mich wunderbar leicht, befreit. Und alles um mich herum war licht, hell und unfaßbar farbig. Was da unten vorging, interessierte mich nicht. Es gab für mich kein Bedauern mehr, keinen Schmerz. Ich war auf eine unbekannte Art glücklich. Doch dieses Gefühl war plötzlich zu Ende. Ich wußte, ich befinde mich wieder in meinem Körper. Die Schmerzen sind wieder da und auch das Fieber.

Der Sanitäter von vorher sagte: ›Mensch, der lebt ja

noch.‹ Ich murmelte nur, kaum hörbar: ›Wieder. Ich lebe wieder.‹ Aber gleichzeitig wußte ich, daß es völlig unbedeutend geworden ist, ob ich lebe oder tot bin. Was könnte der Tod mir noch anhaben? Es geht danach ja weiter. Und unangenehm war das, was ich drüben erleben, gewissermaßen ›vorkosten‹ durfte, ja nicht gewesen. Ganz im Gegenteil.«

Peter Moll bekennt freimütig und ohne das geringste Zögern: »Seit jenem Augenblick gibt es für mich nicht mehr den geringsten Zweifel: Wir alle werden wiedergeboren. Wir alle haben schon einmal gelebt – und können uns, ohne daß wir das wissen, an das frühere Leben auch erinnern. Vermutlich sind viele dunkle Ahnungen, aber auch Vorlieben für gewisse Dinge im Leben in Wirklichkeit Erinnerungen. Soldat sein war für mich alles, man könnte fast sagen, das war mein eigentliches Leben. Ich weiß, warum.«

Durch einen Zufall erfuhr Peter Moll Einzelheiten, die über Vermutungen hinausgehen. Als er zur Seherin vom Niederrhein, der Wahrsagerin Käthe Niessen, nach Krefeld kam, um von ihr zu erfahren, ob eine Erbschaftsangelegenheit für ihn günstig ausgehen würde, empfing sie ihn mit den Worten: »Du bist mit Napoleon nach Rußland gezogen...«, sagte sie. Und fuhr fort. »Du hast schon einmal gelebt. Dieses Leben ist fast eine Wiederholung des letzten. Damals kamst du nach Rußland, diesmal wieder. Damals warst du Reiter, diesmal auch.« Frau Niessen, die alle Besucher mit vertraulichem »Du« anredet, als wären sie alle ihre hilfesuchenden Kinder, hatte Peter Moll zuvor niemals gesehen. Sie konnte nicht erfahren haben, daß er im letzten Krieg als Meldereiter in Rußland beinahe gefallen wäre. Aber sie wußte es. Und sie sah auch, so behauptete sie, sein früheres Leben. Sie schilderte ihn und seine Uniform so deutlich, daß er schließlich erschreckt einen Schritt zurückwich: »Genauso sieht eine Zeichnung aus, die ein guter Freund in meinem Auftrag und nach meinen Angaben angefertigt hat.« Beim nächsten Besuch brachte er diese Zeichnung mit. Frau Niessen nickte nur und meinte trocken: »Ja, das bist du. Aber ich habe dich ohne diesen komischen Schlapphut mit der langen Feder gesehen.«

Solche Beispiele können für den Außenstehenden kein Beweis für die Wiedergeburt sein – doch sie sind Beispiele dafür, wie Menschen heute zur Wiedergeburt hingeführt werden.

LUDOVICA, DIE TRÄUMERIN UND DAS JENSEITS

Auch hier geht es um ein ähnliches Beispiel.

Ludovica Adam aus dem Tegernseer Tal, 46 Jahre alt, ist eine Träumerin. Und ihre Träume haben es in sich: Gelegentlich verraten sie ihr die Zukunft, so daß sie dank ihres Wissens ihre Familie, Freunde und Bekannten vor Unheil bewahren kann. Manchmal erlebt sie im Traum aber auch Szenen, von denen sie glaubt, sie stammten aus einem früheren Leben. Und diese Erlebnisse sind für ihr jetziges Leben überaus bedeutsam.

Die »Eigenarten« begannen, als Ludovica gerade 15 Jahre alt geworden war und sich in einer recht kritischen Lebensphase befand. Den eigenen Vater hatte sie nie kennengelernt. Er war 1941, als sie geboren wurde, schon in Frankreich gefallen. Die Mutter hatte wieder geheiratet – und zwar einen Mann, den Ludovica aus tiefstem Herzen ablehnte, ja haßte. Nach einer besonders heftigen Auseinandersetzung wünschte sich das Mädchen – wie das viele in diesem Alter der unausgegorenen Gefühle tun – zu sterben.

In der Nacht hatte sie ihren ersten aufregenden Traum, der sich gründlich von allen bisherigen Träumen unterschied. Oder war es vielleicht gar kein Traum, sondern ein wirkliches Erlebnis?

Ludovica »träumte«, sie wäre tot. Und sie empfand den Zustand des schwerelosen Schwebens und der Leichtigkeit als etwas unvergleichlich Schönes. Ihre Seele glitt hoch über den Tegernsee dahin. Es war ein so beglückendes Gefühl, wie sie es noch nie in ihrem Leben empfunden hatte.

Doch allzu jäh war der Traum zu Ende. Ludovica wurde »zurückkommandiert«. Sie erwachte und lag in ihrem Bett – maßlos enttäuscht, verwirrt, unglücklich – und erfüllt von der Sehnsucht, das so schnell verlorene Glück wiederzufinden.

Diesem ersten »Traum« folgte bald ein zweiter. Er war so deutlich, so detailliert und so »persönlich«, daß sie sich sagte: »Das muß einfach mehr sein als ein Traum. Das ist – ja wie die Rückkehr in ein anderes Leben, das ich schon einmal gelebt habe!«

Ludovica erlebte sich im Traum als Burgherrin: groß, schlank, rothaarig, gekleidet in ein langes blaues Samtkleid. Auf dem Kopf trug sie eine seltsame Spitzenhaube mit einem Schleier. »Vom ersten Augenblick, als ich diese Frau sah, gab es für mich nicht den geringsten Zweifel: Das bin ich!« erzählt sie. »Die Leute auf der Burg mochten mich nicht sonderlich. Ich war sehr eingebildet, eitel, herrschsüchtig. Mein Mann war als Kreuzritter auf dem Weg ins Heilige Land. Und das war mir gerade recht. Ich liebte ihn nicht. Ich liebte einen sehr wilden, bärenstarken, rauhen Burschen, der sich regelmäßig heimlich zu mir schlich. Er war ebenfalls ein Ritter, hatte aber einen sehr schlechten Ruf. Doch ich war völlig verrückt nach ihm. Er sah fabelhaft aus: groß, genauso unbezähmbar wie seine langen, pechschwarzen Haare. Er trug immer eine silberglänzende Rüstung mit einem Wappen auf der Brust.

Als mein Mann vom Kreuzzug zurückkehrte, verriet man ihm meine Untreue. Es kam zu einem erbitterten Zweikampf zwischen meinem Mann und meinem Geliebten. Mein wilder Ritter wurde erstochen. Für mich war in diesem Augenblick alles zu Ende. Ich weiß nicht, ob ich auch umgebracht wurde oder ob ich vor Schreck starb. Jedenfalls war ich tot. Mit nur 25 Jahren.

Doch nun wieder das wunderbare, beglückende Gefühl der Freiheit, des Schwebens, der unsagbaren Leichtigkeit.

Als ich aus meinem Traum erwachte, packte mich erneut das deprimierende, fast wütende Gefühl: ›Du lebst wieder! Man hat dich wieder zurückgeschickt! Du darfst nicht drüben bleiben!‹ Ich weiß noch, wie bitter ich in jener Nacht weinte, wie sehr ich litt.«

Ludovica kam nach München und wurde Friseuse. Doch die aufwühlenden »Träume« gingen weiter. Eines Nachts befand sie sich mitten in einer besonders scheußlichen Szene des späten Mittelalters. Eine Szene, die sie in Panik versetzte: Ludovica erlebte sich als bettelarmes Mädchen, das mit seiner Mutter, einem alten Kräuterweiblein, versteckt in einem dunklen Wald hauste. Diesmal war sie klein, schwarzhaarig, verwahrlost, trug nur ein paar schmutzige Fetzen auf dem Leib. Doch sie verstand sich auf Kräuter. Das hatte ihr die Mutter beigebracht. Die Leute aus dem Dorf holten sie, wenn einer krank war und Hilfe brauchte. Gerade hatte sie einem alten Mann eine selbst zubereitete Arznei gebracht und war todmüde heimgekehrt, da stürmten Bauern und Soldaten in ihre Hütte, um sie zu holen und als Hexe zu verbrennen. Der Holzstoß war auf dem Dorfplatz schon aufgeschichtet. Die Leute spuckten sie an und schlugen auf sie ein.

Da gab es einen Tumult: Ein Pferd hatte sich losgerissen und stürmte mitten in die Menge. Diesen Augenblick konnte Ludovica nutzen. Sie riß sich los und rannte den Berg hinauf. Sie stolperte, raffte sich wieder auf, hastete weiter. Schließlich stand sie oben zwischen Felsengeröll, blickte zurück auf das Dorf. Sie sah die winzigen, armseligen Hütten und den Rauch, der aus ihnen aufstieg.

Da traf sie der Herzschlag. Sie fiel um und war tot.

»Zum dritten Mal erlebte ich den befreienden, ich muß sagen, köstlichen Augenblick des Todes. Wie eine kleine Wolke schwebte ich über das Dorf, unendlich froh, dieses Leben hinter mir zu haben. Wieder war ich nur etwa 20 Jahre alt geworden. Und wieder folgte das grausame, bittere Erwachen mit der schmerzlichen Einsicht: ›Du bist nicht tot. Du mußt leben!‹

Ist es verwunderlich, daß ich eine ganz eigene Einstellung zum Tod gewonnen habe? Ich hatte noch nie die geringste Angst vor dem Sterben. Im Gegenteil. Sosehr ich mich auch des Lebens erfreue und alles andere als ein Kind von Traurigkeit bin, so gespannt blicke ich dem Augenblick entgegen, an dem ich erfahren darf, ob das im Traum erlebte Glück Wirklichkeit ist.«

Ludovica durchlitt noch einen vierten Traum dieser Art: Sie erlebte sich als sechsjähriges Mädchen, das hinter einer Sklavenkarawane hertrippelt.

»Ich blicke an mir herunter und bin regelrecht geschockt, als ich meine schwarze Hautfarbe sehe. Ich trage nur einen ausgebleichten roten Lendenschurz. Der Durst ist unerträglich. Ich taumele, raffe mich noch einmal auf. Die Araber, in weiße Umhänge gekleidet, peitschen uns vorwärts. Die Karawane wird von französischen Soldaten verfolgt.

Dann stürze ich erneut. Ich kann nicht mehr aufstehen. Die Sklavenhändler lassen mich einfach liegen. Ich verdurste unter unsäglichen Qualen. Das letzte, was ich wahrnehme, sind französische Solaten, die sich zu mir herunterbeugen.

Dann bin ich wieder einmal frei. Beseligend frei und glücklich. Und ich höre eine Stimme, die zu mir sagt: ›In deinem nächsten Leben wirst du keinen Durst mehr leiden! Du wirst in einem sehr schönen Land wiedergeboren werden.‹«

Traumgespinste, könnte man sagen, bewegende Bilder einer überschäumenden Phantasie, wie sie gerade Mädchen und jungen Frauen oft eigen ist.

Doch Ludovicas Träume sind ohne Zweifel eigener Natur.

Anfang der 80er Jahre stürzte in München eine Fußgängerbrücke über dem Mittleren Ring ein, eine Katastrophe, die wie durch ein Wunder nur wenige Menschenleben forderte.

Ludovica hat den Brückeneinsturz drei Wochen zuvor im Traum miterlebt. Das können wenigstens ein Dutzend Menschen bezeugen, unter ihnen ihr Mann Heinz, ihr Bruder Hermann und Freundinnen. Ihren Mann hatte sie gewarnt: »Paß auf an dieser Stelle. Ich habe geträumt, daß du mit deinem Wagen gerade vorbeifährst, wenn die Brücke einstürzt!«

Und so kam es dann auch. Heinz fuhr auf die Brücke zu, als sie ein Laster rammte und zum Einsturz brachte. In letzter Sekunde konnte er seinen Wagen zur Seite reißen. Zentimeter neben ihm krachten die Betonteile aufs Pflaster.

Ludovica sah ihre Oma sterben, acht Tage bevor sie einen Herzinfarkt erlitt. Sie träumte mehrere Autounfälle ihres Mannes voraus. Von einer Verwandten wußte sie, daß sie schwer krank werde und ihr Kind verlieren würde.

Und noch ein paar Dinge im Leben von Ludovica sind merkwürdig: Vor drei Jahren traf sie einen jungen Mann, der ihr vom ersten Augenblick an seltsam vertraut war. Wie von magischen Kräften getrieben, ging sie auf ihn zu. Und schon bei der ersten Begegnung sagte dieser Mann zu ihr: »Wir müssen uns irgendwann schon einmal begegnet sein, obwohl ich weiß, daß das unmöglich ist.« Dann lachte er und fügte verschämt hinzu: »Sie müssen nämlich wissen, ich habe manchmal das Gefühl, als Raubritter schon einmal gelebt zu haben. Ich glaube, damals hat man mich umgebracht, weil ich verbotenerweise eine schöne Frau liebte. Waren nicht Sie diese Frau?«

Und das war genau das, was Ludovica ihn bei jener Begegnung fragen wollte: »Kennen wir uns nicht – aus längst vergangenen Zeiten?« Ludovica behauptet: »Genau so wie Helmut, hat mein wilder Ritter aus dem Traum ausgesehen. Und Helmut ist ebenso draufgängerisch, ungehobelt, ungebärdig wie jener. Das muß ein und dieselbe Person sein.«

Ludovica kennt heute, wie einst das arme Kräuterweiblein, so ziemlich alle Heilpflanzen. Und sie weiß sie anzuwenden. Manchmal fällt ihr plötzlich ein Rezept ein, das sich in keinem Kräuterbuch finden läßt. »Das ist«, so erklärt sie, »als würde eine verblaßte Erinnerung lebendig.«

Und: Ludovica weiß so gut wie nicht, was Durst ist. Sie kann bergsteigen, stundenlang wandern, sich in größter Hitze aufhalten, ohne auch nur das kleinste

Verlangen nach etwas Trinkbarem zu verspüren. In diesem Punkt ist sie das reinste Naturwunder. Sollten das alles Zufälle, Hirngespinste, Einbildungen einer überspannten Seele sein?

Wie gesagt: Ludovica ist eine sehr lebenslustige, heitere, ausgeglichene Frau, kennt keine Angst vor dem Sterben, sondern nur die Befürchtung: »Hoffentlich muß ich nicht noch einmal geboren werden. Ich möchte endlich drüben bleiben, wo ich schon so viel Glück erleben durfte.«

Und sie bekennt – obwohl streng christlich erzogen: »Die Wiedergeburt ist für mich absolut logisch. Ein Leben würde nicht ausreichen, genügend Erfahrungen zu sammeln. Und das ist doch alles: sammeln. Immer wieder sammeln! Wenn ich einmal nicht weiterweiß, dann höre ich auf meine innere Stimme, und das ist so, als würde ich mich selbst fragen: ›Wie hast du das im letzten Leben gemacht?‹ Ich meine, wir alle könnten viel wesentlicher und sinnvoller leben, würden wir mehr auf unsere innere Stimme hören. Und dann würden wir auch viel deutlicher unsere früheren Existenzen in uns entdecken.«

Wie erwähnt: Solche ganz persönlichen Erfahrungen sind immer nur bedeutsam und gewiß für den Betroffenen, möglicherweise nichtssagend für den, der nur davon hört oder darüber liest, der nicht unterscheiden kann, was Wahrheit und was Dichtung, was erfunden oder phantasiert ist. Wer selbst keine »Erinnerung« an ein früheres Leben besitzt, die für ihn wichtig ist, wer nie selbst mit einem »Beweis« für die Wiedergeburt in Berührung kam, der wird sich auch von den sorgfältigen Forschungsarbeiten eines Professor Stevenson, von Rückführungen in Hypnose, von Jenseitserlebnissen klinisch Totgewesener nicht überzeugen lassen.

Das imponierende, einleuchtende Bild der Wiedergeburt ergibt sich nicht aus solchen »Geschichten« und
nicht aus theoretischen Überlegungen. Es wird gestal-
tet von der Fülle der Hinweise, die aus allen Richtungen
her dafür sprechen. Keiner dieser Hinweise kann für
sich genommen als Beweis gelten. Jeder könnte sogar
falsch sein. Die Zusammenschau der Fülle allerdings
bietet schon so etwas wie einen nahezu erdrückenden
Beweis: Es lohnt sich zumindest, einmal gründlicher
darüber nachzudenken, abzugrenzen, das Falsche aus-
zusondern, um dann zu sehen, was davon übrigbleibt.

PRO UND KONTRA –
ZUR DISKUSSION GESTELLT

Wenn wir hier nun eine Zusammenfassung, eine Analy-
se des Dargelegten versuchen wollen, dann müssen wir
noch einmal sehr deutlich festhalten:

1. Wenn es tatsächlich möglich sein sollte, echte Erinnerung an frühere Leben zu wecken, weil es diese tatsächlich gegeben hat und weil ich ganz persönlich jene
Leben gelebt habe, dann müßte die überwiegende Masse der Berichte über frühere Leben nahezu inhaltlos,
belanglos, nichtssagend sein. Denn das war doch schon
immer so und gilt selbst für unsere hektischen Tage: Die
weitaus meisten Schicksale lassen sich in drei, vier
Sätzen zusammenfassen. Da war zuerst viel Hoffnung,
ein bißchen Freude, dann wurde es schwieriger. Es gab
Leid und unendlich viel unnötige Sorgen. Und dann
war das Leben auch schon wieder vorbei. Eigentlich
kaum erwähnenswert.

Abgesehen von ganz seltenen Ausnahmen wie beispielsweise den Protokollen über die Aussagen der Bri-

dey Murphy sind »Erinnerungen« an frühere Leben aber völlig anders. Die angeblichen ehemaligen Inkarnationen gruppieren sich in auffallender Weise um die aufregendsten Menschen der Geschichte. Niemand behauptet zwar, selbst Kleopatra oder Caligula oder Ludwig XIV. oder Lucrezia Borgia gewesen, als heute dessen oder deren Wiedergeburt zu sein. Das wäre wohl einfach zu viel. Ungewöhnlich häufig will man aber im glänzenden Umfeld solcher Persönlichkeiten gelebt haben. Man imponierte oder schockierte, man schwelgte in Lust oder im Leid, war Missionar oder Verbrecher, eine Dirne oder eine Hexe. Das oder die früheren Leben waren alles andere, nur nicht völlig normal, nicht »klein«, vor allem nicht langweilig. Speziell das Ägypten der Pharaonen spielt in den Berichten und Erzählungen über frühere Inkarnationen eine zentrale Rolle – geradeso, als könnten sich besonders viele Menschen durchaus vorstellen, einmal ein Ägypter oder eine Ägypterin gewesen zu sein, als wäre eine solche »Vergangenheit« etwas Heraushebendes, Besonderes, Auszeichnendes.

Nicht selten drängt sich dem Leser solcher Geschichten der Eindruck auf: In das angebliche frühere Leben ist so ziemlich alles hineingepackt, was der Erzähler tatsächlich gerne erlebt hätte – oder auch wovor er besonders Angst hat. Hier äußern sich besonders intensive Wunschvorstellungen oder »Alpträume«. Ein Mediziner, der diese »Krankengeschichten« – und um solche handelt es sich fast ausschließlich – einmal gründlich unter die Lupe nehmen würde, der käme wahrscheinlich zu dem Ergebnis: Wenn es sich tatsächlich um »Erinnerungen« handeln sollte, dann können sich heute offenbar nur solche Menschen erinnern, die einst etwas ganz Schreckliches erfahren haben, die entweder massiv schuldig geworden oder das Opfer eines besonders scheußlichen Verbrechens geworden sind. In aller Regel geht es um stark aufgeladene Emotionen und um nichts anderes. Man erfährt nichts über geistige Erfahrungen und Entwicklungen, wie schon ausführlich dargelegt, auch nichts über beglückende Momente. Das ist überaus enttäuschend und ernüchternd. Aber: Selbst wenn es eines Tages nicht mehr den geringsten Zweifel darüber geben sollte, daß diese »Erinnerungen« eben keine echten Erinnerungen sind, sondern nur Wunsch- und Angstprojektionen, Äußerungen seelischer Probleme, könnte das dem Glauben an die Wiedergeburt nicht den geringsten Abbruch tun. Es ist einfach nicht so, daß dieser Glaube mit den »Geschichten« um frühere Leben steht oder fällt.

2. Man sagt oft: Wunderkinder wie etwa Wolfgang Amadeus Mozart sind ein Beweis für die Wiedergeburt. Denn woher sollten Kinder schon außergewöhnliche Fähigkeiten besitzen, wenn nicht aus einem früheren Leben? Dabei ist es schon interessant, daß Wundertalente speziell in den »alten Disziplinen« beobachtet werden: Musik, Mathematik, Schachspiel, Sprachenbegabung... Das scheint ein gewichtiges Argument.

Doch es verwandelt sich zum Bumerang, stellt man die Frage umgekehrt: Wenn es die Wiedergeburt gibt: Warum ist dann nicht jeder von uns ein Wunderkind? Warum müssen wir alle wieder ganz von vorne sprechen, lesen, rechnen lernen? Warum sind die technischen, wissenschaftlichen, vor allem aber die ethischen Fortschritte nicht viel größer?

3. Beobachtet man Menschen, die von sich behaupten, sie hätten das Jenseits erfahren und könnten sich an frühere Leben erinnern, dann glaubt man mit einer gewissen Bestürzung feststellen zu müssen: Grundsätzlich viel scheint sich mit dem neuen Wissen für die

Betroffenen nicht verändert zu haben. Nach wie vor leben sie vielleicht im Streit mit ihren Eltern, halten sie ein Liebesverhältnis aufrecht, das den Ehepartner schwer verletzt, jagen beruflich verbissen der Karriere nach – oder sind sogar, wie zuvor, abhängig von Alkohol oder Drogen. Die Tatsache macht es für den Beobachter, der selbst keine Erinnerung an frühere Inkarnationen besitzt, sehr schwer, den Sinn der Wiedergeburt einzusehen: Wenn nicht einmal die klaren Konfrontationen mit den früheren Fehlern, das Erlebnis der Fortdauer des Lebens über den Tod hinaus zur Richtungskorrektur verhilft, was muß uns Menschen dann noch passieren, daß wir begreifen?

Doch auch hier muß zugegeben werden: Selbst wenn alle, die sich an ein früheres Leben zu erinnern glauben, dadurch keine anderen Menschen würden, wäre auch das kein zwingendes Argument gegen die Wiedergeburt.

4. Es gibt heute zahllose »Beinahe-Beweise« für die Wiedergeburt – doch nach wie vor ist sie nicht schlüssig bewiesen. Oder klarer formuliert: Es gibt viele Tausend subjektiv unumstößliche – aber keine absolut sicheren objektiven Beweise für die Wiedergeburt. Experten wie Professor Kübler-Ross mögen für sich vollkommen sicher sein – und zwar nicht aus dem Glauben heraus, sondern vom Wissen her. Trotzdem kann jeder andere, ohne ein Dummkopf zu sein, etwas ganz anderes für richtig halten. Deshalb bleibt die Einstellung zur Wiedergeburt ebenso wie die Vorstellung, daß es ein Fortleben nach dem Tod und ein »Jenseits« gibt, nach wie vor Glaubenssache.

5. Ob man an die Wiedergeburt glauben kann oder nicht, das hängt letztlich immer davon ab, ob man eine unsterbliche Seele für möglich hält oder nicht. Wenn

nichts von mir meinen Tod überleben kann, dann kann auch nichts wiedergeboren werden. Wer deshalb über die Reinkarnation diskutieren möchte, der sollte zuerst immer den Seelenbegriff klären und sich selbst und anderen klarmachen, was seiner Meinung nach den körperlichen Tod überleben könnte. Wer es allerdings für unmöglich hält, daß so etwas wie die Seele den Tod überleben kann, für den hat sich auch das Problem Reinkarnation erledigt.

6. Halten wir mit besonderer Betonung fest: Selbst wenn es uns gelänge, die Erfahrungen klinisch Toter eindeutig als Jenseitserfahrungen zu belegen, stünden wir vor einer doppelten Schwierigkeit: Vielleicht hätten wir das Jenseits bewiesen – aber nicht die Wiedergeburt. Es wäre immerhin möglich, daß geistige, seelische Energien den Körper für eine gewisse Zeit überdauern, um dann ebenfalls auseinanderzufallen.

Umgekehrt könnte aber auch die Wiedergeburt ohne Jenseits nachgewiesen werden. Es könnte ja sein, daß das »Energiebündel«, ob man es nun Seele oder sonstwie nennt, um nicht zu verlöschen eine neue Inkarnation braucht, so daß nur der weiterexistiert und überlebt, der unmittelbar nach seinem Tod einen gerade »freien Platz« in einem Mutterschoß vorfindet, während ein anderer, der diesen Platz nicht finden kann, endgültig sterben muß. Das alles könnte sich aber durchaus im Diesseits abspielen.

Dem sei nur noch ein Gedanke angefügt: Nicht auszudenken, wie viele »Seelen« dann, wenn das richtig wäre, in unseren Tagen durch Empfängnisverhütung und Abtreibung ausgelöscht würden! Übersehen wir bei allen Überlegungen nicht – der Streifzug durch die Geschichte der Jenseitsvorstellungen hat es uns vor Augen geführt: Möglicherweise beruht alles, was wir vom Jenseits zu wissen glauben, auf einem einzigen großen Irrtum: von vermeintlichen Erlebnissen während des klinischen Todes und von eingebildeten, aber unwirklichen »Begegnungen« mit Verstorbenen. Wer das Thema ganz ehrlich angehen will, darf solche Möglichkeiten niemals von vornherein ausschließen.

7. Es gibt eine recht beglückende Einsicht, befaßt man sich in unseren Tagen mit der Reinkarnation und vergleicht man die fernöstlichen Heilsvorstellungen mit den christlichen, jüdischen, islamischen: Die Unterschiede, bis vor kurzem noch scheinbar unüberbrückbar, ja in manchen Punkten geradezu diametral entgegengesetzt, verschwinden, je tiefer man in das eigentliche Wesen der Religionen eindringt. Schon heute ist es möglich, daß ein Buddhist in Christus die Wiedergeburt Buddhas sieht – und gleichzeitig das einmalige Erlösungswerk und die Göttlichkeit Christi anerkennt.

Die Frage, ob er im Nirwana dereinst in Gott zurückfließt oder als sein geliebter Partner ihm gegenübersteht, wird dann unbedeutend.

Ebenso gibt es heute viele Christen, die eine Wiedergeburt nicht grundsätzlich ausschließen. Sie haben dann einfach das »Fegefeuer« ihrer Religion und die »Hölle« herübergeholt ins Diesseits, in ein künftiges, besonders schwieriges Leben in Fleisch und Blut.

Die Zukunft der Religionen besteht gewiß nicht in der Verwischung der Abgrenzungen, in der Übernahme fremder Heilsvorstellung – wohl aber in der Toleranz, in der Einsicht, daß auch andere etwas Richtiges glauben können. Die Zukunft der Religionen besteht auch nicht darin, daß der Glaube überflüssig und durch Wissen ersetzt wird. Wie arm wäre unser Leben ohne Geheimnisse, ohne harte Anforderungen an unsere Glaubensfähigkeit!

Glauben heißt nicht, die eigene Position ständig in Frage stellen; weil vielleicht auch der andere rechthaben könnte. Eine solche Haltung würde eben deutlich machen, daß kein Glaube, kein sicheres inneres Wissen vorhanden ist, sondern nur Zweifel. Doch auch der sicherste Glaube muß dem anderen einräumen, daß er an etwas anderes glaubt – ebenso sicher und überzeugt – und daß auch er, auf seine Weise, recht haben kann.

ANHANG

Begriffserklärungen

Atman – altind. Atem
Der im Mensch lebende und wirkende göttliche und deshalb fehlerfreie Funke, die »Einzelseele«, die eins ist mit dem universellen, göttlichen Geist und die sich nach dem Heimfinden in das »große Eins« sehnt. Sie ist der unsterbliche »Kern« der Persönlichkeit, der in allen Inkarnationen wiedergeboren wird.

Akasha – sanskrit, ursprünglich Raum
Der Buddhismus bezeichnete so die beiden großen Räume, den begrenzten Raum der Körperlichkeit und den unbegrenzten des Jenseits. Im Laufe der Zeit hat sich der Begrifff zum »Weltgedächtnis« verändert. Vor allem Rudolf Steiner hat ihn immer wieder benützt und mit seiner Hilfe versucht, Hellsehen und Prophezeien zu erklären: Alles, was in der Welt geschieht und geschehen wird, bleibt im Akasha aufgezeichnet. Medial begabte Menschen, wie etwa Edgar Cayce, können das Akasha »anzapfen« und somit alles Wissen aller Zeit »abrufen«.

Anthroposophie – griech. Menschenweisheit
Rudolf Steiner begründete 1913 seine Lehre, hervorge-

gangen aus der Theosophie und definierte sie: »Anthroposophie ist die Erkenntnis, die vom höheren Selbst des Menschen selbst hervorgebracht wird. Sie will die tieferen geistigen Kräfte, welche in der Menschennatur und in der übrigen Natur schlummern, erforschen und bezeichnet sich selbst als Geisteswissenschaft.« Wie die Theosophen glauben die Anthroposophen an die Wiedergeburt, wie sie der Buddhismus lehrt, bauen aber im Gegensatz zur rein indisch geprägten Theosophie das Christentum als »zentrale Tatsache der Menschenentwicklung« ein. Rudolf Steiner lehrte, der Mensch könnte sich durch bewußte Schulung, etwa durch Meditationsübungen, so weit entfalten, daß er schließlich über alle übersinnlichen Fähigkeiten verfügt und mit höheren Geistwesen in Verbindung treten kann. Da es seiner Meinung nach neben der rein intellektuell-logischen Erkenntnis eine intuitive gibt, die ebenso gültig ist, schuf er ein neues Schulsystem (Waldorfschulen), eine neue Heilkunde, ein neues Agrarsystem.

Brahman – altind. Zauberspruch
Der Begriff besitzt Doppelbedeutung. Brahman ist die unpersönliche Allseele, das Absolute, die göttliche Kraft, der Geist, aus dem alles hervorgegangen ist und der alle beseelt und erhält. Er ist ohne Anfang und Ende und ungeboren.

Brahman ist aber auch die Kraft, die dem Gebet innewohnt und bewirkt, daß es erhört wird.

Deismus – lat. von deus
Der Begriff tauchte während der Aufklärung auf und beherrschte vor allem den deutschen Idealismus: Es gibt einen Gott, der die Schöpfung geschaffen hat. Doch er greift seither nicht mehr in das Weltgeschehen

ein, weder durch Wunder noch durch Offenbarungen, sondern er hat seine Schöpfung sich selbst überlassen.

Karma – altind. das Wirken, die Tat
Mit diesem Begriff erklären alle, die an die Wiedergeburt glauben, Schicksal, Leid, Ungerechtigkeiten in dieser Welt: Aus dem Keim der Handlungen erwachsen die Früchte, die das nächste Leben, seinen Rang, seine Lasten, sein Glück bestimmen. Alles, was einem Menschen widerfährt, hat er somit sich selbst zu verdanken – oder auch sich selbst zuzuschreiben. Es wäre deshalb völlig falsch, andere für eigenes Unglück und Leid verantwortlich zu machen. Und es hätte auch wenig Sinn, das Karma abschütteln zu wollen. Was in diesem Leben nicht bewältigt wird, muß im nächsten nachgeholt werden.

Metamorphose – griech. Gestaltwandel
In der griechischen und römischen Mythologie wurden, meistens im Rahmen einer Bestrafung, immer wieder Menschen in Tiere, Pflanzen, Steine, in Feuer, Wasser oder gar Sterne verwandelt. Es liegt nahe, in solchen Verwandlungen einen Hinweis auf die Seelenwanderung zu sehen.

Johann Wolfgang von Goethe befaßte sich sehr intensiv mit der Metamorphose der Pflanzen, indem er untersuchte, wie sich Blätter und Blüten von einem ursprünglichen Idealblatt, einer Idealblüte entwickelt haben. Metamorphose der Tiere, vor allem die Verwandlung der Raupen in Schmetterlinge, hat man immer wieder – und zwar schon seit frühester Zeit – als Vergleich für irdisches und jenseitiges Leben angeführt. So wurde Metamorphose früher auch als Ausdruck für Seelenwanderung verwendet.

Metempsychose – griech. Seelenwanderung
Mit diesem Begriff wird eine mehr rein materialistische »Seelenwanderung« bezeichnet: Übergang des Lebensprinzips von einer lebendigen Zelle in die andere und damit Entwicklung dieser Seele von der Pflanze über das Tier zur menschlichen Lebenskraft.

Nirwana – altind., auch Nirvana – das Erlöschen
Im Buddhismus verstand man ursprünglich darunter das Erlöschen des persönlichen Bewußtseins, das Ende des »Ichs«, aller Versuche, an irdischen Verirrungen festzuhalten. Daraus wurde das Erlöschen des Samsara, das Erlangen des Zustands der Vollkommenheit, der eine Wiedergeburt überflüssig macht. Das Nirwana kann vom Heiligen schon zu Lebzeiten erreicht werden, wenn er sein Karma gänzlich abgetragen, sich frei gemacht hat von Bedürfnissen, Trieben, Leidenschaften, egoistischen Bestrebungen, und wenn ein hoher Stand der Weisheit erreicht wurde.

Im Hinduismus ist Nirwana das Aufgehen der Einzelseele im Absoluten. Dieser Zustand bedeutet beim Buddhismus wie beim Hinduismus nicht, wie oft gemeint, die vollkommene Leere, das Nichts, den Verlust des Bewußtseins, das Erlöschen der Individualität, sondern das Verlöschen der Ichsucht, des Negativen – die absolute Vollkommenheit, Geborgenheit, das Einssein mit der Vollkommenheit, das absolute, von jedem Fehler gereinigte Glück.

Buddha selbst definierte das Nirwana als »das absolute Versiegen der Gier, Versiegen des Hasses, Versiegen der Verblendung«.

Pantheismus – griech. Allgottlehre
Im Jahre 1705 tauchte der Ausdruck in Europa zum

erstenmal auf. Damit sollte die fernöstliche und die altgriechische Anschauung Gottes benannt werden: Gott und die Welt sind identisch. Gott steht nicht hinter der Welt als ihr Schöpfer, sondern alles, was existiert, ist zugleich göttlich. Gott ist die unpersönliche Urkraft, die sich in der Schöpfung verwirklicht. Schopenhauer bezeichnete diese Vorstellung als »höflichen Atheismus«.

Reinkarnation – wörtl. die Wiederfleischwerdung
Der Glaube an die Reinkarnation geht davon aus, daß beim Tod des Menschen sein Leben nicht erloschen ist, sondern nur der Körper abgelegt wird. Auf das irdische Leben folgt das jenseitige, das nach einer gewissen Zeit – manche glauben nach Jahrhunderten oder Jahrtausenden erst, andere sind überzeugt, daß die Reinkarnation auch sofort stattfinden kann – wieder in ein körperliches mündet. Das diesseitige und jenseitige Leben wechseln einander ab wie Tag und Nacht, und zwar so lange, bis die Vollkommenheit erreicht ist, die das Eingehen in das Nirwana erlaubt.

Einige Wissenschaftler wie etwa Professor Stevenson unterscheiden die Reinkarnation von der Wiedergeburt. Reinkarnation ist danach das Konzept des Hinduismus und der meisten westlichen Wiedergeburtsvorstellungen: Bei der Inkarnation kehrt die alte Person in das körperliche Leben zurück.

Samsara – altind. das Umherwandern
Es ist das Rad der Wiedergeburten, das sich unaufhaltsam dreht, die »Seele« nach jedem irdischen Aufenthalt ins Jenseits führt und nach der »Ruhepause« drüben wieder in eine neue Inkarnation zurückbringt, bis der Zustand erreicht ist, der das Eingehen in das Nirwana möglich macht.

Seelenwanderung –
älterer Begriff für die Wiedergeburt
Ausgehend von der Vorstellung, daß die Seele den Körper überlebt, daß aber das jenseitige ebenso ein Ende
haben muß wie das irdische Leben, so daß ein stetiger
Wechsel erfolgt, ist die Seelenwanderung die Grundlage fernöstlicher Heilsvorstellungen. Die Rückkehr in
das irdische Leben bleibt bei den meisten Lehren auf
menschliche Körper beschränkt. Einige glauben jedoch, daß die menschliche Seele auch in Tieren und
selbst in Pflanzen wiedergeboren werden kann.

Theosophie – griech. Gottesweisheit
Es gab sie eigentlich immer, die Versuche, Gott nicht in
der religiösen Offenbarung und nicht durch logisch-
philosophisches Nachdenken, sondern durch ganz persönliche »innere Anschauung« zu erfahren, das Göttliche im Menschen zu entdecken und zu entfalten.

Im Jahre 1875 wurde in New York von H. S. Olcott
und H. P. Blavatsky die erste Theosophische Gesellschaft gegründet, hervorgegangen aus dem »Miracle
Club«, dem Wunderklub. Man hielt damals die Religionen allesamt für überholt und versuchte, sie durch eine
systematische Erforschung der spiritistischen Kräfte
zu ersetzen. Die Zielsetzung hieß: 1. Bruderschaft der
Menschen aller Rassen, Klassen, Hautfarben, Religionen. 2. Studium und Vergleich der Weltreligionen, um
aus ihren Lehren herauszufiltern, was sich zum Aufbau
einer allgemeingültigen Ethik eignet. 3. Aufspüren und
Entfalten der göttlichen Kräfte in der menschlichen
Seele.

Die erste Theosophische Gesellschaft hat sich bald in
viele Gruppen unterschiedlicher Zielsetzung und Theorien aufgespaltet. »Theosophie«, so formuliert es Annie

Bessant, »ist die göttliche Selbsterkenntnis im Menschen selbst.«

Rudolf Steiner gehörte ursprünglich der Berliner Theosophischen Gesellschaft an, trennte sich aber 1913 von ihr, um die Anthroposophische Gesellschaft zu gründen.

Tattwa – altind. ursprünglich Existenz
Mit diesem Begriff werden subtile Elemente im Jenseits bezeichnet, mit denen die menschlichen Sinne aufgrund ihrer rhythmischen Schwingungen in Verbindung treten können.

Wiedergeburt – Rückkehr ins irdische Leben
Der Begriff wird im allgemeinen verwendet für die Annahme, daß menschliches Leben nicht einmalig und erstmalig ist, sondern nach dem Tod mehrfach neu geboren wird. Danach hätte jeder Mensch schon mehrmals gelebt und würde möglicherweise noch viele Male wiedergeboren. Gelegentlich wird Wiedergeburt eingeschränkt gebraucht und im Gegensatz zur Reinkarnation. Dann steht der Begriff für das buddhistische Konzept: Es gibt keine unsterbliche Seele, ausgestattet mit allen Merkmalen einer Persönlichkeit, sondern ein unsterbliches Lebensprinzip, das in stets neuen Persönlichkeiten wiedergeboren wird.

Literaturverzeichnis

Adler, Gerhard: *Wiedergeboren nach dem Tode?* Frankfurt 1977

Ägyptisches Totenbuch, übers., komment. von Gregoire Kolpaktchy, Bern/München 1970

Allgeier, Kurt: *Du hast schon einmal gelebt,* München 1979; *Und den Himmel gibt es doch,* München 1984

Ariès, Philippe: *Geschichte des Todes,* München 1980

Bender, Hans: *Zukunftsvisionen, Kriegsprophezeiungen, Sterbeerlebnisse,* München 1983

Bernstein, Morey: *Protokoll einer Wiedergeburt,* Bern/München 1965

Cerminara, Gina: *Erregende Zeugnisse von Karma und Wiedergeburt,* Freiburg 1963

Delacour, Jean-Baptiste: *Aus dem Jenseits zurück,* Düsseldorf 1974

Dethlefsen, Thorwald: *Das Erlebnis der Wiedergeburt,* München 1976; *Das Leben nach dem Leben,* München 1974

Holzer, Hans: *Hinter der Grenze des Todes,* München 1979

Kübler-Ross, Elisabeth: *Über den Tod und das Leben danach*, Melsbach 1986

Küng, Hans: *Ewiges Leben?* München 1982

Monroe, Robert A.: *Der Mann mit den zwei Leben*, Interlaken 1981

Moody, Raymond: *Leben nach dem Tod*, Reinbek 1977

Netherton, Morris/Shiffrin, Nancy: *Bericht vom Leben vor dem Leben*, Bern/München 1979

Osis, Karl und Haraldson, Erlundur: *Der Tod – ein neuer Anfang*, Freiburg 1978

Passian, Rudolf: *Wiedergeburt*, München 1985

Raguse, Siegfried (Hrsg.): *Was erwartet uns nach dem Tod?* Gütersloh 1983

Rawlings, Maurice: *Beyond Death's Door*, Nashville 1978

Resch, Andreas: *Geheime Mächte*, Innsbruck 1983

Sagan, Carl: *Unser Kosmos*, München 1982

Stearn, Jess: *Der schlafende Prophet* (Edgar Cayce), Genf 1971

Steiner, Rudolf: *Theosophie*, Berlin 1904

Stevenson, Jan: *Reinkarnation*, Freiburg 1976

Tibetanisches Totenbuch (Barod Thödol), Olten 1970

Wambach, Helen: *Leben vor dem Leben*, München 1979

Weiner, Bill: *Wege zum Jenseits*, Bayreuth 1982

Register

A

Abendland   23, 50 f., 58, 72
Braham   58
Abtreibung   163 f., 312
Adam und Eva   81
age regression   144, 157, 205, 210
Ägypten   9, 35, 42, 98, 309
Ahab von Israel   46
Ahnen   29, 65, 69 f., 89 f., 255 ff.
Akasha-Chronik   226
Alfen   69
Alpträume   171, 309
Altes Testament   44, 48, 59
Amasis   125
Angst   39 ff., 114, 145, 159 f.,
   171 f., 181 f., 188, 204, 213, 265,
   284, 295 ff., 304, 307, 309 f.,
Angst, unbewältigte   212
Anthrosposophie   80, 216
Apollonius von Tyana   124 f.
Appian   63
Aristobulos   46
Aristoteles   49, 72
Aschera   46
Asen   64, 69
Astralleib   209, 266
Ätherleib   38
Atlantis   137 ff.,
Auferstehung   51
Aufklärung   72, 74

Aurobindo Sri   108, 111
Austausch-Reinkarnation   269

B

Baal   46
Bakey de, Michael   295
Bardo Thödol   38
Bender, Hans   291
Bernstein, Morey   145 ff., 155,
   157
Besessenheit   231, 262, 267
Bewußtlosigkeit   66, 68
Bewußtsein   32, 39, 53, 60, 81,
   114 f., 177 f., 181, 189, 192, 198,
   240 f., 246, 248
Bhagawadgita-Epos   114
Bibel   42, 45, 48, 58, 92, 133,
   135, 200, 214
Bios   239 f.
Blavatsky, Helena Petrowna
   215, 219
Brahmajahr   92
Bubner, Rudolf   82
Buddha   90, 97, 109, 112, 117,
   313
Buddhismus   89, 107, 109, 110,
   112, 127
Buddhist   31, 100, 103, 116, 126,
   163, 313

Janet und Colin Bord

UNHEIMLICHE PHÄNOMENE

»Als umfassende Einführung für jeden, der sich
mit dem Thema 'unheimliche Phänomene' beschäftigt,
sucht dieses Buch seinesgleichen.
Die Bilder sind gut ausgewählt, großartig dargestellt und
unterstreichen den ohnehin eindrucksvollen Text.«

The Times

512 Seiten, gebunden, DM 39,80
ISBN 3-89457-035-0

HESTIA

Magie und Mythos

Renommierte Sachbuchautoren entschlüsseln geheimnisvolle Verbindungen zwischen Vergangenheit, Gegenwart und Zukunft

Wilhelm Heyne Verlag
München

Esoterische Astrologie

Der Mensch im Spannungsfeld kosmischer Kräfte

Wilhelm Heyne Verlag
München

Rüdiger Dahlke
Das Spirituelle Weltbild

08/9574

Außerdem lieferbar:

Mandalas der Welt
Ein Meditations- und Malbuch
08/9552

**Der Mensch und die Welt
sind eins**
*Wie oben, so unten: unsere Existenz
zwischen Mikrokosmos und
Makrokosmos*
08/9595

Wilhelm Heyne Verlag
München